循环发展视域下的企业创新与转型升级研究

陈 欢　　张贤明　　龚海峰　　钟廷勇　　牟 瑛　　著

西南财经大学出版社
Southwestern University of Finance & Economics Press

中国·成都

图书在版编目(CIP)数据

循环发展视域下的企业创新与转型升级研究/陈欢等著.—成都:西南
财经大学出版社,2023.10
ISBN 978-7-5504-5167-4

Ⅰ.①循…　Ⅱ.①陈…　Ⅲ.①企业创新—研究—中国②企业升级—
研究—中国　Ⅳ.①F279.23

中国版本图书馆 CIP 数据核字(2021)第 237118 号

循环发展视域下的企业创新与转型升级研究

XUNHUAN FAZHAN SHIYUXIA DE QIYE CHUANGXIN YU ZHUANXING SHENGJI YANJIU

陈　欢　张贤明　龚海峰　钟廷勇　牟　瑛　著

策划编辑:王　琳
责任编辑:向小英
责任校对:杜显钰
封面设计:张姗姗
责任印制:朱曼丽

出版发行	西南财经大学出版社(四川省成都市光华村街 55 号)
网　址	http://cbs.swufe.edu.cn
电子邮件	bookcj@swufe.edu.cn
邮政编码	610074
电　话	028-87353785
照　排	四川胜翔数码印务设计有限公司
印　刷	郫县犀浦印刷厂
成品尺寸	170mm×240mm
印　张	13
字　数	236 千字
版　次	2023 年 10 月第 1 版
印　次	2023 年 10 月第 1 次印刷
书　号	ISBN 978-7-5504-5167-4
定　价	78.00 元

前　言

改革开放以来，我国经济迅速发展，人民物质生活水平显著提高，但长期粗放的经济发展方式也加剧了资源消耗。目前，我国正面临经济增长换挡降速、发展方式粗放、结构性矛盾突出、资源环境约束强化等问题，提高经济发展质量和效益，推动经济绿色循环低碳发展成为首要任务。党的十九大报告明确指出，建立健全绿色低碳循环发展的经济体系。转变经济增长方式，发展循环经济是我国经济社会发展的一项重大战略，也是实现经济发展与环境保护"双赢"目标的重要手段。

创新是引领发展的第一动力，也是绿色发展的必由之路。坚持绿色发展，必须重视科技创新对绿色发展的引领和支撑作用。绿色发展作为一种科技含量高、资源消耗低、环境污染少的发展方式，无论是用生态安全的绿色产品拉动内需、用循环经济构筑区域经济结构，还是用低耗环保的行为构建新的生活模式，依靠传统的生产、生活知识和技术都无法实现，只有通过科技创新才能真正实现。通过科技创新大幅提高能源与资源利用效率，减少单位产品的资源消耗，走集约式经济发展之路，我们才能实现可持续发展。科技创新日益成为促进经济增长与环境保护的动力。《中共中央关于党的百年奋斗重大成就和历史经验的决议》强调，必须实现创新成为第一动力、协调成为内生特点、绿色成为普遍形态、开放成为必由之路、共享成为根本目的的高质量发展。我们要以创新发展解决动力问题，以绿色发展解决人与自然和谐共生问题。

基于国家绿色循环发展的大背景，在环境经济学、创新理论、循环经济理论、政府干预理论等理论的基础上，本书通过逻辑演绎剖析国家宏观政策对企业创新行为的影响机理，并利用我国上市公司的数据和专利数据，运用计量统计模型实证检验国家宏观政策的作用，最后为推动企业绿色循环发展提出相关的建议和措施。本书总体结构安排如下：

第一部分为理论基础，包括第1章至第3章。本部分总体介绍了本书的研究背景、研究意义、研究方法、研究思路，介绍了资源经济理论、环境经济理论、绿色经济理论和政府干预理论、企业创新理论，在此基础上剖析循环经济发展中政府不同政策的作用机理与理论基础，为后面提出对策和建议提供理论依据。

第二部分为循环经济的国内外实践，包括第4章和第5章。本部分综合介绍了国际上主要代表国家在循环经济发展中政府干预的具体实践，梳理了中国在循环经济发展过程中推出的促进企业创新转型的一系列政策，为后文检验干预政策的效果提供了分析基础。

第三部分为理论分析与实证检验，包括第6章至第9章。本部分重点分析了国家创新政策的作用机理，从命令型环境规制政策和市场型环境规制政策两个角度对政府干预政策的作用路径进行分析，从而形成循环经济发展中政府作用分析的核心内容。在理论分析的基础上，本部分结合上市公司数据，实证检验了创新补贴政策、去产能政策、环保税改革对企业创新的影响和效果，从微观层面检验激励型政策和抑制型政策对企业创新的影响和效果，为评价补贴政策效果及制定有效政策以促进经济高质量发展提供经验证据和理论参考。

第四部分为政策建议，包括第10章。根据前面的研究结论，本章针对政府和企业层面，为企业可持续发展提供一些可供参考的建议。

总体来说，激励型创新政策能够促进企业增加产出，政府补贴政策对技术创新存在激励效应。根据信息传递理论，无论是政府补贴能够降低企业创新的风险和成本，还是企业通过专利申请迎合政策要求以获取短期利益，政府补贴都促进了企业的专利申请量的增加。但政府补贴政策的效果受到公司治理水平的影响，公司股权集中度对政府补贴政策的激励效应产生了抑制作用。此外，产权性质和行业竞争程度也会影响企业利用政府补贴的效果，政府补贴对国有企业创新的激励效应更加明显。行业竞争程度越高，政府补贴的创新激励效应越显著。在抑制型政策效果的检验中，去产能政策对企业研发投入具有显著的正向影响，一定程度上证明了抑制型政策的倒逼效应。但企业自身融资约束程度对去产能政策的倒逼效应有显著的抑制作用，说明企业应对外界去产能政策的能力受制于自身的资金约束。政府去产能政策对企业创新有一定的倒逼作用，这种作用在非国有企业中体现得更为明显，说明在经济转型时期，非国有企业有更强烈的动机迎合国家政策，其面对政府的淘汰机制，要承受更大的压力进行创新转型。在去产能过程中，可能引发失业、社会动荡等一系列社会问题，国有企业在维持社会稳定、解决就业方面承担了更大的责任。因此，通过外界政策压力促进国有企业去产能的难度更大。从政策效果的检验中可以发现，尽管我国推出的一系列创新推动政策对企业创新投入有显著的推动作用，但目前企业的自主创新能力和创新质量并没有明显上升。一方面是政策效果需要较长时间来显现，另一方面也凸显我国企业本身治理水平和财务质量存在问题。经济高质量发展离不开政策的引导，但更重要的是需要企业加强自身管理，注重长远发展。

创新是经济发展与社会进步的动力源，也是企业得以生存和发展并保持竞争力的关键要素。企业要转型，就离不开技术研发和创新投入，这往往是风险大、周期长、投入多的活动，政府应该积极采取适度有效的干预政策，激励政策与抑制政策相结合，一方面加大对企业创新的金融支持力度和政策优惠，另一方面通过淘汰落后技术产能倒逼企业转型升级。政府在给予企业优惠政策及创新补助时，应当精准扶持，分类别与行业对企业进行帮扶，抑制企业获取补贴的机会主义行为，创造良好的外部环境。企业应该加大自主研发力度，发扬工匠精神，全力推进企业由规模型向效益型转变、由传统型向现代型转变、由高排放型向环保型转变，最终实现经济、社会、环境效益的有机统一。

陈欢

2023 年 5 月

目　录

1　绪论 / 1

　1.1　研究背景 / 1

　　1.1.1　环境污染问题日益严重 / 1

　　1.1.2　"双碳"目标下经济转型压力加大 / 4

　　1.1.3　传统经济发展模式亟须转变 / 5

　　1.1.4　发展循环经济意义深远 / 6

　　1.1.5　技术创新是发展循环经济的重要手段 / 7

　1.2　研究意义 / 8

　　1.2.1　现实意义 / 8

　　1.2.2　理论意义 / 8

　1.3　研究内容和研究方法 / 9

　　1.3.1　研究内容 / 9

　　1.3.2　研究方法 / 10

　1.4　可能的创新之处和存在的不足 / 11

　　1.4.1　可能的创新之处 / 11

　　1.4.2　存在的不足 / 12

2　文献综述 / 13

　2.1　循环经济的相关研究 / 13

　　2.1.1　循环经济的内涵 / 14

　　2.1.2　循环经济发展的基本原则 / 16

2.2　**企业创新的相关研究** / 18

　　2.2.1　企业创新的测量 / 19

　　2.2.2　企业创新的影响因素 / 19

　　2.2.3　企业创新的效果 / 24

2.3　**循环经济与企业创新的关系** / 26

2.4　**研究评述** / 27

3　**概念界定与相关理论基础** / 29

3.1　**概念界定** / 29

　　3.1.1　循环经济 / 29

　　3.1.2　绿色发展 / 30

　　3.1.3　企业创新 / 30

3.2　**相关理论基础** / 31

　　3.2.1　资源经济理论 / 31

　　3.2.2　环境经济理论 / 33

　　3.2.3　绿色经济理论 / 34

　　3.2.4　政府干预理论 / 36

　　3.2.5　企业创新理论 / 37

4　**循环经济发展的国际实践** / 41

4.1　**德国的实践及启示** / 41

　　4.1.1　德国循环经济的发展模式 / 41

　　4.1.2　德国政府推进循环经济发展的具体措施 / 42

　　4.1.3　德国企业在循环经济发展中的作用 / 43

　　4.1.4　德国社会公众在循环经济发展中的作用 / 44

4.1.5 德国循环经济实践对我国的启示 / 44

4.2 日本的实践及启示 / 45

4.2.1 日本循环经济的发展模式 / 45

4.2.2 日本政府推进循环经济发展的具体措施 / 46

4.2.3 日本企业在循环经济发展中的作用 / 47

4.2.4 日本非政府组织和民众在循环经济发展中的作用 / 48

4.2.5 日本循环经济实践对我国的启示 / 48

4.3 美国的实践及启示 / 49

4.3.1 美国循环经济发展模式的主要历程 / 49

4.3.2 美国政府推进循环经济发展的具体措施 / 50

4.3.3 美国企业在循环经济发展中的作用 / 51

4.3.4 美国非政府组织和民众在循环经济发展中的作用 / 52

4.3.5 美国循环经济实践对我国的启示 / 52

4.4 小结 / 54

5 我国创新推动绿色发展的政策梳理 / 56

5.1 促进企业技术创新发展的相关政策 / 57

5.1.1 政府引导企业技术创新的探索阶段（1978—1991 年）/ 57

5.1.2 市场经济体制下的企业技术创新发展政策
（1992—2005 年）/ 57

5.1.3 建设创新型国家战略下的企业技术创新政策
（2006—2015 年）/ 58

5 1.4 国家创新驱动发展战略卜的企业技术创新政策
（2016 年至今）/ 60

5.2 推动产业绿色转型发展的相关政策 / 61

5.2.1 引导绿色新能源产业发展的政策 / 61

5.2.2 推动传统产业绿色转型的相关政策 / 66

5.3 推动绿色发展的环境规制政策 / 68

    5.3.1 环境规制政策体系起步构建阶段（1949—1977 年）/ 68

    5.3.2 环境规制政策体系正式确立阶段（1978—1991 年）/ 69

    5.3.3 环境规制政策体系完善加强阶段（1992—2001 年）/ 70

    5.3.4 环境规制政策体系战略转型阶段（2002—2011 年）/ 71

    5.3.5 环境规制政策体系全面提升阶段（2012 年至今）/ 72

5.4 小结 / 74

6 政府环境规制对企业创新的影响机理 / 75

6.1 政府干预环境治理的主要工具 / 76

    6.1.1 命令型环境规制工具 / 78

    6.1.2 市场型环境规制工具 / 79

    6.1.3 自愿型环境规制工具 / 79

6.2 政府干预政策的作用机理 / 80

    6.2.1 命令型环境规制政策的作用机理 / 81

    6.2.2 市场型环境规制政策的作用机理 / 83

6.3 政府干预政策的技术创新效应分析 / 84

    6.3.1 政府干预政策对技术创新的抑制效应 / 84

    6.3.2 政府干预政策对技术创新的激励效应 / 85

6.4 小结 / 85

7 激励型政策影响企业创新的实证检验 / 87

7.1 问题的提出 / 87

    7.1.1 实务界政府补贴数量与企业创新质量不匹配 / 87

    7.1.2 理论界政府补贴对企业创新影响的结论不一致 / 88

7.2 理论分析与研究假设 / 91

    7.2.1 政府补贴与企业创新产出 / 91

7.2.2 政府补贴、股权集中度与企业创新产出 / 92

7.2.3 政府补贴、董事长和总经理两职合一与企业创新行为 / 93

7.3 变量定义与模型构建 / 94

7.3.1 样本选取与数据来源 / 94

7.3.2 变量定义 / 94

7.3.3 模型构建 / 95

7.4 实证检验与结果分析 / 96

7.4.1 描述性统计及相关性检验 / 96

7.4.2 回归结果分析 / 99

7.4.3 稳健性检验 / 102

7.5 进一步研究：分组检验 / 104

7.5.1 产权性质分组检验 / 104

7.5.2 行业竞争程度分组检验 / 108

7.6 小结 / 112

8 抑制型政策影响企业创新的实证检验 / 114

8.1 问题的提出 / 114

8.1.1 去产能政策的实施 / 114

8.1.2 产能过剩影响企业创新的主要观点 / 115

8.2 理论分析与研究假设 / 118

8.2.1 去产能政策与企业创新投入 / 118

8.2.2 融资约束与企业创新投入 / 119

8.2.3 去产能压力、融资约束与企业创新投入 / 120

8.3 变量定义与模型构建 / 120

8.3.1 样本选取与数据来源 / 120

8.3.2 变量选取及定义 / 121

8.3.3 模型构建 / 123

8.4 实证检验 / 124

　8.4.1 描述性统计 / 124

　8.4.2 相关性检验 / 125

　8.4.3 回归结果分析 / 128

　8.4.4 稳健性检验 / 132

8.5 进一步研究：分组检验 / 138

　8.5.1 基于产权性质的分组检验 / 138

　8.5.2 基于产能过剩行业的分组检验 / 140

　8.5.3 基于市场化程度的分组检验 / 142

8.6 小结 / 144

9 政府干预企业创新政策的效果检验 / 147

9.1 问题的提出 / 147

　9.1.1 去产能政策是否提高了全要素生产率 / 147

　9.1.2 环保税政策实施的经济效果有待检验 / 148

9.2 去产能政策实施的经济效果检验 / 149

　9.2.1 理论分析与研究假设 / 149

　9.2.2 研究设计 / 151

　9.2.3 实证结果与分析 / 154

9.3 环保税政策实施的经济效果检验 / 162

　9.3.1 理论分析与研究假设 / 162

　9.3.2 研究设计 / 164

　9.3.3 实证结果与分析 / 166

9.4 实证结论 / 169

　9.4.1 去产能压力没有对企业提高全要素生产率产生
　　　　倒逼作用 / 169

　9.4.2 环保税政策的实施促进了企业绩效提升 / 170

9.5 小结 / 171

10 推进我国企业绿色创新发展的建议 / 172

10.1 增强生态环保意识，贯彻绿色发展理念 / 173

10.1.1 将绿色发展理念贯穿企业建设发展的全过程 / 173

10.1.2 将环境治理理念全方位融入公众生活 / 173

10.2 加强顶层设计，营造绿色发展政策环境 / 174

10.2.1 完善机制保障，搭建创新服务平台 / 174

10.2.2 完善环境规制政策，推进绿色治理 / 175

10.3 健全绿色金融服务体系，支持绿色创新发展 / 176

10.3.1 构建多元业态金融服务体系 / 176

10.3.2 完善多层次的资本市场体系 / 177

10.4 打造科技创新产业链，助推工业转型升级 / 178

10.4.1 完善技术创新体系，多元协同创新 / 178

10.4.2 加强科技创新团队和人才队伍建设 / 178

10.4.3 培育科技示范企业，激发产业主体创新的活力 / 179

10.5 融合数字化技术，助力企业绿色创新 / 179

10.5.1 利用数字化技术提升资源配置效率 / 179

10.5.2 搭建协同平台提高公司风险管理水平 / 180

10.6 构建绿色创新评价体系，促进企业绿色治理 / 181

10.6.1 构建企业绿色创新评价体系 / 181

10.6.2 扩大 ESG 信息披露的范围 / 181

参考文献 / 183

1 绪论

1.1 研究背景

改革开放以来，我国经济迅速发展，人民物质生活水平显著提高，但长期粗放的经济发展方式也加剧了资源消耗。当前，转变经济增长方式、发展循环经济是我国经济社会发展的一项重大战略，也是实现经济发展与环境保护"双赢"目标的重要手段。大力发展循环经济，推进资源节约集约利用，构建资源循环型产业体系和废旧物资循环利用体系，对保障国家资源安全，推动实现"碳达峰、碳中和"，推进生态文明建设，具有重大意义。《"十四五"循环经济发展规划》（下称《规划》）明确提出，到 2025 年，循环型生产方式全面推行，绿色设计和清洁生产普遍推广，资源综合利用能力显著提升，资源循环型产业体系基本建立；主要资源产出率比 2020 年提高约 20%，单位 GDP 能源消耗、用水量比 2020 年分别降低 13.5%、16%，农作物秸秆综合利用率保持在 86% 以上，大宗固体废弃物综合利用率达到 60%，建筑垃圾综合利用率达到 60%，废纸利用量达到 6 000 万吨，废钢利用量达到 3.2 亿吨，再生有色金属产量达到 2 000 万吨，其中再生铜、再生铝和再生铅产量分别达到 400 万吨、1 150 万吨、290 万吨，资源循环利用产业产值达到 5 万亿元。《规划》作为我国"十四五"时期的循环经济行动计划，不仅对"十四五"循环经济的发展做出了总体部署，也明确了"十四五"循环经济发展的具体目标和保障政策。

1.1.1 环境污染问题日益严重

科学研究表明，人类活动导致了近 50 年来以全球变暖为主要特征的气候变化，预计到 21 世纪末，全球地表平均将增温 1.1 ℃~6.4 ℃。《联合国防治荒漠化公约》（UNCCD）第十三次缔约方大会在中国鄂尔多斯发布了题为《全球土地展望》的报告。该报告警告，过去 30 年自然资源消耗量翻倍，全球 1/3 的土地面临严重退化问题，每年有 150 亿棵树被采伐，流失的肥沃土壤则高达 240 亿吨。世界自然基金会《人类自然资源消耗调查分析报告》显示，欧盟所有国家的生活方式对自然资源的消耗均已超出地球负荷，其消耗速度为境内生态系统更新速度的 3 倍。在当前的线性经济模型中，对资源的过度开采和使用正在耗尽地球资源，并产生污染和扰乱自然生态系统的废物。

根据《BP 世界能源统计年鉴 2020》发布的数据，2019 年，全球一次能源消费增速减缓至 1.3%，不到上一年度增长率（2.8%）的一半。能源消费所产生的碳排放量，在 2018 年不同寻常地同比大幅增长 2.1% 的基础上，2019 年同比增长了 0.5%。2018 年和 2019 年的碳排放量年均增长速度快于过去 10 年平均增长速度。2020 年，中国碳排放量占全球的比重超过 30%。2019 年，全球能源活动碳排放 98 亿吨，占全社会总量的 87%。钢铁行业碳排放量约占我国碳排放总量的 15%。2019 年，全球石油消费量同比日均增加了 90 万桶，略低于过去 10 年平均值的 1.3%。中国是推动全球石油需求增长的主要动力，增量为日均 68 万桶，这也是中国自 2015 年以来增长最多的一年。2019 年，全球煤炭消费量同比下降了 0.6%，为 6 年来第四次下降，煤炭在全球能源结构中的占比下降到了 27%，但中国同比增加了 1.8 千兆焦耳。与此同时，全球煤炭产量同比增长了 1.5%，其中中国和印度尼西亚的增长最多，分别为 3.2 千兆焦耳和 1.3 千兆焦耳。2018 年，全球天然气消费量同比增长了 5.3%，2019 年，全球天然气消费量同比增长了 2%，低于过去 10 年的平均值。从数量上来看，2019 年，全球天然气消费量同比增加了 780 亿立方米，其中美国 270 亿立方米、中国 240 亿立方米。2019 年，全球发电量增长了 1.3%，而中国增加了 340 太瓦时，增幅为 4.7%，占到全球净增量（360 太瓦时）的 94%。

2013—2020 年中国碳排放量及煤炭消费量见表 1-1、2013—2020 年全球及中国碳排放量情况见图 1-1，1997—2019 年中国煤炭消费量及占比见图 1-2。

表 1-1　2013—2020 年中国碳排放量及煤炭消费量

年份	2013	2014	2015	2016	2017	2018	2019	2020
全球碳排放量/亿吨	330.7	331.4	332.1	333.6	337.3	343.5	343.6	322.8

表1-1(续)

年份	2013	2014	2015	2016	2017	2018	2019	2020
中国碳排放量/亿吨	92.47	92.93	92.8	92.79	94.66	96.53	98.11	98.99
中国碳排放量占比/%	28.0	28.0	27.9	27.8	28.1	28.1	28.6	30.7
中国煤炭消费量/亿吨	42.44	41.36	39.98	38.88	39.14	39.75	40.19	28.29
能源消费总量中煤炭占比/%	67.4	65.8	63.8	62.2	60.6	59	57.7	56.8

数据来源：笔者根据英国BP石油公司前瞻产业研究院和中国宏观经济数据库整理。下同。

图1-1 2013—2020年全球及中国碳排放量情况

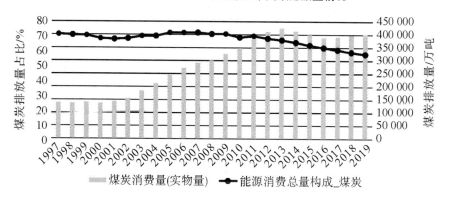

图1-2 1997—2019年中国煤炭消费量及占比

当前，大气中的二氧化碳浓度高于过去 200 万年以来的任何时候；1900 年以来，全球平均海平面上升速度比过去 3 000 年中任何一个世纪都快；过去 50 年的全球地表气温为过去 2 000 年来最高。全球变暖带来的气候变化日益显著，成为影响人类发展前景的决定性因素之一。世界气象组织发布的《2020 年气候服务状况报告》显示，在过去 50 年中，全球发生超过 1.1 万起与气候相关的自然灾害，致使 200 万人丧生，造成经济损失高达 3.6 万亿美元。虽然相关记录表明，灾难造成的死亡人数逐年下降，但经济损失却逐年上升。据联合国减少灾害风险办公室统计，2020 年全年大型自然灾害发生数为 389 起，造成经济损失 1 713 亿美元，超过 2000—2019 年的平均水平，其中，约 90% 的损失由气候原因造成。2021 年以来，极端天气与自然灾害交织且愈演愈烈，重大山火、罕见高温、洪涝灾害、飓风等发生次数多、破坏力大。无论是渐进性的气候变化，还是突发性的自然灾害，都对经济增长、金融稳定造成了严重损害。

据有关统计数据，自 1970 年以来，野生动物（哺乳动物、鸟类、鱼类、两栖动物和爬行动物）的数量减少了 2/3 以上。预测到 2050 年，全球海洋中的塑料垃圾将超过鱼类（艾伦麦克阿瑟基金会，2017 年）。越来越多的生态系统面临崩溃的风险，温室气体排放引起的全球变暖正在进一步破坏地球系统的稳定。由于森林砍伐和土地利用的变化，地球上的生物量正在下降，但人造物体的数量预计在未来 20 年内将翻一番。当前，线性的"即用即弃"经济发展方式中使用的大部分材料和资源很快就变成了废物和排放物，给我们的生活环境带来了双重负担。保持材料和资源的多项使用能力具有减少新原材料提取和减少排放使用过的材料的废物与排放潜力的作用。因此，向使用封闭材料运行的循环经济转变可能是实现可持续发展的重要解决方案。

1.1.2 "双碳"目标下经济转型压力加大

以习近平同志为核心的党中央提出"2030 年前实现碳达峰、2060 年前实现碳中和"这个重大战略目标，事关中华民族永续发展，事关构建人类命运共同体和人与自然生命共同体，是中华民族复兴大业的内在要求，也是人类可持续发展的客观需要。2021 年 2 月 19 日，习近平总书记在中央全面深化改革委员会第十八次会议上强调，要围绕推动全面绿色转型深化改革，深入推进生态文明体制改革，健全自然资源资产产权制度和法律法规，完善资源价格形成机制，建立健全绿色低碳循环发展的经济体系，统筹制定 2030 年前碳排放达峰行动方案，使发展建立在高效利用资源、严格保护生态环境、有效控制温室气体排放的基础上，推动我国绿色发展迈上新台阶。

"绿色地球"是人类赖以生存和发展的共同家园，气候变化是全球工业化以来地球生态系统面临的严峻挑战，"绿水青山就是金山银山"，积极探索绿色循环发展是我国发展的新模式。以清洁、无碳、智能、高效为核心的"新能源+智能源"能源体系是世界能源转型的发展趋势与方向。世界能源转型有两个驱动力和一个推动力，世界能源格局的空间、地域不均衡是内部驱动力，新能源竞争力逐渐上升是外部驱动力，以科学创新和技术进步为核心的科技革命是推动力。世界能源转型具有政治、技术、管理和商业四个方面的内涵，其中，以共商共议、全球协作机制为核心的政治协同是世界能源转型的政治内涵；从能源资源型向能源技术型转变是世界能源转型的技术内涵；智能源水平不断提高是世界能源转型的管理内涵；国际石油公司向国际能源公司的商业模式转型是世界能源转型的商业内涵。世界能源转型路径要求国际社会通过政治协同、科技推动、管理驱动和商业带动，逐步实现化石能源的低碳化革命、新能源的低成本革命和能源管理的智慧化革命，促进世界一次能源消费结构从以化石能源为主体转变为以非化石、清洁新能源为主体，推动人类社会能源生产与供给体系绿色、清洁、高效、安全发展，达到人类能源利用与地球碳循环系统"碳中和"，有效应对全球气候变化。世界能源转型是实现国家和区域能源安全的必然选择，是推动世界经济发展和经济增长的新动力，是重塑世界政治格局的新力量，是切实履行《巴黎协定》要求、实现能源利用"碳中和"目标、应对全球气候变化的有效举措。中国是世界最大的能源生产国、消费国和碳排放国，"二氧化碳排放力争 2030 年前达到峰值，努力争取 2060 年前实现碳中和"发展目标的提出，将推动中国化石能源向新能源加快转型，实现"能源革命"，保障能源供给安全，推动人类社会与自然环境和谐发展。

1.1.3 传统经济发展模式亟须转变

目前，我国仍然处于工业化、现代化的关键时期，工业结构偏重、能源结构偏煤、能源利用效率偏低，使中国传统污染物排放和二氧化碳排放都处于高位，严重影响绿色低碳发展和生态文明建设。目前，我国正面临经济增长换挡降速、发展方式粗放、结构性矛盾凸显、资源环境约束强化等问题。人们逐步认识到粗放式的经济增长模式已经不能实现可持续发展，为了永续发展，人类必须走绿色低碳循环发展的道路。循环发展是我国经济社会发展的一项重大战略，是建设生态文明、推动绿色发展的重要途径。党的十九大报告指出，建立健全绿色低碳循环发展的经济体系。"十四五"时期，中国节能环保进入新发展阶段，完善国土开发、节能减排、循环经济和环境保护将是五年规划的重点安排。要全面贯彻落实创新、协调、绿色、开放、共享发展理念，推动发展方式转变，提升发展的质量和效益，引领形成绿色生产和生活方式，促进经济绿色转型。大力推动经济结构、能源结构、产业结构转型升级，推动构建绿色低碳循环发展的经济体系，倒逼经济高质量发展和生态环境高水平保护。其中，环境保护、节能减约束性指标管理，环境质量、节能减排等指标作为国民经济和社会发展的约束性指标，已成为推进生态环境保护的有力抓手。提高经济发展质量和效益、推动绿色循环低碳发展的任务更加迫切。

1.1.4 发展循环经济意义深远

"十四五"时期，我国资源能源需求仍将保持刚性增长；同时，我国资源能源利用效率总体上仍然不高，大量生产、大量消耗、大量排放的生产和生活方式尚未根本性扭转，资源安全面临较大压力。

（1）发展循环经济是实施资源战略，促进资源永续利用，保障国家经济安全的重大战略措施。我国的资源状况，一方面人均资源量相对不足，另一方面资源开采和利用方式粗放、综合利用水平低、浪费严重。加快发展循环经济在节约资源方面大有可为。在过去的 10 多年时间里，发展循环经济对推进资源节约集约利用做出了突出贡献。据相关数据统计，2020 年，我国利用废钢约 2.6 亿吨，相当于替代 62% 品位铁精矿约 4.1 亿吨，再生有色金属产量 1 450 万吨，占国内 10 种有色金属总产量的 23.5%，相当于减少开采原生金属矿产 7.03 亿吨。"十三五"期间，我国累计利用大宗固体废弃物超过 130 亿吨，规模接近全国同期水泥产量总和。

（2）发展循环经济是防治污染、保护环境的重要途径。首先，发展循环经济要求实施清洁生产，这可以从源头上减少污染物的产生，是保护环境的治本措施。另外，各种废弃物的回收再利用也大大地减少了固体污染物的排放。据测算，固体废弃物综合利用率每提高 1 个百分点，每年就可减少约 1 000 万吨固体废弃物的排放。据相关数据统计，我国单位国内生产总值能耗自 2012 年以来累计降低 24.6%，相当于减少能源消费 12.7 亿吨标准煤。但从 2020 年总体能源效率来看，我国单位 GDP（国内生产总值）能耗仍然是世界平均水平的 1.5 倍、发达国家的 3 倍，能效提升仍存在较大空间。

（3）发展循环经济是突破"绿色壁垒"，促进经济增长方式转变，增强企业竞争力的重要途径和客观要求。近几年，资源环境因素在国际贸易中的作用日益凸显。"绿色壁垒"成为我国扩大出口面临最多、最难突破的问题，有的已对我国产品在国际市场的竞争力造成重要的影响。特别是近几年的贸易摩擦，企业面临更加激烈的市场竞争，企业要生存和发展，必须转变增长方式，走内涵式发展道路。发展循环经济，可以降低产品成本，提高经济效益，使企业的竞争能力得到增强。发展循环经济在突破"绿色壁垒"和实施"走出去"战略中能发挥重要作用。如采用符合国际贸易中资源和环境保护要求的技术法规与标准，扫清我国产品出口的技术障碍；研究建立我国企业和产品进入国际市场的"绿色通行证"，包括节能产品认证、能源效率标识制度、包装物强制回收利用制度，以及建立相应的国际互认制度等。

（4）发展循环经济，对实现碳达峰、碳中和目标，以及高水平建设生态文明，具有重大意义。"十四五"是碳达峰的关键期、窗口期。推动实现碳达峰、碳中和是"十四五"时期发展循环经济的重要目标之一。为此，要进一步降低单位 GDP 能源消耗和用水量，促进废物综合利用、能量梯级利用，推动废物资源化、能源低碳化，实现绿色低碳循环发展，切实降低工业领域碳排放强度等。发展循环经济作为提升资源利用效率、减少温室气体排放的重要路径，可以实现资源的闭路循环，有效促进资源节约集约循环利用。发展循环经济可以实现材料和产品的循环利用以节约能源，有效减少二氧化碳等温室气体排放，并提升产品的碳封存能力。发展循环经济对减少碳排放的支撑作用十分显著。据有相关数据测算，"十三五"期间，发展循环经济对我国碳减排的综合贡献率超过25%。相关研究表明，通过发展循环经济，有望在2050年前减少全球水泥、钢铁、塑料和铝等材料生产过程中40%的二氧化碳排放量，约为37亿吨，为实现碳中和目标提供重要支撑。

1.1.5　技术创新是发展循环经济的重要手段

循环经济发展模式已经成为各国解决环境污染问题，实现环境与经济"双赢"的解决方案。尽管使用资源和材料的循环经济原则在概念上很容易理解，但实施过程中却具有很强的挑战性，并且取决于机构、组织和个人所有层面参与者的集体努力。由于如何实现循环经济转型的理论还处于探索阶段，要使循环经济从一个概念转变为所有经济活动的组成部分，技术创新是这一转变的关键。各国实践中提供了在系统、组织和个人层面进行循环创新的经验，说明全球经济发展正在向循环经济过渡。然而，大多数循环创新都是渐进式的，这需要创新努力来全面实现循环经济。在绿色领域中，新知识的产生依赖于技术领域相关的投入组合。推进循环经济的创新，抓住企业间合作和循环经济中的开放式创新，充分发挥参与方的共享价值创造以及区域循环生态系统中的循环供应链和产业共生的作用。

1.2　研究意义

理论界和实务界都认为需要对经济发展模式进行系统性变革，开发价值链以尽可能提高材料和资源的效用与价值。全面贯彻落实绿色发展的新理念，必须重视科技创新对绿色发展的引领和支撑作用。目前，为了推进经济发展模式的转变，推动产业转型升级，国家出台了一系列促进技术创新和环境治理的相关政策，

1.2.1　现实意义

（1）为中国政府提供促进循环经济发展的政策建议，指明循环经济健康快速发展的方向。通过对中国循环经济发展中政府作用理论分析和实证研究，为中国政府构建循环经济发展的科学机制提供有针对性的政策建议。通过本研究，希望能找出一条适合中国国情的实现全面可持续的循环经济发展之路。

（2）促进中国政府职能定位的明确。中国政府是本国市场经济的主要推动者，但伴随市场经济体制的不断完善，中国政府建立市场的任务已经基本完成。政府需要从市场发展主导者转变为创造良好发展环境的服务者。本书通过分析在循环经济发展中基于现实要求的政府作用的内容，把政府职能转变到主要为循环经济市场主体服务和实现整体循环经济效益上来，是加快中国政府职能转型的重要体现。

（3）提高中国政府对循环经济发展的作用效果。本书通过深入分析政府在循环经济发展中的作用内容及作用效果，明确政府角色定位，有针对性地建立健全法制体系、完善政策支撑体系、提供良好公共服务、完善公平竞争市场环境，这对提高资源利用效率，降低环境污染，尽快转变粗放型经济发展方式具有一定现实和指导意义，同时对建设资源节约型、环境友好型社会也具有一定借鉴意义。

1.2.2　理论意义

随着国内外循环经济理论的逐步完善，循环经济慢慢地被我国众多学者和企业人员认同，并对其进行宣传推广。基于国内形势，众多专家学者深入剖析循环经济理论后，在践行循环经济原理的基础上，对坚持发展循环经济道路的观点予以认同，并将该研究归为产业发展的主要方向。中国发展循环经济应在

充分利用市场机制的基础上，以节约和循环利用资源、从源头减少废弃物产生、从末端控制污染物排放为手段，以环境保护和污染预防、经济增长方式转变、实现可持续发展为目标。通过对循环绿色发展背景的企业经营行为与效果的研究，进一步拓展了政府干预理论与企业创新理论，丰富企业创新的文献，梳理了绿色发展中政府干预的国际经验并利用农业数据对政府政策进行检验，为我国政策制定提供了理论参考，为政府促进循环经济发展发挥作用提供一定理论支撑。探索政府在循环经济发展中的作用实质，明确政府角色定位，能够给发展循环经济提供一定的理论借鉴。

1.3　研究内容和研究方法

1.3.1　研究内容

第1章为绪论。本章首先介绍了本书的研究背景、研究理论及现实意义、相关研究综述，然后对研究内容及框架进行说明，最后指出本书采用的研究方法、研究思路及创新之处。

第2章为文献综述。本章从循环经济、企业创新等角度梳理了已有相关文献，总结已有文献的结论，并提出本书的核心问题。

第3章为本书的概念界定与相关理论基础。本章首先对本书涉及的主要概念术语进行总结梳理；其次，对有关循环经济发展、政策干预与企业创新的理论依据进行理论分析，在资源经济理论、环境经济理论、绿色经济理论和政府干预理论、企业创新理论等理论基础上剖析循环经济发展中政府不同政策的作用机理与理论基础，为后面的对策建议提供理论依据。

第4章为循环经济发展的国际实践。本章分别介绍了德国、日本、美国三个典型发达国家循环经济发展的基本情况，通过总结这些发达国家发展循环经济中的实践经验，提出对中国政府进一步发展循环经济的启示，为后文的政策建议提供实践依据。

第5章为我国创新推动绿色发展的政策梳理。本章通过梳理循环经济发展过程中中国政府推出的一系列促进企业创新转型的政策，从政府的创新补助激励政策、去产能倒逼政策、环境规制的命令型和市场型政策等几个方面对政府政策进行全面梳理，为后文检验政府干预政策的效果提供了分析基础。

第6章为政府环境规制对企业创新的影响机理。本章主要从国家引导创新推进循环发展的政策手段入手，分析不同政策的作用机制，从命令型环境规制政策和市场型环境规制政策两个角度对政府干预政策的作用路径进行分析,从而形成循环经济发展中政府作用分析的核心内容。

第7章为激励型政策影响企业创新的实证检验。本章检验了创新补贴政策的效果并从公司治理结构的视角下探讨了政府补贴对企业创新质量的影响。本章利用我国 A 股上市公司数据,深入考察了政府补贴对企业的影响以及股权结构和领导权结构对政府补贴与企业创新的调节作用,从微观层面检验研发补贴的政策效果,为评价补贴政策效果及制定有效政策以促进经济高质量发展提供经验证据和理论参考。

第8章为抑制型政策影响企业创新的实证检验。本章主要考察了政府结构性去产能政策对企业创新的倒逼效果,从中分析去产能政策影响企业创新的作用机理,并利用上市公司财务数据对政府去产能政策效果进行实证检验,分析影响去产能政策的创新效果。

第9章为政府干预企业创新的效果检验。本章主要考察了企业在政府各种政策干预引导下的经济后果,企业的创新是否真正提高了经济效率、是否促进了我国产业的高质量转型。

第10章为推进我国企业绿色创新发展的建议。本章从政府和企业层面提出了相应的建议,为政府决策和企业可持续发展提供理论参考。

1.3.2 研究方法

本书采用规范研究与实证研究相结合、定性分析与定量分析相结合的方法展开研究。首先通过逻辑演绎,剖析宏观环境政策影响企业财务决策行为的作用机理和具体路径,异质性政策下企业创新行为及其经济后果,构建理论模型;同时,结合我国上市公司和地方经济发展数据,实证检验影响企业创新投资决策的因素,定量评价政策实施效果。具体研究方法如下:

1.3.2.1 文献研究法

本书在循环经济理论、环境经济学、政府干预理论、代理理论、博弈论等理论的基础上,考察了循环经济发展过程中的宏观政策的效果以及作用机理,深入剖析宏观政策对微观企业行为的影响效果。

1.3.2.2 计量统计法

本书结合中国上市公司财务数据、专利申请数据以及宏观经济发展数据,通过构建模型,结合计量统计软件实证检验我国不同产业政策下的企业创新效果以及影响政策效果的具体因素。通过大量客观统计数据为宏观政策的实施效果提供定量证据和客观评价。

1.3.2.3　比较分析法

本书结合比较分析法，一方面，总结归纳了国内外循环经济发展中政府所采取的政策措施，比较分析了不同方法的适用性；另一方面，在对中国政府促进企业绿色创新发展的政策分析中，我们对比分析了政策实施前后企业创新行为的变化以及不同政策下循环经济发展效果的差异。

1.4　可能的创新之处和存在的不足

1.4.1　可能的创新之处

创新广义上是指产生新想法或新组合的过程，这些新想法或新组合以新产品、服务或流程的形式投入商业实践。因此，迫切需要更全面地了解如何实现循环经济创新。尽管创新对于实施循环经济有重要作用，但创新文献中缺乏"循环经济"一词。因此，创新研究中的观点为如何实现从线性到循环经济的过渡提供更具体的方法措施，循环经济转型也是研究创新过程及其结果的有利环境。创新对于设计和实施循环经济实践至关重要，这为创新公司提供了新的商机。我们结合政府干预政策研究企业创新，以为循环经济发展提供政策参考和指导意见。主要创新体现在以下三个方面：

（1）在研究内容方面，本书通过对近几年我国引导企业技术创新、实现绿色发展的相关政策进行梳理，并将政策分为激励性政策和抑制性政策两个方面来分析不同政策下企业的技术创新行为及效果。对我国循环绿色发展下的产业政策效果进行定量评价，并对产业政策创新效应的影响因素进行分析，为我国制定或调整环境规制政策提供理论参考。

（2）在研究视角方面，本书从微观企业财务行为的视角入手分析产业政策的实施效果，为宏观政策效果提供微观证据。宏观政策的实施效果通过微观企业行为来实现，国家颁布的产业政策影响着企业微观层面的资源配置效率。通过考察微观企业在一定的产业政策下的财务行为，以及企业如何影响宏观政策效力，有助于从公司财务的角度厘清政府与市场的关系，对国家制定产业政策推动企业绿色转型具有十分重要的意义。

（3）在研究方法方面，本书利用规范研究与实证研究相结合、定性分析与定量分析相结合、案例研究和大样本研究相结合的方法，通过构建理论模型，结合客观数据，从点到面深入剖析循环经济发展下政府政策的实施效果及其影响因素。

1.4.2 存在的不足

（1）本书已经对循环经济发展背景下企业绿色技术创新的动力机制进行了理论分析，同时从理论和实务两个方面具体研究了不同产业发展政策对企业技术创新的影响作用。但是，不同宏观政策的侧重点不同，同时受各地方政府、企业特征等因素的影响，尽管本书也考察了部分地区特征的影响，但并未将所有因素纳入分析。因此，本书研究得出的结论具有一定局限性。

（2）本书从实证方面分别检验了抑制性政策和激励性政策工具对企业技术创新的影响作用。我们参考了已有文献用专利申请数量作为企业技术创新的代理变量，但由于在变量衡量方法选取和数据获取方面受到一定的限制和约束，没有完全达到预期目的。

（3）由于宏观政策会对企业行为产生影响，而且应对宏观政策的企业行为变化是一个动态的调整过程，静态的数据分析并不能将过程详尽描述。同时，难以避免的内生性问题也会导致结论具有一定的局限性。

2 文献综述

2.1 循环经济的相关研究

国外关于循环经济的实践和研究均早于国内。20 世纪 60 年代，关于资源与环境保护的研究就已经开始。以德国为代表的西欧国家开始对废弃物回收利用立法。20 世纪 60 年代，美国经济学家肯尼斯·鲍尔丁（Kenneth E. Boulding, 1996）提出的"宇宙飞船理论"是循环经济思想的萌芽。英国环境经济学家大卫·皮尔斯等（Pearce, D W et al., 1989）第一次使用循环经济"Circular Economy"一词。我国学者诸大建（2016）将循环经济的发展分为了三个阶段：1966—1992 年是循环经济的思想萌芽和初步探索阶段；1993—2010 年是循环经济的理论模型发散式研究与表述阶段；2011 年以来循环经济发展成为全球关注的热点话题，进入了研究热潮阶段。见表 2-1。

表 2-1　循环经济实践及理论研究的发展演进

阶段 （时间）	现实背景	研究领域	主要代表研究成果
思想萌芽和初步探索（1966—1992 年）	1972 年，联合国召开第一次环境会议；1982 年，联合国发布《内罗毕宣言》	循环经济理念萌芽，概念的提出	肯尼斯·鲍尔丁（Kenneth E. Boulding, 1996）；大卫·皮尔斯等（Pearce, D W et al., 1989）

表2-1(续)

阶段 (时间)	现实背景	研究领域	主要代表研究成果
理论模型 发散式研究 与表述 (1992—2010年)	1992年,召开联合国环境与发展大会;2002年,联合国召开可持续发展世界首脑会议	循环经济模式;循环经济在企业中的应用实践;平衡经济发展与环境保护	安德森(Andersen,2007)引入环境经济学,指出其具有实现有效的循环经济潜力;耿等(Geng Y et al.,2008)研究了中国发展循环经济,实现由环境污染到可持续发展跨越的机遇和挑战,帕克等(Park J, et al.,2010)基于中国"循环经济"和现代化生态理论背景,研究了企业组织如何能够更好地平衡经济增长和环境管理之间的关系的挑战与机遇
研究热潮 (2011年至今)	2014年,第一届联合国环境大会召开;2015年,巴黎气候大会召开;2022年,联合国人类环境会议召开	循环经济效果评价;循环经济发展驱动力;循环经营模式构建;循环产品设计等方面	胡安·曼努埃尔·瓦莱罗·纳瓦佐等人(Juan Manuel Valero Navazo et al.,2014)研究了物质流评价法对手机的循环利用效果;2016年,*Nature*杂志刊发的一组循环经济专题文章反映了循环经济推进的新趋势(Kiser B,2016;Mathews J A et al.,2016;Stahel W R,2016),国外关于循环经济的研究展开了新的研究热潮。尼罗等(Niero M et al.,2016)研究基于生命周期评价方法的循环经济施行成效,埃利亚等(Elia et al.,2017)总结了现有文献循环经济评价方法,并提出了一个系统的评价方法;德曼等(De Man et al.,2016)研究了欧洲循环经济发展的政策;斯塔赫(Stahel,2018)从整个企业经营流程中探讨实现循环经济的减物质化和去废物化

2.1.1 循环经济的内涵

20世纪80年代末90年代初,循环经济开始从理论界的探讨进入政治界的诉求。循环经济发展模式得到了各国学者的高度认同并逐步展开了系列研究。

伯克尔（Berkel，2009）认为，循环经济旨在创建生态城市，减少废物垃圾的产生和通过征税等办法让生产者和消费者主动采取措施对废物分类回收利用，从而达到循环经济的目的。邦丘等（Bonciu et al.，2014）认为，循环经济发展模式不仅能为欧洲社会提供解决环境化危机的途径，也能给欧洲带来再工业化的机会，实现有效可持续的长期经济增长。盖尔等（Geyer et al.，2017）认为，循环经济是闭环型物质循环以保护工业系统中的产品、零部件和材料并提取其最大效用的概念。吉诺维斯（Genovese，2017）则将循环经济定义为，通过促进形成生态系统与经济增长之间的关系，强调产品转化的理念，从而推动环境可持续发展。

我国 20 世纪 90 年代末才开始进行循环经济理论研究。在理论界提出循环经济的概念以前，孙鸿烈（1998）曾对资源科学的定义、主要任务和发展趋势做了系统阐述，并且对循环经济重要领域——"清洁生产"做了专门论述。1998 年，同济大学诸大建教授在《可持续发展呼唤循环经济》《循环经济的崛起与上海的应对思路》等著作中，对循环经济做了大量研究，真正开启了中国循环经济理论研究的大门。诸大建（1998）认为，循环经济是可持续发展战略的经济体现，是一种善待地球的经济发展新模式。它要求把经济活动组织成为"自然资源—产品和用品—再生资源"的闭环式流程，所有的原料和能源要能在这个不断进行的经济循环中得到最合理的利用，从而使经济活动对自然环境的影响控制在尽可能小的程度。曲格平（2002）在《发展循环经济是21 世纪的大趋势》一文中明确提出，循环经济本质上是一种生态经济，它要求运用生态学规律而不是机械论规律来指导人类社会的经济活动；循环经济倡导的是一种与环境和谐的经济发展模式，它要求把经济活动组织成一个"资源—产品—再生资源"的反馈式流程，其特征是低开采、高利用、低排放；所有的物质和能源要能在这个不断进行的经济循环中得到合理和持久的利用，以把经济活动对自然环境的影响降低到尽可能小的程度。陈德敏（2004）在总结国外研究的基础上，提出循环经济是为实现物质资源的永续利用及人类的可持续发展，在生产与生活中通过市场机制、社会调控及清洁生产等方式促进物质循环利用的一种经济运行形态。尽管两者的观点有共同点，但对于循环经济到底是什么似乎并没有完全统一的意见。杨华峰（2005）认为，循环经济是运用生态学规律来指导人类社会的经济活动是以资源的高效利用和循环利用为核心，以"减量化、再利用、再循环"为原则，以低消耗、低排放、高效率为基本特征的社会生产和再生产范式，其实质是以尽可能少的资源消耗和尽可能小的环境代价实现最大的发展效益。此外，任勇和吴玉萍（2005）对循环经济的内涵及有关理论问题进行了探讨。循环经济是经济发展新的增长点（吴绍中，2008），循环经济的兴起既是其作为经济发展新思想提出的过程，也是缓解经济增长与生态环境矛盾的重要手段。

高志宏（2007）认为，循环经济（circular economy）是物质闭环流动型经济（closing materials economy）、资源循环经济（resource circulate economy）的简称，是以资源的高效利用和循环利用为目的，以"减量化、再利用、资源化"为原则，以物质闭路循环和能量梯次利用为特征，按照自然生态系统物质循环和能量流动方式运行的经济模式；循环经济本质上是一种生态经济，要求人类在社会经济中自觉遵守和应用生态规律，通过资源高效循环利用，实现污染的低排放甚至零排放，实现经济发展、社会进步和环境保护的"三赢"。王朝等（2020）将循环经济定义为经济实现物质闭环性的流动，将其进行展开，其内涵为按照普适性的生态规律，通过可循环的手段来利用自然资源，以最小的代价来实现经济的可持续、高质量发展。

2.1.2 循环经济发展的基本原则

循环经济的基本原则经历了从"3R"原则到"6R"原则的发展历程。从循环经济概念提出之时，"循环"就成为循环经济的基本原则。20世纪70年代，发达国家开始对生产所需原料进行全程控制；20世纪80年代末期，美国杜邦公司便开始实践循环经济理念，提出"3R"原则，即减量化原则（reduce）、再使用原则（reuse）和再循环原则（recycle）。"3R"原则主要着眼于生产过程中所需物料的减量化、修复及再利用，注重从源头上减少废弃物的产生和排放，是产业内废弃物处理的一个有效途径，即通常所说的资源循环利用。减量化原则要求用较少的原料和能源投入来达到既定的生产或消费目的，在经济活动的源头注意节约资源和减少污染。在生产中，减量化原则常常表现为产品体积小型化和重量轻型化。此外，还要求产品包装追求简单朴实而不是豪华浪费，从而达到减少废物排放的目的。再使用原则要求产品包装容器能够以初始的形式被多次使用，而不是用一次就了结。再循环原则要求生产出来的产品在完成其使用功能后能够转变成可以使用的资源。循环经济要求以"减量化、再使用、再循环"为经济活动的行为准则称为"3R"原则（诸大建，1998）。

我国学者廖红（2002）提出"4R"原则，即减量化原则（reduce）、再回收原则（recovery）、再利用原则（reuse）和再循环原则（recycle），比"3R"原则增加了再回收原则。他认为，"4R"原则是实施循环经济战略指导思想的基本指导原则。循环经济的核心环节为经济的可循环性，在实际的运行过程中需要遵从"4R"原则，即资源使用少（reduce）、资源可利用（reuse）、资源可重复（recycle）、资源可反思（rethink），即资源使用少从源头上对其进行了控制。资源可利用从过程上对其进行了阐述，即对人才的能力进行界定，并尽可能地使得人尽其力。资源可重复也是从过程上对资源控制进行阐述，使得技术呈现出可持续性，使智能制造业的某些产品成为可循环性产品，即实现某些代码、技术的可重复性利用。资源可反思指两个方面：一方面，采用信息反馈，对整个生产过程进行反思，以实现经济的循环发展；另一方面，智能制造业的基础——人才的自我反思，通过人才的自我反思来实现生产步骤的简化和技术的进步。

2005年世界"思想者论坛"上，提出了循环经济"5R"原则，这一提法丰富了循环经济发展理念。即减量化原则（reduce）、再使用原则（reuse）、再循环原则（recycle）、再思考原则（rethink）和再修复原则（repair）。再思考的意义在于，资源投入之前要以减少污染、降低能耗为出发点，衡量投入的科学性、合理性及必要性。不仅要思考如劳动力、资本量等传统投入量，还要综合考虑以维持生态系统平衡为基础，是否以最低资源消耗为成本，创造新的财富增加。再修复是指在人们经过缜密思考、减少资源投入、提高物质初次利用率以及循环利用率的基础上，通过不断修复遭到人类经济活动破坏的环境，以增强整个生态系统的可持续发展能力。我国学者吴季松（2005）在对中国经济成就分析研究的基础上，主张建立中国人自己的"新循环经济学"，提出了循环经济的"5R"原则，即再思考原则（rethink）：以科学发展观为指导，创新经济理论，生产的目的除了创造社会财富外，还要修复与维系被破坏的最重要的社会生态系统——创造第二财富；减量化原则（reduce）：建立与自然和谐的新价值观，把减量化的概念延伸到提高人类生活水准上来，提倡合理需求、适度消费；再使用原则（reuse）：建立优化资源配置的新资源观，强调资源的综合利用，尽量应用可再生资源，加大基础设施与信息资源的共享力度；再循环原则（recycle）：建立生态工业循环的新产业观，认为所有的废弃物都是把资源在错误的时间以错误的数量放到了错误的地点，正确的做法是把经济体系由生产粗放的丌放链转为集约的闭环，形成循坏的技术体系与产业体系；再修复原则（repair）：建立修复生态系统的新发展观，自然生态系统是第二财富，不断地修复被人类活动破坏的生态系统，与自然和谐共处既是创造财富也是生产的目的。

李赶顺（2002）则认为，循环经济有六个基本原则（"6R"原则）：降低能耗、减少排放（reduce）；重复利用（reuse）；循环利用（recycle）；可再生

（renewable）；可替代（replace）；恢复和重建（recovery）。循环经济的"6R"原则也得到了其他学者的认同（张扬等，2005）。多林斯基（Dolinsky，2015）指出，循环经济发展过程中应遵循的"6R"原则。与之前的"5R"原则相比较，增加了再建构（rebuilt）作为总原则的第六部分。再建构原则是把经济系统之外其他要素产生的作用也考虑进来，以此提出综合有效的实施方案。

循环经济基本原则的演变见图2-1。

3R原则	4R原则	5R原则	6R原则
·减量化(reduce) ·再使用(reuse) ·再循环(recycle)	·减量化(reduce) ·再回收(recovery) ·再利用(reuse) ·再循环(recycle)	·减量化(reduce) ·再使用(reuse) ·再循环(recycle) ·再思考(Rethink) ·再修复(recovery)	·减量化(reduce) ·再使用(reuse) ·再循环(recycle) ·再思考(rethink) ·再修复(recovery) ·再建构(rebuilt)

图 2-1　循环经济基本原则的演变

此外，王红等（2013）基于技术经济学与系统科学协同理论，从协同效应视角对循环经济内涵、作用进行了阐述。诸大建和黄晓芬（2005）、陆钟武和毛建素（2003）从实施战略方面对循环经济进行了研究，苏等（Su et al.，2013）提出了我国循环经济实践的总体框架和对策措施，谢园园等（2015）、刘俊杰和李梦柔（2018）分别构建了循环经济评价指标体系，对循环经济综合水平进行测度。

2.2　企业创新的相关研究

技术创新是企业创造和保持竞争优势的源泉（Porter，1992），是企业创造和提升市场价值的根本所在（Hall et al.，2005；Hirshleife et al.，2013），是企业实现转型升级的关键因素（陈亮，2011），更是一个国家创造和驱动经济增长的核心动力（Aghion et al.，1997），也是发展中国家企业实现全球价值链升级的重要推动力（龚三乐，2011），因而创新成为竞争性市场不断增长的贡献因素（威廉·鲍莫尔，2016）。技术创新理论认为，创新就是一种新的生产函数的建立，重新组合生产要素，具体体现形式为从新产品的引进、新市场的开辟、到新材料的突破、新技术（或生产方式）的采用以及新的组织形式的实现。著名经济学家熊彼特指出，技术创新是将一种关于生产要素的"新组合"引入生产体系。嵌入全价值链企业的升级依赖于技术创新，发展中国家的企业在全球价值链内的升级需要依靠自主创新来推动（龚三乐，2011），技术创新是实现企业转型升级的关键因素（陈亮，2011）。国内外学者很早就开始对企业创新进行大量的研究，主要集中在企业创新的测量、企业创新的影响因素和企业创新的效果几个方面。

2.2.1 企业创新的测量

企业创新作为一种长期性、综合性的活动，包括创新投入和创新产出两个过程。在企业创新的相关研究文献中，对企业创新能力的测量也主要有两种：企业创新投入和企业创新产出。许多学者把研发（R&D）投入作为测量企业创新活动的代理变量，主要包括 R&D 资本投入和 R&D 人员投入。当企业研发投入越多，企业的创新能力会随着提高。但利用 R&D 投入作为企业创新活动的代理变量存在一定的局限性，它只能捕捉到一些可观察的、可量化的投入水平（Aghion et al.，2013），而对于那些可观察或不可观察维度的企业创新战略的选择等维度变量捕捉不足（Manso et al.，2017）。很多企业在财务附注报表中研发投入的披露不充分或者未披露而造成的信息缺失（Koh et al.，2015），而且企业进行研发投入也不会必然产生专利或提高企业的创新能力（Luong et al.，2017）。

由于用 R&D 投入测量企业创新存在局限，学者们尝试用专利作为企业创新活动的代理变量。由于专利能够在很大程度上对企业的盈利能力和经济增长进行预测等，利用专利衡量企业的创新能力已成为学术界的普遍做法（Hsu et al.，2014；Fang et al.，2017；张杰等，2018）。专利作为企业创新的代理变量又有两种方法：一种是以专利的申请数量来衡量，另一种是用专利的授权数量来衡量。但专利作为企业创新能力的代理变量也存在一定的局限，如专利申请有一定的时间效应，有部分企业在开展研发活动但并未申请专利（Cooper et al.，2017）。而且我国的专利分为发明、实用新型和外观设计三种，它们体现的技术创新程度不同，技术创新程度的差异可能会导致利用专利衡量企业创新存在偏差。因此，有学者根据企业专利类型进行分别衡量，将企业申请"高质量"发明专利的行为认定为实质性创新，将申请实用新型专利和外观设计专利的行为认定为"低质量"的策略性创新（Tong et al.，2014；黎文靖等，2016）。

2.2.2 企业创新的影响因素

技术创新是一个复杂的活动和过程，因而不可避免地受到多种因素的影响。国外学者将影响技术创新的因素划分为企业内部因素、企业外部因素和情境因素（kolluru et al.，2017）。本书这里只分析企业内部因素和企业外部因素的影响。

2.2.2.1 内部因素

（1）企业规模与企业创新。1942 年，熊彼特（Schumpeter，1942）就提出大企业更具创新性。大企业不但有更丰裕的技术创新资金，也希望通过创新阻止潜在进入者带来的创造性破坏和技术冲击（Aghion et al.，1992）。彼得斯（Peters，2009）研究了企业规模和企业创新之间的关系，认为大型企业的创新持续能力要比小企业要强，企业规模与创新正相关（Noori et al.，2016）。企业规模越大，其利用资源进行创新的机会越大（Galende et al.，2003；Stock et al.，2002），其技术创新能力越强（周黎安等，2005；吴延兵，2009；李宇等，2014）。但是也有一些学者提出了质疑，例如，汉尼德（Haned，2011）的研究发现，企业规模对其创新并没有实质上的影响，相反大企业的技术创新能力更低（戴西超等，2006），中小企业的技术创新强于大企业（董晓庆等，2013）。邹国平（2013）的研究认为，企业规模过大反而会牵扯企业过多的管理，制约企业的研发投入。也有学者认为，随着企业规模的扩大，企业创新强度会呈现先大后小的倒"U"形关系（Kamien et al.，1978；Aghion et al.，2005；Skuras et al.，2008）。我国学者周方召等（2014）和李绍东（2012）的研究也发现，企业规模和技术创新之间则呈现倒"U"形关系。

（2）所有权性质与企业创新。企业的所有权直接关系到企业创新资源分配、所有者和代理者合作关系等对企业创新效率产生重要影响的问题。依据学者们考察企业所有权对创新效率影响时的侧重点不同。所有权性质作为企业制度的核心，公司治理结构的重要组成部分，对企业的创新行为与效率有着重要的影响。创新活动本身具有成本高、风险大、投资回收期长等特点，使得不同产权性质企业的创新行为选择更为复杂。由于国有企业和民营企业的产权性质存在差异，其在经济发展中的定位及承担的社会责任也不同。国有企业主要集中在我国重要战略性行业和垄断行业，重要战略地位以及与政府间的天然的密切关系使得国有企业更容易获得政策倾斜和财政扶持（Tong et al.，2014）。余明桂等（2019）基于企业产权制度视角，以民营企业为实验组、国有企业为对照组进行双重差分检验，结果发现融资约束是抑制民营企业创新的重要因素。相较于国有企业，非国有企业面临更加激烈的市场竞争，企业为了在市场中获得可持续发展，将会进行高质量的实质性创新，以提高企业竞争力。郭联邦等（2020）的研究发现，融资约束对创新活动的阻碍作用在中小企业和民营企业中的表现更突出，在大型企业、国有企业与外资企业中的表现并不显著。

（3）公司治理与企业创新。企业内部的治理结构对企业开展创新有重要作用。王益谊和席酉民（2001）认为，企业创新管理系统是提高创新效率、整合企业内外部资源，从而提升组织效率的重要途径。已有研究对股权集中度与企业技术创新的关系并未得出一致的结论。冯根福和温军（2008）实证分析了公司治理与技术创新的关系，结果表明，适度集中的股权结构、高机构持股比例与独立董事制度有利于企业技术创新，而国有持股比例与企业技术创新存在负相关关系。尽管有研究认为，股权集中能够提高大股东监督管理层的积极性，促使管理者关注企业的技术创新和长远发展（朱德胜和周晓珮，2016），股权集中度与研发投入间存在正相关关系（Hill & Snell，1989），但股权集中度过高，容易诱发大股东利用控制权获取私人收益的动机，从而阻碍企业创新（Battaggion & Tajoli，2001；Kwon & Yin，2006）。股权高度集中的企业，风险不能被有效分散，大股东出于自身对风险的规避一般不愿意进行高风险的研发投资项目。因此，股权集中度与创新投入负相关（Tan，2001；Yafeh et al.，2003）。企业产权集中度与技术创新效率呈负相关关系。也有研究发现，适度集中的股权结构更有利于企业技术创新，股权集中度与企业技术创新存在非线性关系（Li et al. 2010）。西班牙制造业企业的数据验证了所有权高度集中的企业拥有较高的技术创新效率（Ortega-Argiles，2005）。

（4）融资约束与企业创新。研究表明，融资约束会对企业的实物资本和研发投资决策产生影响。迈尔斯等（Myers et al.，1984）基于融资优序理论模型，认为当企业面临严重的融资约束时，对技术项目的投资会严重不足，从而阻碍企业创新。哈霍夫（Harhoff，1998）从研发活动的特质出发，认为创新活动具有高复杂性、高风险性和收益不确定性，更易受到融资约束的制约作用。阿尔梅达等（Almeida et al.，2014）指出，融资约束对创新投资和创新效率的影响并不相同，融资约束程度越高，公司获得的资金就越少，这会促使管理层减少与公司专业知识不相关的低效率研发投资。帕瑞达等（Parida et al.，2016）基于外部市场环境的视角指出，在当前的市场环境中，由于我国知识产权法律制度不够完善、人才资源相对匮乏，一旦企业面临较大程度的融资约束，企业管理者在进行创新投资决策时会更显犹豫，这种创新抑制效应会大幅增强。企业之间可以通过协作研发来减少自身对内部资金的依赖，也从侧面反映了资金对企业研发的不可缺失性（Hottenrott，2017）。彼得斯等（Peters et al.，2018）从外部融资的视角出发，认为缺乏充足的外部融资会导致财务受限的公司在研发活动上的投资较少。鞠晓生等（2013）参照提出的 SA 指数法衡量了企业的融资约束程度，研究发现企业的融资约束现象越严重，其营运资本对创新的平滑作用越突显。丁一兵等（2014）利用中等收入国家行业面板数据进行研究，证明了融资约束的缓解在一定程度上能够推动技术创新，进而促进产业结构的优化升级。娄昌龙和冉茂盛（2016）基于中国重污染行业上市公司数据，发现较高程度的融资约束抑制了企业技术创新。在此基础上，近年来，国外部分学者的研究发现融资约束对企业创新具有激励效应，其理论基础最早源于卡尼曼（Kahneman，1979）提出的前景理论（Prospect Theory），即在不可控风险和环境不确定下企业可能会采取冒险投资行为。伯格斯（Burgers，1993）、怀斯曼等（Wiseman et al.，1996）基于行业异质性视角，发现当企业面临盈利能力下降等经营风险时，企业不会采取相对保守的防御措施，反而会采取更高风险的创新行为。Markowitz（2002）基于前景理论，认为决策者关注的不是企业财富的多少而是输赢，即潜在收益或损失。因此，当企业面临资金受限的经营困境时，企业决策者可能会受到非理性因素的影响，更倾向于冒险投资高风险但对企业长远发展有益的创新项目。在前人研究的基础上，米格尔等（Miguel et al.，2014）认为，在融资约束背景下，企业管理者预感企业经营能力受损，反而会增加研发支出来提高企业创新投入，以促进企业创新绩效的提升。吉贝特等（Gibbert et al.，2014）基于资源拼凑理论的视角，证实了融资约束有助于激发研发团队的创造潜能，促进其在有限资源下进行拼凑式创新，并通过创造性的方式实现技术创新和产品研发。陈海强（2015）认为，企业融资约束状况会促使决策层提高管理效益和投资效率，使企业研发投入更具有针对性，因而更易获得创新成功。同理，周开国等（2017）的研究表明，融资约束越宽松的企业创新能力越弱，这种负面作用源自企业专有能力的不足。因此，企业更偏好协同研发项目并投入更多的资金。

随着研究的深入，国外少数学者认为，融资约束与企业创新之间存在非简单的线性关系，即两者存在一定的"适度区间"。财务资源约束的积极效应和消极效应会共同作用于企业创新活动，并在不同融资约束程度下表现为某种主效应（Gibbert et al.，2014）。融资约束程度较轻时，企业管理者倾向于提高管理水平和组织灵活性，以提高研发能力减小融资约束带来的负面影响；然而，随着企业融资约束程度加重，融资约束对企业创新的抑制作用会逐渐增强并成为主导效应。

此外，许多学者还从企业文化（Bernard，1998）、企业家精神（朱桂龙，2013）、董事长背景特征（胡元木等，2017）等方面对企业创新的影响展开研究。

2.2.2.2 企业外部因素

（1）政府政策与企业创新。罗格等（Rogge et al.，2016）建议从政策元素

（政策战略、政策工具）、政策过程（制定和实施）和政策特征（一致性、一贯性等）构成的框架下从不同维度（政策范围、政策层次、区域及时间）分析政策组合和技术变革的相互影响，政策工具包括 R&D 直接补贴和间接补贴等。阿罗（Arrow，1961）就已提出政府有必要对企业提供补贴，汉伯格（Hamberg，1966）第一个利用厂商横截面数据研究政府 R&D 资助对企业 R&D 支出的影响开始，先后有众多西方学者对这一问题进行了研究。大多学者认为，政府补贴会对企业研发投入产生"激励效应"。通过政府补贴提高企业融资能力（Klette et al.，2000），可以激励企业开展技术创新，政府补贴会促进企业投入更多的研发支出（Busom，2000；Hu，2001）。政府研发补贴可以发挥杠杆效应（Czarnitzki et al.，2004），能够直接或间接缓解企业融资约束（王文华等，2013），分散投资风险（王遂昆等，2014），激励企业开展创新活动（白俊红，2011）。佩雷（Pere，2013）的研究发现，研发补贴的确会对公司的研发创新活动产生诱发作用。我国学者童光荣等（2004）的实证研究发现，我国政府部门研发支出对企业部门研发创新支出具有诱导效应。解维敏和唐清泉（2009）的研究发现，政府研发资助与上市公司进行研发创新投入的可能性显著正相关。冈萨雷斯和卡博尼（Gonzalez et al.，2017）的研究发现，政府政策给予的支持越大，越有利于企业的创新行为。但也有学者研究认为，政府补贴会对企业研发投入产生"挤出效应"。沃尔斯滕（Wallsten，2000）和拉赫（Lach，2002）的研究发现，政府补贴会替代企业研发投入，对企业的研发投入会产生挤出效应。姜宁和黄万（2010）认为，政府补贴会替代企业研发投入。刘虹等（2012）以及郭晓丹等（2011）的研究发现，政府补贴没有直接带来企业研发投入的增加，但其有助于获得更多创新产出。阿尔茨等（Aerts et al.，2008）的研究发现，政府补贴对企业研发投入的影响非线性。

（2）产品市场竞争与企业创新。阿罗（Arrow，1962）提出，竞争性市场环境更有利于激发企业研发创新的动力。产品市场竞争会显著提高企业创新的动力（Alegre et al.，2008；Gomez et al.，2012）。戚聿东（1998）认为，在产业集中度较低的产业群中，产业集中度的提高会明显提高科技进步效率。张娜等（2019）也提出，市场竞争与企业内部治理往往会形成互补或替代关系，对企业激励机制的有效性、创新动力和创新效率产生正向影响。而聂辉华、谭松涛和王宇锋（2008）则认为，适度竞争会促进企业创新。

（3）金融环境与企业创新。外部融资约束会对企业的创新行为产生抑制作用（Czarnitzki，2006）。由于企业创新的高风险性，使得企业的研发活动更加依赖于企业的内部资金，企业的创新能力会随着企业的融资水平提高而提高

（Elisa，2008）。此外，金融市场发展能降低企业创新过程中的道德风险，降低创新的监督成本（Aghion et al.，2009），有助于推动企业创新，提高创新效率。良好的融资环境能保证企业创新的持续性，缓解企业融资约束（李后建等，2014），促进企业 R&D 投入和专利产出（王维等，2014），有较高发展水平的金融市场，有利于企业通过外部融资，对企业抓住市场机遇、开展新一轮创新起到积极的促进作用（Saiyid et al.，2007；肖仁桥等，2015）。银行贷款规模和股票流动性显著影响企业技术创新（朱欢，2010），股票流动性越强，企业创新产出越多（张超林和杨竹清，2018）。加快银行业市场化改革和地区金融发展，缓解企业开展技术创新的融资约束（解维敏和方红星，2011）。

此外，谢家智等（2014）的研究发现，企业的研发投入和企业所处的投资环境高度相关，融资约束大的企业研发投入的就少。还有部分学者，如雷蒙德等（Raymond et al.，2010）认为，企业的创新行为与企业所处的行业有关。与传统行业相比，新兴行业的企业创新意愿强，研发投入多。巴斯等（Bas et al.，2015）也发现，高技术行业企业比低技术行业有更高的创新意向。

2.2.3 企业创新的效果

国内外学者对企业创新的效果做了深入研究，主要是从企业绩效和经济效率两方面去研究 R&D 投入的效果。

2.2.3.1 企业创新与企业绩效

目前，已有企业对 R&D 投入与企业绩效的关系进行了研究，但并未得出一致的结论。对于两者之间的关系，存在三种主要观点。一部分学者认为企业 R&D 投入与企业绩效显著正相关（Coad 等，2009；鲁盛谭，2011；李健英等，2015；苏红等，2019），赫希等（Hirschey et al.，1985）的研究发现，当企业研发投入力度加大时，能够提高企业整体的获利能力，注重 R&D 的企业能够获得更高的销售增长率（Del Monte et al.，2003），企业 R&D 投入强度与企业营业收入增长率显著正相关（李玲等，2017；吴亦嘉，2019），特别是成长期和成熟期的企业，创新投入越大，企业盈利能力越强（梁莱歆等，2010）。技术创新可以通过取代高成本的生产要素，降低成本（陆国庆，2011）。对当期财务绩效产生显著正效应（赖丹等，2016；冯套柱等，2019）。齐秀辉（2016）也得出了类似的结论。潘雄锋（2020）从不同阶段研究研发投入与企业绩效的关系，发现开发阶段和研发阶段的投入，都能显著提升企业的绩效。企业 R&D 投入越多，企业生产率越高（吴延兵，2006），企业价值也得到了提升（Connolly，2005）。

但部分学者却持有相反的观点，他们认为，上市公司研发投入的增加，对企业价值提升不明显（陈海声和卢丹，2011；黄禹和韩超，2013）。研发投入对当期的财务绩效的影响并不显著（梁莱歆等，2010；陈一博，2013）。林（Lin，2006）以美国258家企业的数据进行研究，结果显示企业研发投入与企业绩效之间没有显著的关系。费尔南德斯（Fernandes，2008）也得到R&D与企业生产率没有显著关系。王玉春（2008）的研究表明，研发人员投入与企业盈利能力没有显著的关系。而有些学者发现，企业研发投入对企业绩效产生了负向影响（李映照，2005）。兰茨等（Lantz et al.，2005）以科技公司的数据研究得出R&D投资将对企业财务业绩起抑制作用。汪涵玉等（2018）以制造企业为对象，发现研发投入会导致企业当期绩效降低。张俭等（2014）以企业发展、盈利能力为出发点，进一步论证了研发投入与企业绩效负相关的结论，认为造成这个结果的原因是我国企业的创新投入偏低。R&D投入与企业经营绩效负相关（陆玉梅等，2011）。

还有学者发现R&D投入与企业绩效呈非线性关系。哈特曼（Hartmann，2006）认为，存在研发投入拐点，当研发投入超过该拐点，企业获得的绩效提升与研发投入不是同比例的。刘学之等（2017）发现，R&D投入和企业经营绩效之间存在倒"U"形曲线关系，宋佰涛（2018）和邱盼华（2019）用不同的样本得出了一致的结论。但徐海波（2017）却发现，不同行业R&D投入与企业业绩的关系是不一样的。孙晓华（2014）研究了R&D对企业生产率的影响，但得出的结果不同于其他学者的倒"U"形关系，而是研发投入与企业生产率呈现正"U"形关系。还有学者发现，研发支出和企业绩效之间存在二次关系（Chiou et al.，2011），R&D投入和公司财务绩效之间存在立方关系（Yang et al.，2012），以及R&D投入与企业绩效存在先降后升又降的倒"N"形三次曲线关系（盛宇华等，2016）。

2.2.3.2　企业创新与经济效率

R&D内生经济理论非常强调基于R&D的创新对TFP的促进作用，国外这方面的文献相对比较丰富。在单个国家的经验研究方面，哈佛大学的格里利什（Griliches，1994）证实，R&D对美国全要素生产率有显著正向促进作用，他计算出R&D创新TFP的弹性为0.07%。卡梅伦（Cameron，2000）使用英国1972—1992年的数据构建了异方差动态面板模型，发现R&D在不同的行业效应不同且变化很大，具有高资本劳动比、使用高R&D产业的中间产品和高对外开放的行业，R&D创新对全要素生产率具有显著影响，这一弹性大约为0.24%。其他学者也发现R&D创新对经济增长和全要素生产率均有显著的正向影响的证据（Marios et al.，2002）。但弗斯帕根（Verspagen，2003）依据创新产出不同水平，将制造业分成高、中、低三组面板数据，研究发现英国机械电子、仪器和化工等高科技行业的 R&D 对全要素生产率的弹性为 0.109%，而其他部门的创新的全要素生产率影响则不显著。杰弗里和提奥法尼斯（Jeffrey et al.，2005）利用美国和加拿大的数据发现，制造业研发资本增长对生产率增长有显著影响，而且这种现象在美国企业中的表现好于加拿大企业。但有学者研究发现，研发投入对生产率的影响主要存在于中国制造行业中的高科技企业，对非高科技企业中并没有显著影响（Hu et al.，2005）。埃德奎斯特等（Edquist et al.，2016）利用瑞典各产业部门的数据研究发现，研发投入对全要素生产率增长有积极的作用。

国内关于 R&D 创新对全要素生产率的影响这方面的研究文献也较为丰富。但研发投入是否会提升全要素生产率尚未得出一致的结论。有学者认为，研发投入对全要素生产率增长有显著促进作用（吴延兵，2008；夏良科，2010；柳剑平等，2011）。朱春奎（2004）的研究认为，R&D 投入对上海的经济增长和全要素增长具有积极的影响。李明智等（2005）的研究发现，R&D 对我国高技术产业全要素生产率有着显著的影响。王英伟等（2006）认为，R&D 活动规模的扩大和产业结构调整对企业全要素生产率具有重要影响意义。但也有学者研究发现，研发投入会阻碍全要素生产率的提高（张海洋，2005、2010；李小平等，2006）。

2.3　循环经济与企业创新的关系

循环经济发展过程自身存在固有的外部性特征和一定程度的"市场失灵"问题，需要政府通过宏观调控来进行解决。2017 年，在国家发展改革委等 14 部委联合印发的《循环发展引领行动》中明确了循环经济发展目标，指明循环经济各个环节的发展方向。这是中国政府引导循环经济发展的重要体现。

循环经济的建设需要有相应的技术支撑，循环经济的技术载体就是环境无害化技术或环境友好技术（诸大建，2000）。循环经济的实现需要能源综合利用技术、清洁生产技术、废物回收和再循环技术、资源重复利用和替代技术、污染治理技术、环境监测技术以及预防污染的工艺技术等技术支持，这些技术是构筑循环性经济的物质基础。

循环经济本身是一种有别于传统经济发展模式的新模式，目的是实现可持续性增长，提高全球竞争力，创造新的就业机会。为了使循环经济成为主流，循环性企业需要进行根本性和系统性的创新（Valkokari et al.，2016）。"波特假说"（Porter et al.，1995）认为，环境与经济可以实现"双赢"的局面，设计合理的政策可以激励企业技术创新，并同时产生"创新补偿"效应，即创新带来的收益在一定情况下可以弥补环境政策带来的成本提升。环境政策不但提升了环境绩效，还通过推动企业技术创新的方式增强了企业竞争力。技术创新是实现循环经济发展的基础。企业要提高资源利用效率就必须进行技术创新。顾丽等（2005）认为，循环经济的"3R"原则离不开先进的技术，循环经济的推动力与决定性因素是科技创新。从技术角度讲，循环经济的一个核心就是技术集成，整个闭合式循环系统的各个环节都需要技术创新，需要技术、管理、机制的集成。企业是实现技术创新和发展循环经济的微观主体，循环经济的最终实现离不开具体的产业和企业、离不开企业技术创新，企业技术创新注定要为发展循环经济和促进人类社会可持续发展承担历史使命。循环经济是一种新的技术范式，技术范式的转换要求技术战略和技术创新做出相应调整。企业作为技术创新的主体，应该按照发展循环经济的要求，积极围绕"3R"原则，通过各种形式的技术创新，构建企业竞争优势（张华，2007）。曾杰（2007）认为，企业应该完善循环经济的技术体系，把握循环经济的技术发展和利用高科技原则，加大技术创新的力度和投入，结合本企业的特点因地制宜选准循环发展，充分认识对自然资源过分依赖的局限性及生态环境恶化的巨大威胁，树立强烈的忧患意识，自觉纳入节约资源、保护环境的行列当中去，从根本上遏制对资源和环境的污染，以促进循环经济的可持续发展。

2.4　研究评述

通过对国内外已有文献的梳理和回顾，发现促进循环经济发展与对企业创新的研究仍有待进一步加强。特别是"双碳"目标的提出，在国家循环经济发展体系建设的要求下，促进企业创新是实现绿色发展的重要途径。由于企业创新的外部溢出效应，政府干预成为国家推动创新的重要方式。政府一般是通过规范、激励、惩罚、引导等政策手段实现作用效果的。结合已有文献来看，国内外关于循环经济发展与企业创新之间的研究更多是以理论探讨和政策解读为主要内容，并没有形成联系两者系统、全面的深入研究。具体不足之处有以下三个方面：

（1）在研究方法方面，已有研究关于循环经济的研究主要集中于对国家政策的解读，大多以规范研究为主，侧重评价政府的政策方向，但从实证角度论证循环经济发展对企业创新影响的研究并不多，缺乏客观的数据论证。利用具体的政策外生变量，结合企业特征的微观数据，利用大样本计量统计方法，分析循环经济发展视角下政府不同政策干预手段以及企业创新的影响和效果，为循环经济发展理念下的企业创新行为提供数据论证。

（2）在研究视角方面，由于我国循环经济发展的实践和政策推广较早，但理论界的研究却有所落后，现有大量文献更多着重从宏观层面分析循环经济发展的意义和作用，但宏观政策的执行效果依赖于微观主体的行为，特别是企业的决策行为。目前，我国政府大力倡导循环经济，构建循环型社会，出台了一系列鼓励企业创新、实现绿色转型的政策。因此，从微观视角更加深入剖析循环经济发展中企业的行为表现是非常有必要的。

（3）在研究内容方面，自我国 20 世纪 90 年代末引入循环经济概念以来，发展循环经济的理论思想纷繁复杂。我们将循环经济与企业创新结合起来，分析不同的产业政策对企业创新的影响以及所产生的经济效果，有效评价绿色发展政策实施效果，并为政府制定和调整循环经济发展的相关政策提供理论参考和建议。

3 概念界定与相关理论基础

本章主要是对循环经济发展与企业创新的理论基础进行梳理，通过对耗散结构理论、资源经济理论、环境经济理论、绿色经济理论和政府干预理论进行重点梳理，对循环经济发展研究具有一定的指导意义。

3.1 概念界定

3.1.1 循环经济

针对循环经济的概念，国内外学者从不同角度进行了界定。虽然其描述不完全相同，但基本都与循环经济发展本质一致。上一章中我们对相关的观点进行了总结和阐述。1996 年，德国颁布并实施了《闭合可持续循环与废弃物管理法案》（*Closed Substance Cycle and Waste Management Act*）。根据这份法案和德国国内学术界的认识，循环经济是指将废弃物的处置过程加入原有的产品研发、制造、售卖、消费四个步骤中去，形成第五个步骤从而在社会再生产领域构成资源闭合循环的这样一种经济模式。其基本内涵包括新技术的产品应用、产品责任、处置标准、经济杠杆以及国际合作五大领域。斯塔赫尔（Stahel，2016）在 *Nature* 中将循环经济定义为"把使用寿命将要结束的物品转化为其他资源，关闭工业生态系统中的循环并最大限度地减少浪费"。

我们在总结已有研究的基础上，将循环经济界定为是一种立足于可持续发展的理论，以资源的主动回收再利用为特征，依托于科技进步，促进经济、社会与生态环境协调发展的运行状态，实现物质闭环性的流动。通过可循环的手段来利用自然资源，以最小的代价来实现经济的可持续、高质量发展，从全局上追求人与自然和谐而提出的新概念、新理论，是一种以资源循环利用为核心内涵的经济形态。

3.1.2 绿色发展

绿色发展作为实践可持续发展思想的经济发展理念，通常的提法还包括"绿色经济""绿色增长""生态经济"等，边界相对模糊（杨灿等，2015）。关于"绿色发展"的定义大多是从经济增长与生态环境之间的关系来进行的。20世纪80年代，绿色理念进入大众视野，并引起政府的广泛重视。学者们开始探讨生态与社会、经济之间的相互关系，批判了为追求经济快速增长而损害环境的行为。大卫·皮尔斯（David Pearce，1987）首次提出了"绿色经济"这一概念。此后，皮尔斯在《绿色经济的蓝图》一书中把绿色经济定义为"自然环境和人类自身能够承受的、不因盲目追求经济增长和自然资源而导致生态危机的不可持续发展的经济发展模式"（David，1989），成了随后经济发展过程中必不可忽视的重要部分。世界银行（2012）将绿色发展定义为是一种环境友好、社会包容型的经济。迈克菲和凯萨琳（Mc Afee et al.，2016）认为，绿色经济是通过发挥市场机制来抵消社会制度层面的不理性行为对环境带来的破坏，是环境友好型经济增长模式。刘思华（2011）认为，绿色发展就是可持续发展，并指出绿色发展是科学发展观的内涵，是协调生态友好与经济增长的关键。诸大建（2012）认为，绿色发展包括环境效益、经济效益和社会效益。向书坚（2013）指出，绿色发展的本质是一种经济形式，是一种更加注重生态效益的新的经济形势。李正图（2013）认为，绿色发展应保持自然、生物圈、经济和社会各界之间的平衡和循环。绿色发展是一种绿色的生态理念，是一种可持续发展，以增进人类福祉、引导人类社会形态由工业文明向生态文明转型为目标的经济发展模式（郭付友等，2018；孙永胜等，2020）。

综合现有文献，本书将绿色发展界定为：绿色发展是实践可持续发展思想的经济发展理念，是以实现经济高效、社会公平、生态保护为主要方向，以资源集约、环境友好、文化融合为表现形式，以低碳经济、循环经济、生态经济为关键路径，实现经济、自然与社会系统的共生、良性循环以及全面协调可持续发展的经济发展模式。

3.1.3 企业创新

创新一直是国家关注的重点领域。20世纪70年代，人们认识到社会经济的发展对赖以生存的环境造成了严重破坏，可持续发展的观念被人们重视，技术创新被看作实现可持续发展的重要手段之一。在这样的现实背景下，技术创新的理论与实践都发生了深刻的变化。首先，理论上，学者们将技术创新与可持续发展观念相结合，对技术创新的内涵提出了新的认识。

1912 年，熊彼特（Schumpeter）首次提出了创新概念和理论。他认为，创新生产函数的变化，是把生产要素和企业的生产条件进行全新的组合，形成新的生产能力。此后，1939 年，他又将创新分为技术型创新与非技术型创新，包括生产方式与产品的创新、新市场的开辟或者新供应的来源。

新古典学派以索洛为代表，将技术创新这一生产要素作为经济增长的内生变量，建立了著名的索洛技术进步模型。该理论认为，技术创新和其他生产要素，如资本和劳动力等，在影响经济的发展过程中发挥了同等重要的作用。技术创新作为一种变量可以被纳入经济增长模型中，对经济的增长起着较大的促进作用。

企业创新定义的主要观点见表 3-1。

表 3-1　企业创新定义的主要观点

代表作者	主要观点
熊彼特（Schumpeter，1912、1939）	把生产要素和企业的生产条件进行全新的组合，形成新的生产能力
伊诺思（Enos，1962）	技术创新是"包括发明选择、资本要素投入、组织机构建立、人员配备、计划制订和市场开拓等综合行为结果"
弗里曼（Freeman，1973、1982）	技术创新是"技术、工艺和商业化的全过程，可以增加新产品的市场供给，促进新技术工艺与装备的商业化应用"；1982 年进一步明确技术创新的概念，归纳为"新产品、新过程和新服务的首次商业化"
谬尔塞（Mueser，1985）	系列构思新颖与成功实现的非连续事件，即为技术创新

3.2　相关理论基础

3.2.1　资源经济理论

资源经济研究的是在人类的经济活动与资源之间的供需不平衡的问题，以及在社会经济发展过程中如何对各类资源的开发、利用、保护、管理与再利用。其主体为对资源进行研究利用，探索资源与经济发展的关系的法人与个体。其客体为在经济运行中开发和利用的所有资源，主要是指土地资源、水资源和矿产资源。该理论认为，通过科学开发和利用石油、煤炭、天然气等能源资源以及铁、铜、锰等矿产资源，避免资源浪费，促进经济结构优化，从而实现经济增长方式的转变。

3.2.1.1 资源经济的产生与发展

20 世纪初期，在美国粮食作物和畜牧业迅速发展的同时，带来的是森林、土地资源被肆意浪费，于 20 世纪 20 年代出现生产过剩危机，农业发展进入萧条阶段。基于此，美国经济学家伊利等（Ely et al.，1924）合著的《土地经济学原理》首次将土地资源与经济相结合，对如何对土地资源加以运用和保护以促进经济的持续发展进行了研究。1931 年，霍特林在《可耗尽资源的经济学》一书中指出，若不考虑资源的可持续性，当代社会的资产阶级就会以一个最优的发展速度来追求自身利益，这往往体现在对于消费者的高价支出上，不利于经济的持续稳定发展。这两者被公认为资源经济理论产生的标志。

在我国，随着社会经济的复苏，环境资源问题也日益显著。相关学者对资源与经济存在何种关系以及如何处理这种关系展开了很多研究。茅于轼（1981）通过研究能源的消耗对经济学有什么影响，对传统经济学进行映射，首次提出了资源经济的概念。他认为，随着生产力的不断提高，有限的资源会被不断消耗，对资源的节约是资源经济的核心。张云田（1982）将环境资源与经济效益相结合，提出保护资源就是保护环境，对污染物排放的限制不但能够减轻对环境的污染，还能在一定程度上影响经济的发展速度，带来经济效益的提高。李漠林（2002）提出，循环资源经济是指一个建立在环境、生物和部分矿产资源能够永续循环利用的基础上，生活资料和生产资料能够协调发展，人类的生产、生活能够得到基本满足，同时能够保持有序的增长和持久繁荣的经济结构体系。他认为，经济、生态、社会三者效益相统一是维持经济效益永续繁荣而不衰的保障。

3.2.1.2 资源诅咒的产生与发展

在 20 世纪 50 年代，普雷维什和辛格首次发现在一些自然资源充沛的国家，他们的社会经济并没有因为对自然资源的不断开发和利用而呈现出快速发展之势，反而出现经济低迷，而荷兰恰好佐证了这一发现。荷兰在 20 世纪 60 年代发现大量的石油和天然气资源，经济曾因此出现一段时间的疯涨。而随着石油和天然气资源的不断开采，忽视了社会上其他行业的发展，使得荷兰的国际竞争力受到很大的打击，并同时出现通货膨胀上升、失业率提高等一系列社会问题，经济一度陷入危机。奥蒂（Auty，1993）在对矿产国经济发展的研究过程中同样发现这一问题，并提出"资源诅咒"的概念。他提出，丰裕的自然资源并非对每个国家的经济发展都有积极的促进作用，其经济发展速度反而会比资源缺乏国家更慢。之后，各国将研究目标放在其他方面，发现自然资源对于生态环境和社会发展同样具有负面效应。这也要求自然资源应当与经济、社会协调发展。

3.2.2 环境经济理论

人类在寻求自身发展的过程中往往面临两个方面的问题：一方面是如何处理人与人之间的社会活动关系，另一方面是如何处理人与自然环境之间的资源输送问题。传统经济学者认为，自然条件的好与坏只会影响农业收成的优与劣，并不能直接影响到经济增长速度，社会经济的发展主要依托于资本、技术、劳动力三种社会资源。同时，他们认为，经济发展的最根本目的在于实现利润最大化。为了追求利润最大化，"最小成本"的概念也随之产生。最小成本主要是对于具有货币价值的社会资源尽量节约使用，而对于不具货币价值的自然资源随意滥用。在这种理论下，由于自然资源不需要支付代价或者说只需要支付极低的代价，生产者往往倾向于用最便捷快速的方法使用它们，而对于使用过后的后果不予理会。可想而知，对自然资源的长期滥用使得自然环境不断恶化，传统经济理论忽视了人类社会的健康稳定、持续发展应当与自然环境相协调。为此，人类不得不支付巨额费用来恢复自然环境，从而对经济造成了一定的损害。

3.2.2.1 环境经济理论的产生与发展

外部性理论是环境经济学的理论基础。"外部性"这一概念源于环境问题的负外部性和市场失灵。马歇尔 1890 年所著的《经济学原理》开创了环境问题的外部性研究的先河，他从"公共产品"入手，研究表明资源环境一定程度上具有不可分割性。庇古在 1920 年所著的《福利经济学》中，首次从福利经济学的角度系统地分析外部性问题，用外部性理论来解释环境的"外部不经济"，即"负外部性"。庇古理论和科斯定理是市场激励型环境规制工具的理论依据。外部性从内容上可以分为正外部性和负外部性两个方面，其中正外部性主要反映的是某个主体的行为导致社会上其他人能够得到一些好处，但是该主体自己并没有获得相应的收益。此时，这个主体从自身行为中得到的个人利益比该行为所带来的社会效益要低。外部性主要反映的是某个主体的行为使得社会上其他人会蒙受一定的损失，但是该主体自己却没有为此而付出相应的代价。此时，这个主体从自身行为中付出的个人成本比该行为所带来的社会成本要低。

污染前期的环境经济主要依托于政治生态学展开研究。政治生态学强调，资源环境变化是社会关系的产物，环境成本和收益在不同行动者之间的分配不均衡，将导致社会和经济的不均衡，进而改变不同行动者之间的权利关系。基于该理论，在全球环境的不确定性变化越来越显著的情况下，人类将会采取更多的干预措施和手段来应对环境的变化和不可再生资源的减少。环境经济理论认为，环境资源作为一种特殊的公共商品，因其存在稀缺性，在实现该商品价值最大化的过程中，寻找边际收益等于边际成本的均衡点是关键。

一是有部分学者将"环境价值评估"与环境经济学相结合，基于空间效应分析，认为经济的发展是导致环境发生变化的主要因素，解决环境问题也需从此入手；二是大多数学者基于政治经济理论分析，研究暗含在环境问题中的社会关系，提出如何进行环境治理是环境经济研究的核心问题；三是有部分学者认为经济与环境两者之间是一个相互博弈的关系，两者之间存在一个平衡点使得两者达到均衡。究其根本，环境经济是一个研究人类的生产、生活环境与社会经济活动之间存在相互关系，以及如何利用两者之间的相互关系，使得经济活动与环境保护能够协调发展的学科。其主要目的在于，协调经济发展和环境保护之间的平衡，既保证经济持续稳定增长，又防治环境污染与破坏。

3.2.2.2 环境与循环经济的关系

经济与环境既相互促进又相互制约。环境对经济的促进作用体现在一个良好的生态循环系统能够给经济发展提供必要的自然资源支持，对于资源的循环利用能够避免一些不必要浪费，在一定程度上可以为经济发展节约成本。环境对经济的制约作用体现在当环境受到污染时，极大可能出现自然资源质与量的供给满足不了经济发展的需求，抑制经济发展水平；同时，环境污染也会给社会带来额外的防治成本，使其遭受巨大的经济损失。经济对环境的促进作用表现在经济发展能够带来先进的技术进行环境防治，并且可以利用技术人为创造优质环境以满足人类生产、生活的需要。经济对环境的制约作用表现为经济的发展需要大量的资源支持，对资源的过度使用不可避免地会带来资源的枯竭，从而影响环境的良性发展。

3.2.3 绿色经济理论

绿色经济、循环经济、低碳经济本质上都是符合可持续发展理念的经济发展模式，具有相同的系统观、发展观、生产观、消费观和最终目标。

3.2.3.1 循环经济理论

学者们对循环经济的可持续发展模式和目标有一个统一的认识。他们认为，循环经济在追求可持续发展的今天所倡导的一种与自然环境能够和谐发展的一种模式，企业、社会、公众为了减少生产消费过程中的资源能源消耗、降低向环境中排放污染物、减少对环境的破坏，可以循环利用废弃物或者废旧的物资等来推动经济的发展，以达到较低的投入、较高的效率和较少的污染物排放。20 世纪 80 年代，杰奎琳·拉德瑞尔女士组织环境专家研讨并提出了循环经济理论中的核心原则，即清洁生产的"3R"原则，具体包括减量化（reduce）、再使用（reuse）以及再循环（recycle）三个原则。

循环经济理论强调五种观念：一是新的经济观，即为了维持生态平衡、环境的可持续发展，循环经济要考虑应用生态学的规律。在生产过程中，不仅要考虑企业项目的承受能力，也要考虑生态环境的承载能力，使得资源、能源、环境可以在承受范围内形成一种良性的循环，最终达到生态平衡。二是新的消费观。层次消费和适度消费被循环经济观提倡，循环经济倡导人们在进行消费的同时要注意废物的再利用，树立良好的生产和消费循环发展的观念。三是新的价值观。循环经济不仅将大自然视为一种可利用的资源，也认为大自然应该需要维持一种良性的循环发展。在进行技术创新的过程中，不仅应该考虑对自然环境的开发能力，而且应该关注该创新活动对自然环境的维持和修复能力。四是新的生产观。要求企业在生产过程中遵循"3R"原则，即能源资源的消耗减量化原则、产品的再使用原则以及废弃物的再循环原则。五是新的系统观，即由人、自然环境、科技等因素组成了一个大的循环经济系统。循环经济要求社会公众不要把自身放在这一循环经济系统之外去考虑生产与消费，而应该将自己放到这个循环经济系统内部去研究符合客观规律的经济原则。

3.2.3.2 绿色经济理论

随着科学技术的不断进步，人类社会经济发展水平显著提高，但随之而来的也有环境污染、生态破坏、资源过度浪费导致的供不应求，这极大地遏制了经济的进一步发展。绿色经济顺势而生。该经济重点考虑环境因素对经济发展的影响，认为保护环境、优化生态和提高效率、发展经济是可以协调共生的。

1989 年，英国环境经济学家大卫·皮尔斯等在其著作《绿色经济的蓝图》中，首次提出"绿色经济"一词，将绿色经济等同为可持续发展经济，并从环境经济角度深入探讨了实现可持续发展的途径。该书只是阐述了如何进行环境保护及改善环境问题，将环境恶化的原因归咎为人口爆炸等，其主要研究领域还是环境经济学，是一个"浅绿色"的环境价值观。2006 年，丹尼尔·科尔曼在《生态政治：建设一个绿色社会》一书中，强调要从根本上解决环境问题，必须摒弃"只顾降低成本、不计后果"的传统经济理论，要改变环境不断恶化的局面，需要重塑人们的价值观，改变人们的生活方式。1994 年，刘思华在《当代中国的绿色道路——市场经济条件下生态经济协调发展论》一书中结合我国国情，提出我国要走一条现代化建设的绿色道路，首次将绿色经济纳入生态经济学的理论范畴；2001年，刘思华在《绿色经济论——经济发展理论变革和中国经济再造》一书中，对绿色经济做出如下界定："绿色经济是可持续经济的实现形态和形象概括，它的本质是以生态经济协调发展为核心的可持续发展经济。"

绿色经济是一切资源节约、环境友好的经济活动及其结果的总称。从本质上来说，绿色经济是一种生态经济，强调通过改变资源利用和管理模式，以追求生态系统的整体效益为目的，在考虑经济资源可持续发展的长远需求的基础上，使得再生资源的利用和再生能力相平衡，寻找不可再生资源的替代品，实现生态系统的循环发展。绿色经济强调，在经济发展的进程中，在考虑经济效益的同时，也不能忽视对环境资源的保护。要想实现经济的快速发展，经济社会与生态环境的协调统一是必不可少的。据此，绿色经济发展的原则在于不能过分地以实现经济利益为导向，不能不考虑自然环境的承受力，要实现经济发展与资源协调统一，这也是绿色经济最重要的目标。产业共生是一个扩展的概念，它指出整体利益来自综合经济和环境方面。经济收益归因于企业的集聚吸引了资本、劳动力、能源、材料和基础设施等共同生产要素，从而降低了单位成本并提高了要素生产率。公司邻近带来的其他经济利益包括运输和交易成本的收益以及公司之间的技术溢出。环境效益来自减少排放的废物和减少原始材料的使用。循环经济需要从根本上改变传统的开放和线性发展方式，通过重新设计减少负外部性的产业结构并最终通过增进社会整体福祉，通过有效的资源配置和更高的生产力来增强竞争力。

3.2.4 政府干预理论

政府干预理论的核心在于探寻政府职能与经济社会之间的关系。其内涵为，市场虽然对于经济运行过程中的资源配置有强有力的调控作用，但也存在市场失灵的问题，此时就需要政府出面进行必要的干预。而过度的政府干预又可能出现新的问题，因此需要政府和市场进行有效结合，以此实现资源的有效配置。

3.2.4.1 政府干预理论的主要观点

美国经济学家斯蒂格里茨主张的政府干预理论主要从市场失灵理论和政府的经济职能理论两个方面展开研究。斯蒂格里茨认为，政府干预的主要作用在于弥补市场失灵。他通过一系列研究证明，当传统的市场失灵理论处于一个市场不完备、信息不完全、竞争不完全的情况时，市场机制就无法自己达到帕累托最优状态。而这种情况是市场的固有表现，市场失灵不仅仅局限于外部性、公共产品等狭隘的范围，还需要政府干预应对经济的各个领域和部门所面临的问题。经济学家普遍认为，政府本身也存在失灵的问题，政府的干预手段往往是无效的。斯蒂格里茨对此并不否认，但他认为政府失灵并不比市场失灵坏，因为政府具有强制性职能，政府失灵是可以通过采取一些政策手段来缓解甚至被解决的。据此，他提出了政府的经济职能理论。

3.2.4.2 政府干预理论在循环经济中的应用

资源经济学强调，在资源枯竭时期社会经济的发展更加依赖于政府作用，此时政府承担的是不可替代的责任。市场先天就存在不能充分提供公共品、构建交易公平环境的缺陷。政府在人类实现可持续发展过程中，能利用相关政策或立法统一企业和公众的理念规范市场参与者的经济和社会行为。

政府干预的手段主要有以下三点：一是法律手段。政府通过制定一系列法律法规来限制垄断和反对不正当竞争。二是经济手段。政府通过使用税收和补贴的方式进行资源调配，维护社会公平。三是行政手段。政府向社会提供公共物品和公共服务，建立健全市场经济体系，保持宏观经济稳定。庇古在《福利经济学》一书中提出，为了消除环境问题所带来的外部效应，政府应当采取征税或单位收费来消除其负外部效应，采取补贴的方式来消除去正外部效应，其中所提到的一系列政策措施就是庇古手段。其目的在于将环境问题的外部问题内部化。庇古手段的实施需要政府进行征税或补贴，一方面，增加了政府的管理成本；另一方面，给社会带来了额外的环境收益，政府也可基于此来获得经济收益。

3.2.5 企业创新理论

3.2.5.1 创新理论的产生与发展

熊彼特在1912年出版的《经济发展理论》一书中首次提出了技术创新理论。他认为，创新是一种创造新生产函数的过程，即"生产要素的重新组合"，"变革"与"发展"是技术创新理论的核心。在经济发展过程中，生产技术的革新和生产方法的变革的作用是至关重要，即在生产过程中对生产要素和生产条件进行全新结合，从而产生新的效果。创新是引领经济持续发展的第一动力，也是企业发展中获取竞争优势的重要基石。在此基础上，施莫克勒（Schmookle，1966）从创新模式层面完善了该理论，提出了"综合性技术创新模式"，即根据市场需求对企业的工艺、产品进行创新。1971年，弗里德曼在

《产业创新经济学》中认为，技术创新是由多种元素与活动构成的综合性全过程，主要涵盖了研发投入、生产活动、销售商品、获取收益以及其他相互关联的各个环节。近年来，学者们对技术创新理论的研究主要集中于企业经营管理，分析企业创新行为、投入强度以及 R&D 投资的影响因素与经济后果。

新古典学派的创新理论的研究主要是围绕"市场失灵"这一经济现象展开的，认为创新也是影响经济增长的一种重要生产要素。新古典学派以索洛为代表，将技术创新这一生产要素作为经济增长的内生变量，构建了著名的索洛技术进步模型。该理论认为，技术创新和其他生产要素，如资本和劳动力等，在影响经济的发展过程中发挥了同等重要的作用，技术创新作为一种变量可以被纳入经济增长模型中，对经济的增长有较大的推进作用。该理论也提出了政府在技术创新中的作用，认为政府的干预能够促进技术创新，带动经济增长。新古典学派的创新理论为政府调控和干预市场、解决技术创新活动中的市场失灵问题提供了理论基础。由于技术创新存在天然的不确定性，市场对技术创新的调节极易出现失效，造成资源配置的效率低下、市场失灵的问题。这时，政府必须适时采用金融、税收、政府采购等手段，利用扶持之手、干预之手对技术创新活动进行调控。只有这样，技术创新才能有活力，才能更好地发挥经济的带动作用。

3.2.5.2 技术创新的动力机制

技术创新的动力机制是指对技术创新产生关键影响力和驱动力的相互联系、相互作用的机制。企业利用自有资源和借助一定的外力，对企业未来的技术创新方向、模式、内涵，资源的整合、运用以及未来市场的拓展分析和收益分配进行综合决策，并将上述研究付诸实际创新活动之中，来推动企业的技术创新。对创新型企业而言，企业技术创新往往是企业的重要发展战略，事关企业的发展以及在竞争格局中所处的位置。技术创新往往是一项综合的战略行为，需要丰富的技术知识、经验判断、洞察市场需求的能力，企业的投资行为会受到外部和内部环境的综合影响。企业的投融资决策行为会依赖于其所处的外部环境而改变，当宏观环境有利于企业创新，如政府的研发补贴政策，企业会调整投资方向以利用激励政策，而当一些企业面临产能过剩的压力，企业就会根据自身处境选择合适的发展战略，是缩小规模还是通过技术创新升级？此外，企业技术创新也受到企业内部环境的影响，如公司治理水平、企业面临的融资约束程度、产权性质等。小企业和创业被认为是经济增长、突破性创新和创造就业机会的主要驱动力。为了促进冒险和创业，政府会资助不同的机构并投资建立企业孵化器和科技园，以支持与创业相关的活动和潜在企业家成功创新。

3.2.5.3 企业技术创新与循环经济的关系

在艾伦麦克阿瑟基金会发表的《迈向循环经济》报告（EMF，2012）中，重点强调了加速向当前系统过渡的经济和商业原理。该基金会认为，循环经济为系统重新设计提供了一个框架，提供了利用创新和创造力来实现积极和恢复性经济的机会。顾丽等（2005）指出，循环经济要求遵循生态学规律，合理利用自然资源和环境容量，在物质不断循环利用的基础上发展经济，使经济系统和谐地纳入自然生态系统的物质循环过程中，实现经济活动的生态化。他们认为，循环经济的推动力与决定性因素是科技创新。从技术角度讲，循环经济的一个核心就是技术集成，整个闭合式循环系统的各个环节都需要技术创新，需要技术、管理、机制的集成。企业是实现技术创新和发展循环经济的微观主体，循环经济的最终实现离不开具体的产业和企业、离不开企业的技术创新，企业技术创新注定要为发展循环经济和促进人类社会可持续发展承担历史使命。目前，企业利润最大化已经成为我国大多数企业技术创新和发展的重要目标。要使循环经济理论成为指导企业发展的主体文化，就必须从技术创新着手，企业要首先改变技术创新的观念，建立生态系统观指导下的技术创新理念。传统的技术创新理论以西方经济学理论为依托，以追求经济效益最大化为目标，它将经济价值作为一切经济活动的唯一评价标准，一切经济活动都围绕经济价值而展开技术创新的效应不仅局限于经济活动领域，经济的发展对自然及其资源存在依赖关系，经济与社会发展是互动的。

循环经济的实现需要能源综合利用技术、清洁生产技术、废物回收和再循环技术、资源重复利用和替代技术、污染治理技术、环境监测技术以及预防污染的工艺技术等技术支持，这些技术是构筑循环性经济的物质基础、是建设循环经济的技术依托。经济学家多西认为，技术范式是解决所选择的技术问题的一种模式。绿色技术创新是针对环境保护目的的管理创新和技术创新的统称。一类是绿色产品创新，指产品在使用过程中及使用之后不危害或少危害生态环境和人体健康以及可回收利用和再生的产品；另一类是绿色工艺创新，指能减少废气和污染物的产生和排放，降低工业活动对环境的污染以及降低成本、物耗等工艺技术。绿色技术创新是企业发展循环经济的新增长点。

创新广义上是指产生新想法或新组合的过程，这些新想法或新组合以新产品、服务或流程的形式投入商业实践。大多数循环创新都是渐进式的，这需要更加协调和激进的创新努力来全面实现循环经济。在循环经济领域，创新循环商业模式的概念备受关注，通过高效再利用和生态系统保护创造价值。坚持循环经济原则涉及重组传统商业模式。其主要组成部分包括价值主张、创造、交付和获取以及促进使用可再生能源和生物燃料，将废物作为新资源的来源加以利用降低企业成本，通过重新安排生产流程以减少浪费（工业共生），促进公司之间共享材料以减少停机时间，通过加强产品/服务的维护、翻新、再利用、再制造和再营销来延长产品/服务的生命周期，以确保经济流程的发展基于循环的"从摇篮到摇篮"的逻辑，而不是传统的"从摇篮到坟墓"的方法。

全面实施循环经济需要进行范式转变，涉及监管和制度、文化和行为变化以及组织、流程和产品创新的新方法。从线性资源流向循环资源流的转变将影响并重塑所有部门的产品和材料的设计、生产、分销、消费和处理过程。从本质上讲，向循环经济的过渡需要社会中公司、行业、个人和机构各个层面与参与者的创新。

4 循环经济发展的国际实践

为降低环境恶化的负面影响，各国陆续制定了一系列政策，许多国家已出台循环经济的法律。德国是这方面的先行者，它于 1996 年开始实施循环经济，并颁布了《封闭物质循环和废物管理法》。该法律为实施封闭循环废物管理提供了框架，并确保环境兼容的废物处置和同化废物能力。另一个尝试实施循环经济的是日本。日本政府制定了一个全面的法律框架，以推动该国向循环型社会迈进（METI，2004；Morioka et al.，2005）。2002 年生效的《建立循环型社会基本法》为日本社会的循环利用和长期非物质化提供了量化目标（Van Berkel et al.，2009）。

4.1 德国的实践及启示

4.1.1 德国循环经济的发展模式

早在 19 世纪初期，随着德国工业化发展，德国就开始重视垃圾处理问题，但采取的方式主要是焚烧，这不仅造成空气污染，而且引起居民的强烈不满与反对。20 世纪中叶，尤其是二战以后，德国在远离居民区的地方建造了数千个垃圾填埋场，采取了以填埋为主的垃圾处理方式，但这种方式却导致了土壤、空气、地下水等被污染的严重环境问题。在 20 世纪 70 年代末期，德国的垃圾堆放和填埋场所就达到 5 万多个，因管理不善，大部分垃圾堆放和填埋场所遭受到不同程度的"二次污染"。德国为了解决垃圾的"二次污染"问题，开始研究并规划工业垃圾和城市生活垃圾的科学管理。因此，在 20 世纪 70 年代中后期和 80 年代初，德国便开始了以垃圾处理为切入点的循环经济发展历程。

德国在发展循环经济方面所形成的理念以及独具特色的发展模式已经被广为认同，并不断推广。德国注重在微观、中观和宏观三个层面推进循环经济发展。

"微观模式"是指在企业层面推行清洁生产，减少产品中材料和能源的消耗，实现废弃物产生量最小化，同时带动企业绿色生产经营和消费者绿色消费的模式。

"中观模式"是指在工业区及区域层面发展生态工业，建设生态工业园区，将上游生产过程产生的副产品或废弃物用作下游生产过程的原材料，形成企业之间的工业代谢循环和共生关系，并且对老工业区进行生态改造实现其可持续发展的模式。

"宏观循环"是指在社会层面推进绿色消费，建立废弃物的分类回收系统，注重产业间的物质循环和各种资源能量的梯级利用，最终建立循环型社会的模式。

4.1.2 德国政府推进循环经济发展的具体措施

德国的循环经济起源于垃圾处理，然后逐渐向生产和消费领域发展。其中，政府、企业和公众发挥了关键性作用。主要表现在以下三个方面：

4.1.2.1 建立完善的法律框架和制度规范

据不完全统计，德国联邦和各州目前有关环保的法律法规达 8 000 多部，德国是世界上拥有最完备、最详细的环境保护体系的国家。德国是最早建立循环经济法律和实施循环经济的国家，其循环经济立法曾对世界各国产生深远影响。1972 年，针对生活和消费废物垃圾较为严重的问题，德国制定了《废弃物处理法》。1986 年，该法被修改为《废弃物限制处理法》。1991 年，德国确立了"资源—产品—资源"循环经济发展的思路模式，制定了《包装废弃物管理条例》，原则上要求生产商和分销商对产品包装全面负责，这是世界上第一部体现循环经济理念的法规。1994 年，德国颁布《循环经济与废弃物管理法》，标志着废弃物管理和处置的加强，也表明循环经济立法取得了实质性的进展。1996 年，德国制定《循环经济法》，将循环经济运作模式从之前单一的产品包装推广到所有生产部门，标志着德国正式进入循环经济发展阶段。在该法框架下，关于废旧汽车、木料、电池等的专项法陆续出台。2000 年，《可再生能源促进法》的生效，积极推动了《京都议定书》的签署。2012 年，按照欧盟委员会关于各成员国制订国家资源效率计划的要求，德国联邦内阁通过了《资源效率计划》。该计划在国家战略层面首次明确了"实现资源效率"是循环经济的重要内容。此外，德国还针对其他废旧产品的循环利用颁布了一系列法律法规，如《生物废物条例》《可再生能源法》《废车限制条例》《废弃电池条例》《废弃木材处置条例》等。经过 30 余年的发展，德国联邦和各州与循环经济相关的法律法规已达 8 000 多部，逐步构建起完善的循环经济法律体系。

4.1.2.2 制定经济政策推动循环经济发展

德国政府大力支持有利于废弃物循环利用和提高资源效率的商业模式，并出台了相关经济政策鼓励循环经济发展。20 世纪 90 年代，德国率先实施了一系列重要措施。一是建立生产者责任扩大制度，要求生产者对产品的责任扩展至整个生命周期。二是实施废弃物处理产业化政策，如包装企业组成的联合体建立了德国双向系统回收制度（DSD），批准可以经营、收集和回收利用塑料、纸张和金属等空包装。德国包装废弃物收集和处理的双元系统模式是循环经济实践和运行机制的典型模式。在此基础上，德国环境委员会讨论通过了"绿点计划"，"绿点"标记特别适用于有可能回收利用的包装，并可在市场流通。三是通过颁布垃圾收费政策和生态税政策，引导企业和公众参与到循环经济中。近年来，德国还推行了一系列新的措施，如长生命周期产品的返回制度；通过计算产品的全生命周期成本，帮助顾客选择更加绿色的产品；建立可持续工业园区，提高园区内企业资源利用效率等。

4.1.2.3 构建基于制度和技术创新的支撑体系

科学技术是德国的强国之本。自推行循环经济以来，德国政府重点支持环境保护及能源技术的发展，先后出台了《高校发展精英计划》《可持续发展计划》《研究与创新公约》等科技计划，为循环经济的发展提供了强大的技术支撑。政府、大学、研究机构等广泛参与循环经济发展，并建立了相当数量的循环经济及技术研发中心。而且德国政府及各研究机构均非常注重社会学和生态学的跨学科研究，以推动系统性的循环经济制度创新。

4.1.3 德国企业在循环经济发展中的作用

在市场经济下，德国政府通过引导和要求工商业开展废弃物循环利用和处置，走出了一条由消费促生产、由社会到企业的循环经济发展道路。在德国的循环经济发展中，许多企业都自觉选择绿色发展之路，在生产经营过程中奉行"绿色理念"，积极采取新技术，发展清洁生产，合理利用能源与资源，实施"绿色行为"，主动节能减排，科学处理废弃物，以实际行动履行可持续发展义务，对社会施加影响。例如，德国知名企业西门子也通过发起"抵制白色污染"等活动向民众和社区施加自己的绿色影响；世界知名豪华汽车生产商戴姆勒也提出了"绿色豪华"的概念，构建绿色生产模式并引导消费者树立绿色消费理念。

德国于 20 世纪 80 年代初开始鼓励地方政府与企业共同组建工业危废处置企业，并通过政府监督，加大了对工业危险废物的管理力度。进入 20 世纪 90 年代后，德国对危险废弃物处置企业进行了私有化，地方政府从企业中退出，转而成立专门的政府部门对危险废弃物的回收和综合利用进行监管。

4.1.4　德国社会公众在循环经济发展中的作用

德国绿色环保组织兴起较早，基层民众对于环境保护以及循环经济的认知和接受相对较快，循环经济的理念得到了社会的认同和贯彻。德国政府十分重视环保知识在民众中的宣传和普及，特别是中小学的义务教育，更是将其直接或间接写入教育大纲之中，循环经济理念深入人心，成为全社会共识。在德国，各公共场所、居民区都有垃圾分类箱，绝大部分民众能自觉地将不同的垃圾分类投放，从而保证了垃圾的处理和再利用。

4.1.5　德国循环经济实践对我国的启示

4.1.5.1　加强立法保障循环经济发展

德国政府从 20 世纪 70 年代开始着手进行环境立法的工作，逐渐形成了一整套的环境保护系统，把环境保护的法律法规进一步扩大到经济和生活的各个领域，规定政府、企业和公民个人在发展循环经济中的责任、义务和权利。德国的各项环保法律法规都以此为基础，遵循预防原则、谁污染谁治理和协作原则。在这一法律框架下，各个行业和领域都制定了具体的实施措施。

4.1.5.2　实施经济政策促进循环经济发展

政策激励是循环经济发展的重要措施。德国政府制定了循环经济市场制度、循环经济规范制度（包括清洁生产制度、绿色消费制度等）、循环经济激励制度等一系列经济政策，这些政策是从循环经济的角度对工业经济、个体经济的行为进行约束和激励的制度，同时使资源在生产、交换、分配、消费等经济领域实现资源循环利用，并对各种资源循环利用行为进行有效的约束与规范，最终会对资源循环利用和环境保护活动提供一种有效的动力机制。另外，通过实施经济政策，刺激居民和生产商，进而达到改进消费模式和调整产业结构的目的；同时，引导全社会节约资源和加强环保，从而共同发展循环经济。

4.1.5.3　加强有针对性的科学技术研发和创新

科学技术是第一生产力，循环经济的发展离不开科技的支撑。德国非常重视科学技术的投入，通过组织科研力量，对事关全局的循环经济组合技术、工程技术、经济技术和废物无害化处理技术等技术进行重点攻关，加快循环经济废弃物多层次利用、废弃物资源化利用、新能源与再生能源开发、资源的节约保护利用、农污水净化处理、土壤污染修复等实用技术的推广与应用。

4.1.5.4 重视全民参与循环经济发展

德国开展全民循环经济法律知识普及和宣传教育活动，促进全民转变发展经济的陈旧传统理念，减少生活废弃物的排放，实施垃圾分类助力生活废弃物的再资源化；将循环经济教育纳入义务教育体系，从小培养环保意识；积极开展垃圾回收活动，设立循环经济环保日；加大媒介的宣传力度和宣传范围，增强民众的资源危机意识。

4.2 日本的实践及启示

4.2.1 日本循环经济的发展模式

在日本，因为地域狭小，自然资源并不丰富，人们对资源的渴望由来已久。大量消耗土地资源的传统农业发展方式造成非常严重的污染，生态环境每况愈下。20世纪末期，日本传统高消耗、高排放的农业发展方式亟待改变。在20世纪80年代以后，日本循环经济发展模式正式进入萌芽形成期，确立了从生产、消费两个源头进行污染防治的"管段预防"战略，并且初步形成了节能降耗的经济结构，在一定程度上改变了环境保护末端治理的思想。在20世纪90年代以后，日本提出全面建设循环型社会的口号，脱离单一生产、消费、废弃物再利用的线性模式，开始探索面向社会多个领域的循环经济发展模式，以实现社会经济的可持续发展，这在很大程度上实现了日本经济发展的二次突破。日本经济在发展过程中一直被赋予政府强势地位，所以政府主导型循环经济模式是其最大的特色。

日本在从过去"大量生产、大量消费、大量废弃"的传统经济社会向节能、降低环境负荷、实现经济社会可持续发展的循环型经济社会转变的过程中，把环境保护和产业经济发展放在了重要的位置，并从"技术立国"转向"环境立国"。同时，日本在推动循环经济发展的过程中也注重从微观、中观和宏观三个层面制定相应的发展模式。

4.2.1.1 在微观层面建立内部循环模式

在微观层面，企业通过内部"逆向制造"生产建立了独具特色的企业内部循环模式。"逆向制造"是提倡设计跨产品平台的通用零部件，并且将通用零部件设计得尽可能耐用，使这些零部件可以在整机报废后，不经过循环再造直接回流到新产品的装配线。"逆向制造"是一种强调资源、废弃物再利用而不是再生的制造方法，是构建循环型企业、发展循环经济的重要途径。

4.2.1.2 在中观层面注重生态工业园区建设

在中观层面，日本政府注重生态工业园区尤其是静脉产业园区的建设。生态工业区是根据生态学原理和循环经济理论设计的新型工业发展模式。该模式通过模拟自然生态系统，设计工业园区内部的能源和物质流程，采用园区内各企业间废物交换、清洁生产等手段，把一个企业经济运行中产生的废物或副产品作为另一个企业的原材料投入，实现物质闭路循环和能量多极化充分运用，形成类似自然生态系统食物链形态的相互联系、相互依存的工业生态系统，达到物质、资源及能量的利用最大化和废物排放量的最小化。

4.2.1.3 在宏观层面实施可持续发展战略

在宏观层面，日本从20世纪90年代开始实施可持续发展战略以来，把发展循环经济、建立循环型社会作为实施可持续发展战略的重要途径与方式。循环型社会的内涵是指通过抑制废弃物的产生、合理处置和利用废弃物、循环利用资源等措施，实现自然资源消费的减量化，建立最大限度减少环境负荷的社会。

二战后，日本国内经济依靠传统经济发展模式在短期内得到迅速恢复和发展，但同时也由于大量生产、大量消费和大量废弃使得社会能源资源短缺和生存环境恶化，对日本公众的健康和生活造成了严重的威胁。因传统经济发展模式而出现的社会公害事件以及资源环境问题日益受到日本政府与学者的广泛关注与重视，日本开始对本国经济发展新模式及发展循环经济进行探索与变革。

4.2.2 日本政府推进循环经济发展的具体措施

随着日本国内公害事件的频繁发生以及其对社会产生不利影响范围的扩大，日本政府逐渐开始探索对公害进行治理以及节约能源的相关举措。20世纪70年代，日本出台了与治理公害相关的14部法律，从而保证从制度上有效保护日本的社会环境。

4.2.2.1 建立健全相应法律规制

在法律制度方面，1993年日本政府通过《环境基本法》促进了循环经济体系的建立与完善。自1995年之后，日本循环经济进入快速发展阶段。在这一阶段，日本的循环经济得到较大发展。在2000年，日本国会正式通过了《循环型社会形成推进基本法》。这部法律建立了一套评估机制，规定日本政府每年必须就循环资源的发生利用以及最终处理情况与推进循环型社会所实施的政策内容向国会和社会提交《环境白皮书》。日本从保护环境为立国理念，通过最大限度提高资源能源使用效率、减少环境负担等手段，使日本先于世界其他国家完成向具有可持续发展能力的社会的转变。

4.2.2.2 实施积极的产业扶持政策

在经济方面，日本政府主要是以鼓励和优惠为主，其中包括财政补贴、减免税、低息贷款、折旧补贴等。在人才和技术方面，日本政府在北九州等生态工业园区建立了专门的实验研究基地，诸多国内外名牌大学和研究机构（如北九州大学、早稻田大学及英国的克拉菲尔德大学等）相继进驻，新日铁公司等企业也投入研究之中。大量高科技人才在工业园区共同研究废弃物最新处理技术、再利用技术等，为企业开展废弃物循环利用提供了技术支持。

政府实施绿色采购。日本政府各部门从 2001 年 4 月开始贯彻《绿色采购法》，在购买商品时，都购买减少环境负荷的产品。《绿色采购法》通过干预各级政府的采购行为，促使环境产业产品在政府采购中占据优先地位，并对公众的绿色消费起到了良好的示范和导向作用。对环境友好型产品优先购买，为静脉产业的发展创造了巨大的市场需求，极大地调动了企业参与循环型社会建设、发展静脉产业的积极性。

4.2.2.3 加大宣传教育力度

日本政府通过学校、媒体、网络等，增强培养公民的环保意识，主要表现在垃圾分类的教育和宣传上。从幼儿园到小学高年级教育，垃圾分类是必须接受的课程。学校还会组织学生参观当地的垃圾处理厂，让学生亲身体会垃圾分类的重要性。

4.2.3 日本企业在循环经济发展中的作用

4.2.3.1 企业拥有强烈的环保意识和节能减排理念

为响应政府的号召和实现可持续发展，日本企业在产品设计过程中，尽量采用低消耗的设计方案，使产出物不仅企业成本较低，同时社会成本也较低；在产品的生产过程中，企业积极研发高新技术，尽量高效利用资源和使用能够循坏利用的材料，减少有害物质的使用和废弃物的排放；企业通过技术人才优势不仅可以再利用企业产出的废弃物，还可以循环利用社会上其他企业、机构产出的废弃物，从而真正从源头上推动节能减排、促进循环经济发展。

4.2.3.2 企业积极制定环境管理制度并评定效果

为了更好地发展及符合政府的各项政策要求，各企业积极建立了环境管理系统、环境会计、环保设计、分解性评估、编写公布环境报告书等管理制度，有效地帮助企业快速适应和发展循环经济。在企业正式实施环境管理制度后还及时采取了评估制度，根据实施过程中明确的优势和发现的问题做出相应的调整，为更好地实施循环经济打下了基础。

4.2.4 日本非政府组织和民众在循环经济发展中的作用

日本民间团体发挥积极作用。以非政府组织为主体的民间组织积极响应政府号召，通过举办多种活动和利用多种渠道向公众宣传循环经济的信息，营造良好的社会氛围，增强了民众环保和推动循环经济发展的意识。受政府和社会各界的影响，市民具有对环境较高的关注度和较强的保护意识，环保行为已经作为评判公民道德和社会责任感的重要标准。国民在建立循环型社会中对政府和商业有关的活动发挥监督作用，为循环经济在日本发展做出了显著的贡献。

4.2.5 日本循环经济实践对我国的启示

4.2.5.1 建立健全法律法规，完善相应的政策体系

在发展循环经济的过程中，要在国家层面构建有效的法律体系，通过相应的法律建设来规定政府部门、企业、社会团体及国民需要承担的责任与义务，使循环经济的发展有法可依。同时，要出台有利于循环的经济政策，如政府对相关企业的奖励政策、税收优惠政策、产业倾斜政策、生态工业园区补偿金制度等，采取有效的形式来引导企业加快循环经济发展的步伐。除此之外，还需进一步强化行政管理机制、发挥中观桥梁的作用，在此基础上努力构建循环经济的企业内外循环体系，加大对企业、国民等微观层面发展循环经济的政策指引。

4.2.5.2 加快社会产业结构优化升级，推动清洁生产与生态产业发展

深入推进社会工业清洁生产与生态工业园的建立和完善。生态工业具有较高的生态效率。相较于其他传统工业而言，生态工业资源消耗相对较少、经济效益高、污染排放低。这种工业体系更加符合循环经济发展目标。

日本的循环经济发展模式是从治理污染，到开发新能源和提高能源利用效率，到可再生能源充分回收，再到全面建设循环型社会，并在此过程中认真贯彻"3R"原则。日本建立的循环经济发展模式，除了加强上层法律制度建设之外，还将制度建设等顶层设计具体落实到社会生产发展中。加快产业经济结构的优化升级，淘汰落后产能和高污染企业。注重以清洁生产为核心的企业资源的循环利用与转型发展，从而在发展生态工业的同时实现循环经济发展目标。同时，积极在全国范围内构建生态工业网络，通过建立工业废弃物再利用

以及资源化产业实现对工业废弃物的处理再运用，并在此过程中加快生态工业园区内的资源能源共生，将循环经济的发展理念贯穿到多个工业园及经济开发区生产建设中。

4.2.5.3 深化多主体循环经济发展模式，构建全社会共同参与的社会体系

国家政府除了在建立完善国家层面对循环经济发展模式构建的法律制度体系和提供经济政策保障之外，还需要对社会企业、社会组织及公众进行社会教育，进一步奠定发展循环经济的群众基础。企业作为循环经济发展的社会主体，必须明确自己应当承担的社会责任和义务，实行企业利用再生资源排出者责任制度。媒体和网络，对企业的行为进行有效的舆论监督和社会监督。对于社会公众而言，需要不断增强支持发展循环经济的意识，提高参与循环经济发展的主动性和积极性。将循环经济生活小常识贯穿生活的多个方面，如废物再回收利用、垃圾分类投放等，将政府政策转化为社会的自觉行动，在社会多方主体共同参与的过程中实现循环经济和节约型社会的发展目标。

4.3 美国的实践及启示

美国循环经济起源于学者对环境问题的研究、预测及强烈呼吁。美国的自然资源非常丰富，但也是一个资源消耗大国。自 20 世纪 70 年代以来，美国资源消耗总量大，废弃物的排放日益成为难题，严重威胁着生态安全和人类的可持续发展。所以，美国循环经济政策更多侧重如何处理废弃物方面。在意识到生产消费排放的废弃物对生态环境的污染损害后，耶鲁大学哈金森提出生态系统及生态学理论，让人类关注经济与生态关系。1965 年，美国经济学家鲍尔丁反对传统的"大量生产—大量消费—大量废弃"的经济模式，在《地球像一艘宇宙飞船》中指出人类社会需要由"牧童经济"向"飞船经济"转变，提出循环经济概念，倡导循环经济技术范式，以解决生态与科技的两难问题。

4.3.1 美国循环经济发展模式的主要历程

20 世纪 70 年代，循环经济理念就已经在美国推广。在美国循环经济的发展过程中，先后经历了杜邦模式（微观）、生态工业园区模式（中观）、民间循环消费模式（宏观）三个层面的循环经济发展模式。

4.3.1.1 杜邦模式

杜邦模式是一种企业内部各工艺之间的物质循环利用模式。它通过生产者

在企业内部各个工艺之间的物料循环利用来延长产业链条,实现最大限度的物质利用,以达到节约资源、减少排放的目的。20世纪80年代,杜邦公司的研究员把工厂当作试验循环经济理念的实验室,提出减量化、再利用、再循环的"3R"制造法,放弃使用某些环境有害型化学物质、减少某些化学物质的使用量以及通过回收、再利用废旧资源发明本公司产品,达到减少污染物排放的环境保护目标。

4.3.1.2　生态工业园区模式

生态工业园区模式是基于一定区域内的产业间共生耦合和代谢关系的模式。生态工业园区的建设遵循工业生态学原理,目的是在带来最小化的环境影响的同时提高经济效益。从20世纪90年代初开始,美国当局对生态工业园区建设备加关注。1994年,美国国家环保局与戴尔豪西大学和康奈尔大学组成的英迪戈开发组签约,要求它为生态工业园区下确切的定义,并从事样板研究、提供信息支持与规划服务。目前,美国的生态工业园区建设以炼油、发电、石膏板生产和制药四类企业为核心,将上游企业产生的废弃物作为下游企业的生产原料,减少了废弃物的排放,节约了生产费用,产生了良好的经济效益。

4.3.1.3　民间循环消费模式

在民间循环消费模式中,美国提倡生产领域和消费领域物质与产品的循环利用。经过多年发展,美国循环经济行业从传统的冶炼、造纸等行业已经扩展到办公设备、家用电器和计算机等行业。

4.3.2　美国政府推进循环经济发展的具体措施

多年来,在推进循环经济方面,美国联邦政府、企业和民众发挥了积极的作用。主要表现在以下四个方面:

4.3.2.1　建立完备的法律法规体系

美国建立了完备的保护生态环境的法律法规体系。1969年制定的《国家环境政策法》是综合性的环境成文法,《资源保护和回收法》是对危险废物实施全过程监控的综合性环境基本法。20世纪70年代后的单行立法有《清洁空气法》《清洁水法》《环境教育法》《职业安全和健康法》《噪声控制法》《宁静社区法》和《综合环境反应、补偿和责任法》等。1990年通过的《污染预防法》,宣布"对污染应该尽可能地实行预防或源削减是美国的国策"。同年,美国加州通过了《综合废弃物管理法令》,要求通过源削减和再循环减少50%的废弃物。1992年颁布的《能源法》规定,开发和利用太阳能、风能、生物能及沼气等新能源将享受税收优惠，立法鼓励使用新能源、推广新技术和淘汰落后工艺等。正是由于法律明确了企业和民众在维持循环经济发展中的责任，才使得美国社会把循环经济的理念作为自身发展不可分割的一部分。

4.3.2.2　制定鼓励发展循环经济的政策

在采购方面，美国政府优先采购有再生成分的产品。美国各州几乎都制定了有优先采用和使用再生材料产品的相关政策与法规，甚至联邦审计人员有权对各个联邦代理机构未按规定的购买行为处以罚金。

美国政府通过财政手段鼓励可再生能源的开发和利用。美国不仅拨款资助可再生能源的科研项目，还为可再生能源的发电项目提供抵税优惠，抵税优惠额度不断提高，受惠的可再生能源范围也从原来最初的两种逐渐扩大到风能、生物质能、地热、太阳能、小型水利灌溉发电工程等领域。同时，也通过为消费者提供抵税优惠促进消费者的生态消费，除了提供相应的优惠政策外，美国政府还通过征收新鲜材料税、生态税、填埋焚烧税、倒垃圾费、污水治理费等引导居民的减量化和再生化使用。

4.3.2.3　实施发展循环经济的各种计划

美国政府在联邦、州和地方各层次上实施推进循环经济的计划，引导公众和企业致力于发展循环经济。例如，美国环保局发起的资源节约挑战计划，目的是通过更有效地管理来保护自然资源和能源。该计划设定的重点领域是：城市固体废弃物的循环利用；工业原材料的重复利用和循环利用；减少产品和废物中的有害物质；推进产品的"绿色化"，特别是电子产品的设计和循环利用；废弃物计划则致力于通过预防废弃物的产生、再生利用和购买再生产品等来减少城市固体废物；煤炭燃烧副产品伙伴计划，目的是利用燃煤电厂煤炭燃烧后产生的煤灰、煤渣等副产品。

4.3.2.4　发挥联邦政府的示范作用

美国联邦政府在引导公众和企业参与循环经济发展的同时，也非常重视自身参与其中。例如，由美国联邦政府机构自愿参加的联邦电子产品挑战计划，鼓励美国联邦机构主动购买绿色电子产品，减少产品使用过程中的影响。

4.3.3　美国企业在循环经济发展中的作用

据统计，现阶段美国共有近6万家企业参与到循环经济发展的链条中，主要涉及造纸、家用电器、塑料、炼铁等行业。美国小企业是循环经济技术创新的主力军。美国500人以下的企业为小企业，美国的小企业数量多、规模小，专业化程度高，创新潜力大。美国的小企业开展循环经济的技术创新，主要聚焦清洁安全的水、空气质量监测、土壤修复、可持续物资管理和安全的化学品等方面。市场竞争的外在压力和企业效益的内在追求使小企业创新踊跃，它们积极与高校、科研机构合作，寻求国家战略支持。美国约60%的循环经济创新成果来自小企业，约33%的小企业从事基于循环经济的高新技术产业，如人工智能、网络通信、电子元器件、光电化工等产业。在循环经济领域，小企业技术创新周期短、效率高，科技成果转化速度快，产品和服务竞争力强，经济效益好。这一切既源于企业自身的不懈努力，也得益于美国政府营造的良好创新氛围。1982年以来，美国环保署（EPA）设立的小企业创新研究基金（SBIR项目），已提供1.89亿美元给635个小企业来发展技术，以解决最急迫的环境难题。2020年6月4日，美国环保署宣布9家小公司获得300万美元奖金（SBIR项目），奖励这些小公司进一步发展环境技术并将其商业化。

4.3.4 美国非政府组织和民众在循环经济发展中的作用

非政府组织的各种团体在循环经济领域也发挥着重要的作用。例如，成立于1978年的全国再生循环联合会，通过向其成员提供技术信息、宣传、培训、教育等方式，支持减少废弃物的产生和开展循环利用等活动。一些行业组织甚至在推动循环经济立法、制定行业标准等方面都发挥了重要作用。

美国公众的参与意识是在长期的过程中逐步培养起来的。一方面，通过宣传教育逐步增强人们的节约和环境意识。如美国确定每年的11月15日为美国循环日，一些机构如全国再生循环联合会每年对在资源再生利用方面做得好的机构和个人会给予奖励，在全社会进行宣传和鼓励。另一方面，通过法律和经济手段对影响环境的消费行为加以约束。在日常生活中，人们把废弃的金属、玻璃、塑料、纸制品等分类丢弃在不同的垃圾箱里，已经成为其自觉的行动。

4.3.5 美国循环经济实践对我国的启示

4.3.5.1 以法律手段促进循环经济发展

从法律层面提供保障是美国发展循环经济的重要经验。美国制定了一系列环境保护资源节约、污染物治理和开发可再生能源的政策，通过颁布相关文件上升到法律层面，对循环经济整体发展提供指导与建议，制定循环经济发展规划、制定并完善产品生产对生态环境影响等的相关标准，从而有助于各级政府、各部门、企业和社会民众进一步认识推行循环经济的重要意义，了解自身的责任和义务，明确推行循环农业的途径和方向，引导循环经济的规范化实施，做到有法可依、有章可循。

4.3.5.2　以经济激励手段推动循环经济发展

循环经济的发展对企业的生态要求较高，企业需要付出比线性发展模式更高的资金成本，企业处理废弃物的利益应该得到政府、社会、企业和民众的认可和保障。因此，遵循循环经济发展机制的企业需要得到很好的经营环境和条件，政府可按条件给予一定的财政政策支持，如政府参股、贴息贷款、资源回收奖励、保证金归还、对新技术研发与应用的支持等，在税收和投资等环节采取经济激励措施，为循环经济发展提供一种动力机制。

4.3.5.3　以科技创新为引擎优化循环经济的科技支撑体系

科技创新是推动美国循环经济进程的重要手段。各级政府、企业、高等院校、科研院所、高新技术产业开发区、科技园区等多部门主体需融合发展，共同推进科技创新。通过加快关键核心技术攻关，优化循环经济技术体系，持续实施科技创新驱动战略，构建适宜于循环经济现实需求的技术组合及技术平台，以实施"三废"资源化专项活动，实现源头减量化、资源智能分类、高效转化、清洁利用、精深加工到产品使用回收等全过程循环发展，达到降低资源耗费，提高废旧产品回收率和可再生能源覆盖率，从而构建科技与产业融合的循环型产业体系。

4.3.5.4　注重发挥非政府组织和公众的作用

在美国发展循环经济的过程中，非政府组织和社会公众扮演了十分活跃的角色，发挥了政府和企业难以发挥的作用，成为不可或缺的推动力量。美国政府十分重视宣传教育，并且实行官民合作，即政府、企业、公众以及社会团体共同参与解决环境问题，充分调动了他们的积极性。因此，增强广大社会公众的参与意识和参与能力是循环经济顺利发展的重要保障。

面临越来越大的资源和环境压力，为实现向资源节约型和最终可再生的循环经济过渡，欧盟为其成员国和地区制定了共同环境政策的概念与机制，其范围涵盖生产、消费、废物管理和环境政策等方面。尽管它没有被称为循环经济，但其模式非常符合循环经济的原则。欧洲资源效率平台（EREP）：宣言和政策建议（EC，2012）呼吁劳工、企业和民间社会领袖支持资源效率并转向循环经济。通过鼓励创新和有针对性的投资、法规和标准、取消对环境有害的补贴和税收减免、为循环经济友好型产品创造市场条件、整合资源，以具有社会包容性和负责任的方式实现循环资源高效和弹性经济，将稀缺性和脆弱性纳入更广泛的政策领域，并设定目标和标准指标来衡量进展。产品服务系统 被誉为推动社会向资源节约型经济发展的有效工具。

许多以工业化、新兴工业化和新兴经济体为主的国家部分应用了"3R"

原则。在发达国家的家庭中，回收玻璃、塑料、纸张、金属和可燃固体废物等材料正变得越来越普遍。市政当局负责处理和再利用家庭废水和固体废物，回收汽车和家用电器。工业废水的处理也受到监管，但材料的再利用发展较慢，而且远未完全覆盖。在实践中，人们更加关注消费而不是生产。

4.4 小结

本章我们梳理总结了德国、日本、美国等主要发达国家循环经济发展模式的实践，以期为中国实施循环经济发展模式积累可供参考的经验。总体来看，德国、日本、美国均是发达国家，经济发展水平相对较高，除了政府在推进循环经济发展中所起的关键作用外，非政府组织和民众也是主要的参与主体。由于德国、日本、美国既是发达国家也是市场经济国家，在政府调控手段中更加强调利用市场的力量来引导企业和消费者行为。

在发展循环经济过程中，德、日、美等发达国家都非常重视建立和完善法律体系。从各个发达国家颁布与实施的循环经济相关法律法规可以看出，各国致力于建立和完善法律体系的同时，也各具特色和侧重点。德国循环经济法律体系侧重在循环利用、处理废弃物方面，通过完善关于废弃物管理、包装管理等方面的法律法规，明确企业的法律责任；日本侧重在构建循环型社会方面建立循环经济法律法规；美国则在资源回收再利用、废弃物处理方面更加重视，税收是政府调控资源配置、实现循环发展的重要手段。由于美国经济是在自由竞争市场条件下进行的，美国循环经济促进机制更多的具有"自治"的色彩，政府尽量采用经济手段进行间接调控。

德国、日本和美国促进循环经济发展的主要政策包括：一是征收生态税、税收减免或抵免的税收政策；二是指导规范政府、企业及消费者采购行为的绿色采购政策；三是支持可再生能源、减少不可再生能源进行生产及应用的能源政策；四是强制生产者和消费者遵循废旧物资回收和处理投入的收费政策；五是充分利用市场机制，引导废弃物处理产业发展的产业政策；六是加强环保基础设施建设、加大环保类科研项目投资力度的投融资补贴政策；七是鼓励环保技术创新、节能技术应用的环保技术扶持政策等。虽然这些发达国家形成的政策框架不尽相同，但政策设计的根本理念还是一致的，都是以投入时倡导节约、过程中循环使用、输出时控制污染而形成各具特色的政策内容。

在发达国家循环经济发展的诸多推动因素中，公众参与必不可少。比如德国的双向回收系统、日本循环型社会以及美国的垃圾分类处理，都离不开各国公众的大力配合。发达国家还有一些民间组织也在发挥重要作用。民间组织可以看成政府间接作用的中介，对全社会共同推进循环经济发展也起到了重要的作用。

5　我国创新推动绿色发展的政策梳理

　　2020 年 9 月，中国明确提出 2030 年碳达峰与 2060 年碳中和目标。要顺利实现这一目标，处理好经济社会发展和生态环境保护之间的关系，关键在于以创新为驱动，推进绿色转型。几十年前，我国便提出了"循环经济"概念并将其作为发展战略进行大规模实践。循环经济政策的成功实施必须从宏观、中观、微观三个层面共同努力。与德国和日本相比，中国政府首先通过一些试点在更小范围内建立框架，以为大规模和全覆盖推广循环经济打下基础。技术创新是实现循环经济发展的基础，循环经济必然要求以生态化技术作为支撑体系。而企业是创新的重要主体，同样要求在企业层面实施生态化技术创新。技术创新由于具有突出的公共物品特性，如果交由私人部门主导，通过市场机制配置，难免会造成低效结果，因此需要政府参与引导。而且，技术创新经常面临高度的不确定性、长期的投入、创新技术外溢等问题，政府干预成为引导企业创新的主要手段。特别是我国正处于创新能力提升时期，技术创新的激励与孕育往往更需要政府引导和扶持。

　　特别是随着改革开放的不断深入，国际竞争不断加剧，我国认识到科学技术是第一生产力，并出台了一系列相关政策支持高技术产业的发展。2010 年以前，是以单一部门强调科技创新，促进技术转化，加强人才引进和人才储备的产业技术政策为主；2010 年以后，政策扩展为提高整体产业素质，全面布局战略性新兴产业未来发展愿景的综合性规划，并通过专项的发展规划构建立体的政策体系，为未来产业的发展提供更为广阔的政策平台和空间。下面对中央政府出台的相关产业政策做一个概括性的梳理，为后文的研究打下基础。

5.1 促进企业技术创新发展的相关政策

作为发展中国家，中国政府在激励企业技术创新过程中，经过了一定时期的摸索，并通过制定一系列政策与措施，积聚了一定的制度基础。改革开放以前，我国企业的技术创新主要是国家主导型；改革开放以后，技术创新逐渐体现出国家引导下的企业自主创新特征。下面主要对改革开放后我国技术创新政策进行了简单的归纳整理。

5.1.1 政府引导企业技术创新的探索阶段（1978—1991年）

这一时期的政策主要着眼于推动研发活动的开展，目的是改变我国科学技术水平长期落后的局面。

1978年，党的十一届三中全会召开，开始了以激发企业活力为主线的体制改革。

1984年，党的十二届三中全会召开，明确提出在建立公有制基础上的有计划的商品经济，并进一步指出激发企业活力是经济体制改革的中心。

1986年，中国政府批准实施了首个依靠科学技术促进农村经济发展的计划。

1986年，国务院批准实施了《高技术研究发展计划（"863"计划）纲要》，选择对中国未来经济和社会发展有重大影响的生物技术、信息技术等7个领域，确立了15个主题项目作为突破重点，以追踪世界先进科技水平。

1986年，国家科学技术委员会编写了《中国科学技术政策指南》，这是中国首次发表的科技白皮书。

1988年，国家教育委员会正式部署实施了一项旨在推进农村教育改革发展、促进农村经济发展和社会进步的计划，它是为"星火计划"的推行培养农技人才、奠定发展基础的计划。

1988年，经国务院批准，国家科学技术委员会负责组织实施出台了"火炬计划"，它是旨在促进我国高技术成果商品化、产业化和国际化的一项指导性开发计划。

5.1.2 市场经济体制下的企业技术创新发展政策（1992—2005年）

1992年，党的十四次代表大会确立了我国经济体制改革的目标是建立社会主义市场经济体制。

1995 年，《中共中央、国务院关于加速科学技术进步的决定》提出促进企业逐步成为技术创新的主体。

1999 年，国务院批准设立了政府专项基金——科技型中小企业技术创新基金正式启动。该基金系为了扶持、促进科技型中小企业技术创新，用于支持科技型中小企业技术创新项目而设立的。

1999 年，颁布了《中共中央 国务院关于加快技术创新、发展高科技，实现产业化的决定》。该决定明确指出，企业是技术创新的主体，技术创新是发展高科技、实现产业化的重要前提。

1999 年 11 月 2 日，为了贯彻落实《中共中央 国务院关于加强技术创新，发展高科技，实现产业化的决定》的精神，鼓励技术创新和高新技术企业的发展，财政部、国家税务总局下发了《关于贯彻落实〈中共中央、国务院关于加强技术创新，发展高科技，实现产业化的决定〉有关税收问题的通知》。

这些政策对我国促进企业技术创新、推动经济社会的全面健康发展起到非常重要的作用。

5.1.3　建设创新型国家战略下的企业技术创新政策（2006—2015 年）

2006 年，全国科技大会提出自主创新、建设创新型国家战略，颁布了《国家中长期科学和技术发展规划纲要（2006—2020）》，我国开始进入国家创新型体系的建设阶段。

2008 年 1 月 1 日，《中华人民共和国企业所得税法》和《中华人民共和国企业所得税法实施条例》规定：企业为开发新技术、新产品、新工艺发生的研发费用，未形成无形资产计入当期损益的，在按照规定据实扣除的基础上，按照研究开发费用的 50% 加计扣除；形成无形资产的，按照无形资产成本的 150% 摊销。

2008 年 12 月 10 日，国家税务总局发布并实施的《企业研究开发费用税前扣除管理办法》指出，企业研发费用加计扣除比例提高到 75%；形成无形资产的，按照无形资产成本的 175% 摊销；由科技型中小企业扩大至所有企业；失败的研发活动所发生的研发费用也可享受税前加计扣除政策。

2006 年 2 月 7 日，国务院发布了《实施〈国家中长期科学和技术发展规划纲要（2006—2020 年）〉的若干配套政策》，对今后五年科技工作做出了总体部署，确定了“自主创新，重点跨越，支撑发展，引领未来”的指导方针，提出了建设创新型国家的总体目标。

2006 年 10 月 27 日，根据国民经济和社会发展"十一五"规划编制工作的总体部署，科学技术部会同国家发展改革委研究制定了《国家"十一五"科学技术发展规划》（以下简称《规划》）。《规划》总体目标为："十一五"期间，要基本建立适应社会主义市场经济体制、符合科技发展规律的国家创新体系，形成合理的科学技术发展布局，力争在若干重点领域取得重大突破和跨越式发展，研发投入占 GDP 的比例达到 2%，使我国成为自主创新能力较强的科技大国，为进入创新型国家行列奠定基础。

2006 年 10 月 30 日，科学技术部联合国家自然科学基金委员会，会同有关部门制定了《国家"十一五"基础研究发展规划》。这对我国科技、经济和社会发展及创新型国家建设将发挥重要的作用。

2006 年 11 月 16 日，原国家人事部发布了《关于加快实施专业技术人才知识更新工程"653 工程"的意见》，要求加快实施"653 工程"，切实提高专业技术人才自主创新能力和整体素质。这对加强我国专业技术人才队伍建设，培养创新型人才，增强自主创新能力，推动继续教育事业的全面发展，具有重要意义。

2007 年 1 月 5 日，为进一步深化科技管理改革，营造有利于自主创新的环境，在重大项目的实施中按照项目、人才和基地统筹安排的原则，加强我国创新人才培养和创新团队建设，科学技术部发布了《关于在重大项目实施中加强创新人才培养的暂行办法》，旨在实施人才强国战略，加强人才培养和储备。

2008 年，我国印发了《高新技术企业认定管理办法》及其附件《国家重点支持的高新技术领域》。

2008 年，科学技术部等六部门联合发布了《国家科技计划支持产业技术创新战略联盟暂行规定》，鼓励围绕关键核心技术开展前沿技术研究，引导产业技术创新与进步。

2008 年 12 月 15 日，国务院办公厅发布了关于《促进自主创新成果产业化若干政策》的通知，旨在加快推进自主创新成果产业化，提高产业核心竞争力，促进高新技术产业的发展。

2009 年 11 月，温家宝总理在向首都科技界发表《让科技引领中国可持续发展》的讲话时，较为系统地提出了七个以科技引领的新兴产业，包括新能源、新材料、信息网络、新医药、生物育种、节能环保和新能源汽车。

2010 年 10 月，国务院做出了《关于加快培育和发展战略性新兴产业的决定》。该决定指出，使节能环保、新一代信息技术、生物、高端装备制造、新能源、新材料、新能源汽车七大产业用 20 年达到世界先进水平。

2012 年 7 月，国务院印发的《"十二五"国家战略性新兴产业发展规划》，确定了七大战略性新兴产业是未来重点发展方向和主要任务。

2014 年 6 月，国家发展改革委会同财政部下发了《关于组织实施战略性新兴产业区域集聚发展试点的通知》，在继续深入推动广东、江苏等四省一市产业区域集聚试点的基础上，进一步完善了战略性新兴产业区域集聚评价指标体系，推动部分区域率先实现重点领域突破。

2015 年 3 月，中共中央、国务院印发了《关于深化体制机制改革加快实施创新驱动发展战略的若干意见》，为实现创新驱动发展战略，深化经济体制改革，确定了"十三五"时期战略性新兴产业发展的主要目标和总体思路。

2015 年 9 月，中共中央办公厅、国务院办公厅印发了《深化科技体制改革实施方案》。其主要目标是：到 2020 年，在科技体制改革的重要领域和关键环节取得突破性成果，基本建立适应创新驱动发展战略要求、符合社会主义市场经济规律和科技创新发展规律的中国特色国家创新体系，进入创新型国家行列。

5.1.4 国家创新驱动发展战略下的企业技术创新政策（2016 年至今）

2016 年 1 月，科学技术部、财政部、国家税务总局印发了修订后的《高新技术企业认定管理办法》，凡经认定的高新技术企业，企业所得税税率由原来的 25% 降为 15%，相当于在原来的基础上降低了 40%，连续三年，三年期满之后可以申请复审，复审通过可以继续享受三年税收优惠。

2016 年 5 月 20 日，中共中央、国务院发布了《国家创新驱动发展战略纲要》。该纲要明确指出，创新驱动发展是面向未来的一项重大战略，科技创新必须摆在国家发展全局的核心位置，

2016 年 11 月，中共中央、国务院发布了《"十三五"国家战略性新兴产业发展规划》，对"十三五"期间我国战略性新兴产业发展目标、重点任务、政策措施等做出全面部署安排。

2018 年 3 月，国务院办公厅发布了《关于开展创新企业境内发行股票或存托凭证试点的若干意见》，支持创新企业在境内资本市场发行证券上市，助力我国高新技术产业和战略性新兴产业发展提升。

2018 年 4 月，国家再推 7 项减税措施支持创业创新和小微企业发展，它主要围绕科技创新型企业和小微企业，解决了增值税改革之后其他环节相对薄弱的问题。同时，由于涉及企业所得税、个人所得税、印花税等多个方面，覆盖

面比较广。

2019 年 1 月，召开的国务院常务会议决定再推出一批小微企业普惠性税收减免措施，减免政策着力三个方面：普惠、易行、增强企业获得感。

2019 年 4 月，中共中央办公厅、国务院办公厅印发了《关于促进中小企业健康发展的指导意见》。该意见明确提出，加强中央财政对中小企业技术创新的支持；加快建立侵权惩罚性赔偿制度，提高违法成本，保护中小企业创新研发成果；培育一批主营业务突出、竞争力强、成长性好的专精特新"小巨人"企业。

2019 年 5 月，召开的国务院常务会议确定要巩固企业创新主体地位，支持企业增加研发投入等四条措施，发挥企业主体作用，提高创新能力。

2019 年 10 月，国家发展改革委下发了《关于加快推进战略性新兴产业产业集群建设有关工作的通知》，公布了第一批国家级战略性新兴产业集群建设名单，涉及 22 个省（自治区、直辖市）的 66 个集群。

2020 年 9 月，国家发展改革委、科学技术部、工业和信息化部、财政部四部门联合印发了《关于扩大战略性新兴产业投资 培育壮大新增长点增长极的指导意见》。该意见提出，我国将围绕重点产业链、龙头企业、重大投资项目，加强要素保障，促进上下游、产供销、大中小企业协同，加快推动战略性新兴产业高质量发展，培育壮大经济发展新动能。

2021 年 3 月，国务院常务会议部署实施提高制造业企业研发费用加计扣除比例等政策，激励企业创新，促进产业升级。会议提出，将制造业企业研发费用加计扣除比例由 75% 提高至 100%，改革研发费用加计扣除清缴核算方式，允许企业自主选择按半年享受加计扣除优惠，上半年的研发费用由次年所得税汇算清缴时扣除改为当年 10 月份预缴时即可扣除，让企业尽早受惠。同时，要研究对科技研发服务企业、"双创"企业的税收支持政策。

2021 年 12 月，自然资源部办公厅印发了《关于进一步落实科技创新有关政策的若干措施》的通知，进一步强化了对高层次科技创新人才激励。

5.2 推动产业绿色转型发展的相关政策

5.2.1 引导绿色新能源产业发展的政策

5.2.1.1 新能源产业发展的战略规划

多年来，我国对于新能源产业发展高度重视，已经颁布并实施了很多促进新能源产业发展的扶持政策。下面主要总结了从 1995 年至今有关促进新能源产业发展的相关政策，这些政策大致可以分为战略规划、财税政策以及技术政策。

通过按时间顺序对新能源产业政策的归纳总结，可以看出，随着新能源产业从初步探索时期稳步发展时期再到成熟生长时期，关于新能源产业的战略规划也逐渐从笼统概述向详尽计划转变。

1995年1月，为了促进我国新能源和可再生能源事业的发展，国家计委、国家科委、国家经贸委共同制定了《新能源和可再生能源发展纲要（1996—2010）》。该纲要指出，"要依据我国的市场经济需求，加快新能源产业前进的步伐，对新能源产业进行积极的构建和发展，从而实现能源结构的优化和改善"。

1995年9月，在中共十四届五中全会上通过的《中共中央关于制定国民经济和社会发展"九五"计划和2010年远景目标的建议》，要求"积极发展新能源，改善能源结构"。

1998年1月，《中华人民共和国节约能源法》实施，明确提出"国家鼓励开发利用新能源和可再生能源"。

2000年8月，国家经贸委资源节约与综合利用司颁布的《2000—2015年新能源和可再生能源产业发展规划》，系统地分析了我国新能源和可再生能源产业化发展的基础、市场开发的潜力、预期效益、制约因素和存在的问题，并把新能源和可再生能源产业发展规划分以下几个阶段实施：第一阶段：2000—2005年。一是逐步建立新能源和可再生能源经济激励政策体系以及适应市场经济体制的行业管理体系，二是建立和实施质量保证、监测、服务体系，三是加大对重点行业和产品的扶持力度以促进产业发展，四是新能源和可再生能源的开发利用在我国商品能源消费总量中占0.7%，达到1 300万吨标准煤。第二阶段：2006—2010年。一是完善可再生能源产业配套技术服务体系，进一步规范市场；二是完善新能源和可再生能源经济激励政策体系。新能源和可再生能源的开发利用量达到2 500万吨标准煤，在我国商品能源消费总量中占1.25%。第三阶段：2011—2015年。一是大规模推广应用新能源和可再生能源技术，大部分产品实现商业化生产；二是完善新能源和可再生能源产业体系，使其成为我国国民经济中一个重要的新兴行业，其总产值达到670亿元；三是新能源和可再生能源的开发利用量达到4 300万吨标准煤，占我国当时商品能源消费总量的2%。

2002年6月实施的《中华人民共和国清洁生产促进法》，提出了清洁生产的概念。清洁生产是指不断采取改进设计、使用清洁的能源和原料、采用先进的工艺技术与设备、改善管理、综合利用等措施，从源头削减污染，提高资源利用效率，减少或者避免生产、服务和产品使用过程中污染物的产生和排放，以减轻或者消除对人类健康和环境的危害。该法律制定了财税激励措施和清洁或不清洁生产的产品目录及标准。

2005年2月实施的《中华人民共和国可再生能源法》，确定了可再生能源的范围，鼓励和支持可再生能源并网发电，同时规定对上网电价进行管制。

2005年7月，国务院发布了《国务院关于加快发展循环经济的若干意见》，制定了对节水、节能、环保装备的技术支持目录，规定运用价格杠杆促进节能、节水和控制污染，制定支持循环经济发展的财税和收费政策。

2006年3月，第十届全国人民代表大会第四次会议审议通过了《国民经济和社会发展第十一个五年规划纲要》，明确了全面落实科学发展观，建设资源节约型、环境友好型社会的目标。

2007年9月，国务院发布了《可再生能源中长期发展规划》，具体阐述了促进产业构建和完善的一系列法律法规以及相对应的战略规划，为我国的新能源产业营造了较为适宜的成长环境。

2007年10月，第十届全国人民代表大会常务委员会第三十次会议修订并通过了《中华人民共和国节约能源法》，自2008年4月1日起施行。该部法律进一步完善了节能的基本制度，体现了市场调节与政府管理的有机结合，增强了法律的针对性和可操作性，健全了节能标准体系和监管制度，加大了政策激励力度。

2008年2月，中华人民共和国第十一届全国人民代表大会常务委员会第四次会议通过了《中华人民共和国循环经济促进法》，其中明确了循环经济概念。所谓循环经济是指在生产、流通和消费等过程中进行的减量化、再利用、资源化活动的总称。国务院循环经济发展综合管理部门会同国务院环境保护等有关主管部门编制全国循环经济发展规划，并制定了具体措施。

2008年3月，国家发展改革委发布了《可再生能源发展"十一五"规划》，明确了在"第十一个五年规划"期间关于新能源以及可再生能源产业的发展目标：至第十一个五年规划期末，可再生能源在总体能源消费中所占比重要达到10个百分点。

2009年12月，第十一届全国人民代表常务委员会第十二次会议表决通过了《中华人民共和国可再生能源法（2009修正）》。其中，几项重要修改包括：中国的可再生能源发电将全面获得政府财政补贴，可再生能源发电的上网电价管理也将进一步完善；国家设立政府基金性质的可再生能源发展基金，来源为国家财政年度安排的专项资金和征收的可再生能源电价附加等；草案还对可再生能源发电全额保障性收购制度进行了细化，要求国家有关部门制定全国可再生能源发电量的年度收购指标和实施计划，确定并公布对电网企业应达到的全额保障性收购可再生能源发电量的最低限额指标，电网企业应该收购不低于最低限额指标的可再生能源并网发电项目的上网电量。

2011年3月，国务院出台了《关于进一步推进可再生能源建筑应用的通知》，对新能源产业的发展提出了新的战略规划和战略目标，推广新能源在建筑业以及其他产业的应用。

2014年11月，国务院推出了《能源发展战略行动计划（2014—2020年）》。该计划提出，到2020年要实现将非化石能源占一次能源消费的比重提升至15%的目标，初步建成一个统一开放的竞争有序的现代能源市场体系。

2016年12月，国家发展改革委发布了《可再生能源发展"十三五"规划》。

5.2.1.2 新能源产业发展的财税政策

财政和税收政策对缓解新能源的市场竞争劣势起着十分关键的作用，大致可以分为两类：第一类是促进新能源产业构建和发展的税收优惠政策与财政补贴政策；第二类是对传统能源产业增加税种和税率，以加大传统能源产业的生产价格，减少传统能源产业与新能源产业生产成本的差距。

1991年1月，国家计划委员会（现国家发展改革委）和科学技术部共同推出了《进一步促进可再生能源产业构建和发展的通知》。该通知明确指出，中央政府统筹规划财政资金项目以及科技攻关项目时，要大力扶持可再生能源相关项目。

1998年，第八届全国人民代表大会常务委员会第二十八次会议通过的《中华人民共和国节约能源法》明确指出要鼓励开发和利用新能源。

2006年3月，国务院印发的《第十一个五年规划纲要》指出，为了鼓励和带动可再生能源生产与消费，进一步提高非化石能源消费比重，决定开始对新能源产业实行优惠的财税政策以及强制市场份额政策。

2007年，出台的《中华人民共和国可再生能源法》中明确规定，发展新能源行业所需要的费用应该使用价格补贴、研发补助、项目投资补助等形式发放，同时应在增值税、所得税、进口关税等方面均给予新能源产业一定的倾斜政策。

2008年8月，财政部推出了《风电设备产业化专项资金管理暂行办法》，提议设立专项资金来支持我国风电设备产业化。

2009年3月，推出了《关于加快推进太阳能光电建筑应用的实施意见》，提议由中央财政出资资助建筑应用示范工程，对光电应用技术研发的初始投入进行补助。

2009 年，发布的《财政补助资金管理暂行办法》将补助的标准原则上确定为 20 元/峰瓦。

2012 年 6 月，国家能源局提议"要鼓励和支持民间资本积极投资新能源领域，同时强调要努力营造公平和规范的市场氛围，不断提升企业的发展水平，同时增强对民间投资的引领和导向，进一步规范和管理能源领域的投资"。

2014 年 2 月，国家发展改革委发布了新能源电车应用和推广工作的相关通知、公布了补贴金额逐年缩减幅度降低的"补贴退坡"政策，兼顾了新能源短期和中长期的发展目标。

5.2.1.3 新能源产业发展的技术政策

从上述新能源产业政策的演进过程我们不难看出，新能源产业的战略规划越来越完善，具有一定的可操作性和灵活性；财税政策要求从最初的宽松逐渐收紧，并且针对新能源产业的补贴逐步开始退坡；技术政策则越来越清晰和明确，预计未来的政策扶持将主要以技术政策为主导。

2000 年 8 月，原经济贸易委员会推出了《至 2015 年新能源及可再生能源的产业规划》，鼓励大规模研发并应用新能源以及可再生能源方面的技术。

2002 年 6 月，国务院推出了《中华人民共和国清洁生产促进法》，指出"要优先采用先进的清洁能源的技术设备，提升清洁能源的利用率，制定清晰的激励清洁生产的目标和标准"。

2005 年 7 月，国务院推出了《关于加快发展循环经济的若干意见》，提出"要对部分节水节能和环保设备的技术给予支持，制定可促进经济可持续发展的相关政策"。

2010 年 10 月，国务院推出了《关于加快培育和发展战略性新兴产业的决定》，指出"要加快对于战略性新兴产业的培育和发展，特别指出要扩大新能源在国际竞争中的优势地位；积极推动核反应堆技术的进一步创新和开发；同时促进太阳能发电的多元发展；逐步推进风力发电走向市场化、规模化；适时合理地利用生物质能"。

2011 年 4 月 5 日，国家发展改革委、财政部、商务部联合颁布的《鼓励进口技术和产品目录》中指出，"要鼓励国内的新能源企业引进国外先进新能源技术和核心新能源装备"。

2012 年 7 月，国家发展改革委颁布并实施的"第十二个五年规划"期间对可再生能源的战略规划中指出，为不断促进可再生能源市场化及规模化，同时继续促进可再生能源消费所占的比重提高，要重点关注对可再生能源核心技术研究、开发以及利用，持续提升技术创新能力，并不断完善可再生能源体系。

2013 年 7 月，国务院提出了推动光电行业健康发展的相关意见，倡导加快技术进步的进程。

2014 年 12 月 13 日，工业和信息化部印发了《关于进一步优化光伏企业兼并重组市场环境的意见》。

2017 年 5 月 23 日，工业和信息化部发布了《太阳能光伏产业综合标准技术体系》。

5.2.2 推动传统产业绿色转型的相关政策

我国推行的供给侧结构性改革的初衷在于，通过削减并改善我国产能过剩行业企业的供给，进而改善企业经营并降低经济金融风险。我国自 2015 年推行供给侧结构性改革以来，钢铁、煤炭等典型的产能过剩行业执行了严格的"去产能"政策。

2015 年 11 月 4 日，《中共中央关于制定国民经济和社会发展第十三个五年规划的建议》中提出了创新、协调、绿色、开放、共享的"五大发展理念"，为供给侧结构性改革提供了理论指导。

2015 年 12 月，中央经济工作会议正式提出了以"去产能、去杠杆、去库存、降成本、补短板"为重点的改革任务。

2015 年 5 月 18 日，财政部印发了《工业企业结构调整专项奖补资金管理办法》，中央财政安排 1 000 亿元专项奖补资金用于工业企业结构调整，计划在 2016—2020 年对化解煤炭、钢铁行业过剩产能的相关企业给予阶梯奖补，以出清市场。

2016 年 2 月 4 日，国务院印发了《关于钢铁行业化解过剩产能实现脱困发展的意见》。该意见指出，钢铁行业化解过剩产能实现脱困发展，要着眼于推动钢铁行业供给侧结构性改革，坚持市场倒逼、企业主体，地方组织、中央支持，突出重点、依法依规，综合运用市场机制、经济手段和法治办法，因地制宜、分类施策、标本兼治，积极稳妥化解过剩产能，促进钢铁行业提质增效。

2016 年 3 月 31 日，国务院《关于深化经济体制改革重点工作的意见》中将"更加突出供给侧结构性改革"作为 2016 年度深化经济体制改革工作的总体要求。

2016 年 4 月 5 日，国家发展改革委、人力资源和社会保障部、国家能源局、国家煤矿安监局联合发布了《关于进一步规范和改善煤炭生产经营秩序的通知》，要求全国所有煤矿按 276 个工作日组织生产。

2017 年 7 月 7 日，水泥、船舶、平板玻璃等利用率较低的行业也被划入去产能的领域，工业和信息化部等 6 部委印发了《船舶工业深化结构调整加快转型升级行动计划（2016—2020 年）》，提出在未来几年船舶业的去产能任务是减少 30% 以上的过剩产能。

2017 年 10 月，党的十九大再次强调了深化供给侧结构性改革，建立现代化经济体系，必须把发展经济的着力点放在实体经济上，把提高供给体系质量作为主攻方向，以显著增强我国经济质量优势。

2017 年 12 月 31 日，工业和信息化部发布了《关于印发钢铁水泥玻璃行业产能置换实施办法的通知》，规定严禁备案和新建扩大产能的水泥熟料生产线，确有必要新建的，必须实施减量或等量置换。

2018 年 8 月 5 日，工业和信息化部联合国家发展改革委印发了《关于严肃产能置换 严禁水泥平板玻璃行业新增产能的通知》，建立了水泥和平板玻璃两个产能严重过剩行业的产能置换机制，并配套实施了产能清单制度和跨省置换听证会制度。

2018 年 9 月 30 日，财政部、国家税务总局发布了《关于去产能和调结构房产税、城镇土地使用税政策的通知》。该通知是为了推进去产能、调结构，促进产业转型升级，从而明确有关房产税、城镇土地使用税政策。

2018 年 12 月 21 日，中央经济工作会议认为，我国经济运行的主要矛盾仍然是供给侧结构性的，必须坚持以供给侧结构性改革为主线不动摇，更多采取改革的办法，更多运用市场化、法治化手段，在"巩固、增强、提升、畅通"八个字上下功夫。

2019 年 5 月 9 日，国家发展改革委等部门印发了《关于做好 2019 年重点领域化解过剩产能工作的通知》，要求巩固去产能成果。

2019 年 8 月 19 日，国家发展改革委、财政部、自然资源部等 6 部门联合印发了《30 万吨/年以下煤矿分类处置工作方案》。该方案明确提出，加快退出煤炭落后产能，按照严格执法关闭一批、实施产能置换退出一批、升级改造提升一批的要求，对 30 万吨/年以下煤矿进行分类处置，加快退出低效无效产能，提高安全生产保障水平，促进煤炭行业高质量发展。

2020 年 1 月，工业和信息化部发布的《水泥玻璃行业产能置换实施办法操作问答》中要求，已停产两年或三年内累计生产不超过一年的水泥熟料生产线不能用于产能置换。

5.3　推动绿色发展的环境规制政策

我国环境规制政策体系建设从无到有、从小到大，从改革开放前工业污染防治的初步探索、改革开放初期的"预防为主，防治结合"到20世纪90年代的"污染防止和生态保护并重"、21世纪的"在发展中保护，在保护中发展"，再到党的十八大以来"坚持生态优先"环境规制政策体系实现了多次重大战略转型。通过对不同时期的环境政策、治理措施等进行梳理，可将我国环境规制政策体系的历史沿革大致划分为起步构建（1949—1977年）、正式确立（1978—1991年）、完善加强（1992—2001年）、战略转型（2002—2011年）和全面提升（2012年至今）五个阶段。

5.3.1　环境规制政策体系起步构建阶段（1949—1977年）

1953年，为了防止工业建设可能产生的卫生问题，国家卫生部设立了卫生监督机构。

1956年，国家卫生部与国家建设委员会联合发布了《工业企业设计暂行卫生标准》和《关于城市规划和城市建设中有关卫生监督工作的联合指示》，对预防污染、保证饮水安全及城市合理规划做了具体规定。

1957年7月25日，国务院出台了《中华人民共和国水土保持暂行纲要》，要求合理利用水土资源，根治河流水害，开发河流水利，发展农、林、牧业生产，开展水土保持工作。

1961年6月26日，中共中央颁发了《中共中央关于确定林权、保护山林和发展林业的若干政策规定（试行草案）》。

1963年5月27日，国务院颁布了《森林保护条例》。

1965年，国务院批转了地质部发布的《矿产资源保护试行条例》，指出矿产资源是全民所有的宝贵财富，是社会主义建设的重要物质基础，是采后不能再生的资源。要求切实保护和合理利用矿产资源，以保证社会主义建设当前和长远的需要。

1973年，国务院召开了第一次全国环境保护会议，审议通过的《关于保护和改善环境的若干规定（试行草案）》明确了环保工作的"32字方针"，标志着我国环境规制政策体系的起步构建，确立了未来环境保护事业发展的初步理念。

1973 年颁布了《工业"三废"排放试行标准》，中央正式提出"三废"处理和回收利用，并在全国上下开展了工业资源综合利用、消除和改造"三废"的群众运动，部分城市陆续成立了"三废"治理办公室，负责督促、检查和管理本市的"三废"治理工作。

5.3.2　环境规制政策体系正式确立阶段（1978—1991 年）

1978 年，第五届全国人民代表大会第一次会议通过的《中华人民共和国宪法》，首次将环境保护写入宪法，体现了党和政府对环保事业的高度关注和依法治理的决心。

1979 年，第五届全国人大常委会第十一次会议通过了《环境保护法（试行）》。1989 年第七届全国人大常委会第十一次会议对该法进行了重新编修，并正式颁布了《中华人民共和国环境保护法》，标志着我国环境规制立法体系的初步形成。

1982 年，国务院正式成立了城乡建设环境保护部，部内设环境保护局，取代了原来的环境保护领导小组。

1983 年，国务院召开第二次全国环境保护会议，正式确立了环境保护的基本国策和"预防为主、防治结合""谁污染谁治理""强化环境管理"的三大环保政策，使环境保护从经济建设的边缘地位转移到中心位置。

1986 年 3 月 19 日，第六届全国人民代表大会常务委员会第十五次会议通过了《中华人民共和国矿产资源法》。1996 年 8 月 29 日，第八届全国人民代表大会常务委员会第二十一次会议对该法进行了修订，分别对矿产资源的所有权、管理体制、勘查的登记和开采的审批管理、乡镇集体矿山企业和个体采矿的管理以及违法责任做了全面的规定。

1988 年，环境保护局从城乡建设环境保护部独立出来，升级为直属国务院的副部级单位，其职能得到了显著的强化，有利于进一步推动环境保护工作的深入开展。

1989 年，召开的第三次全国环境保护会议提出了深化环境管理的新五项制度，即全力推行环境保护目标责任制、城市环境综合整治定量考核、排污许可证制度、限期治理、污染集中控制。

1989 年，国务院颁布了《水污染防治法实施细则》。

1990 年，《国务院关于进一步加强环境保护工作的决定》进一步提出了环境保护的"八项制度"，即在原五项制度的基础上增加了环境影响评价制度、"三同时"制度和排污收费制度。

1991 年 6 月 29 日，全国人民代表大会常务委员会颁布了《中华人民共和国水土保持法》，主要是为了预防和治理水土流失，保护和合理利用水土资源，减轻水、旱、风沙灾害，改善生态环境，保障经济社会可持续发展。

5.3.3　环境规制政策体系完善加强阶段（1992—2001 年）

1993 年 5 月 8 日，发布了《中国环境与发展十大对策》，明确规定要把握世界发展趋势、加强环境监督管理、促进经济持续健康发展。

1993 年，全国人民代表大会成立了环境保护委员会，1994 年更名为环境与资源保护委员会，主要职责是研究、审议与拟定环境保护的相关制度规定。

1994 年 3 月 25 日，国务院第十六次常务会议审议通过了《中国二十一世纪议程》，明确将可持续发展作为经济发展的基本战略和指导方针，并指出实现可持续发展的核心问题是实现经济社会和人口、资源、环境的协调发展。

1996 年，第四次全国环境保护会议明确提出"坚持污染防治和生态保护并重"的环境保护思路，并确定了这一时期环境保护的工作重点"一控双达标"和"33211"环境工程，这意味着我国环境保护工作进入新的阶段。

1995 年 8 月 29 日，第八届全国人民代表大会常务委员会第十五次会议第一次修订《中华人民共和国大气污染防治法》。

1995 年 10 月 30 日，第八届全国人民代表大会常务委员会第十六次会议通过了《固体废物污染环境防治法》，主要是为了保护和改善生态环境，防治固体废物污染环境，保障公众健康，维护生态安全，推进生态文明建设，促进经济和社会可持续发展。

1996 年 5 月 15 日，第八届全国人民代表大会常务委员会第十九次会议第一次修正了《中华人民共和国水污染防治法》，目的主要是保护和改善环境，防治水污染，保护水生态，保障饮用水安全，维护公众健康，推进生态文明建设，促进经济和社会可持续发展。

1996 年 10 月 29 日，第八届全国人民代表大会常务委员会第二十二次会议通过了《中华人民共和国环境噪声污染防治法》，主要是为了防治环境噪声污染，保护和改善生活环境，保障人体健康，促进经济和社会可持续发展。

1997 年 11 月 1 日，第八届全国人民代表大会常务委员会第二十八次会议通过了《中华人民共和国节约能源法》，主要是为了推动全社会节约能源，提高能源利用效率，保护和改善环境，促进经济和社会全面协调可持续发展。

1998 年 11 月 29 日，国务院颁布并实施了《建设项目环境保护管理条例》，主要是为了防止建设项目产生新的污染、破坏生态环境。

1998 年，国家环境保护局被提升为正部级单位，以加强环境保护的统一规划和监督管理。

2000 年 11 月 26 日，国务院发布了《全国生态环境保护纲要》，要求各地区、各有关部门制定本地区、本部门的生态环境保护规划，积极采取措施，加大生态环境保护工作力度，扭转生态环境恶化趋势，为实现祖国秀美山川的宏伟目标而努力奋斗。

5.3.4 环境规制政策体系战略转型阶段（2002—2011 年）

2002 年，党的十六大以来，中央先后提出了"科学发展观""促进人与自然和谐发展""实现经济发展和人口、资源、环境相协调发展"等重要论断，并把建设资源节约型和环境友好型社会确立为国民经济与社会发展中长期规划一项战略任务。

2002 年，第九届全国人民代表大会常务委员会通过了《中华人民共和国清洁生产促进法》，这是第一部循环经济立法。

2002 年，第九届全国人民代表大会常务委员会通过的《中华人民共和国环境影响评价法》，改变了原先"先污染后治理"的模式，转为"先评价后建设"，强调预防在先、治理在后，从源头上控制污染，标志着我国环境立法方向和环境管理方式的重大转变。

2002 年第五次全国环境保护会议将环境保护列为政府的五项重要职能之一，强化了政府在环保方面的职责。

2003 年 7 月 1 日，国务院颁布的《排污费征收使用管理条例》，是为了加强对排污费征收、使用的管理。

2004 年，第十届全国人民代表大会常务委员会通过的《固体废物污染环境防治法》，是为了保护和改善生态环境，防治固体废物污染环境，保障公众健康，维护生态安全，推进生态文明建设，促进经济和社会可持续发展。

2005 年 2 月 28 日，中华人民共和国第十届全国人民代表大会常务委员通过的《中华人民共和国可再生能源法》，主要是为了促进可再生能源的开发利用，增加能源供应，改善能源结构，保障能源安全，保护环境，实现经济和社会的可持续发展。

2006 年，第六次全国环境保护会议提出的"三个转变"是对我国经济与环境关系的根本性调整。

2007 年，党的十七大报告进一步提出了"建设生态文明，基本形成节约能源资源和保护生态环境的产业结构、增长方式、消费模式"。

2007 年，国务院发布了《节能减排综合性工作方案》。

2008 年，国家环境保护总局被提升为部级单位——环境保护部。

2011 年，第七次全国环境保护会议提出"坚持在发展中保护、在保护中发展"的路线方针，是环境保护发展模式和资源配置的重大创新。

5.3.5 环境规制政策体系全面提升阶段（2012 年至今）

党的十八大报告提出了经济建设、政治建设、文化建设、社会建设和生态文明"五位一体"的总体布局，把生态文明建设置于突出位置，并提出了坚持节约优先、保护优先、自然恢复为主的方针。党的十九大更进一步把"坚持人与自然和谐共生"作为新时代坚持和发展中国特色社会主义的基本方略之一，强调"必须树立和践行绿水青山就是金山银山的理念，坚持节约资源和保护经济发展平衡、污染防治与生态防护于环境的基本国策"。

2012 年 6 月 16 日，国务院印发了《"十二五"节能环保产业发展规划》，分析了节能环保产业发展现状及面临的形势。

2013 年 8 月 11 日，国务院发布了《国务院关于加快发展节能环保产业的意见》，对拉动投资和消费，形成新的经济增长点，推动产业升级和发展方式转变，促进节能减排和民生改善，实现经济可持续发展和确保 2020 年全面建成小康社会，具有十分重要的意义。

2013 年 9 月 10 日，国务院发布了《国务院关于印发大气污染防治行动计划的通知》，希望经过五年努力，全国空气质量总体改善，重污染天气较大幅度减少；京津冀、长三角、珠三角等区域空气质量明显好转。力争再用五年或更长时间，逐步消除重污染天气，全国空气质量明显改善。

2014 年 2 月 13 日，工业和信息化部发布了《稀土行业清洁生产技术推行方案》，完成了低碳低盐无氨氮稀土氧化物分离提纯技术的产业化应用示范。

2014 年，第十二届全国人民代表大会常务委员会第八次会议修订通过了《中华人民共和国环境保护法》，并于 2015 年 1 月 1 日起施行。新修订的《中华人民共和国环境保护法》进一步强化了政府和企业的环境治理责任，彰显了国家解决当前严峻环境污染问题的决心。

2014 年 4 月 29 日，国家林业局印发了《关于推进林业碳汇交易工作的指导意见》，分为指导思想、基本原则、完善 CDM 林业碳汇项目交易、推进林业碳汇自愿交易、探索碳排放权交易下的林业碳汇交易、保障措施 6 个部分。该意见自 2014 年 6 月 1 日起实施，有效期至 2017 年 5 月 31 日。

2014 年 8 月 25 日，国务院办公厅印发了《关于进一步推进排污权有偿使用和交易试点工作的指导意见》，意在发挥市场机制推进环境保护和污染物减排。

2014 年 10 月 27 日，《重大节能技术与装备产业化工程实施方案》的制定是为了落实国务院印发的《"十二五"国家战略新兴产业发展规划》《关于加快发展节能环保产业的意见》，加快提高我国节能技术装备水平，培育节能产业，为提高全社会能源利用效率提供强有力的技术支撑。

2015 年，《国务院关于加快推进生态文明建设的意见》和《生态文明体制改革总体方案》作为生态文明制度体系的顶层设计正式发布，明确了我国生态文明制度体系建设的战略目标和实施步骤。

2016 年，第十二届全国人民代表大会常务委员会第二十五次会议通过了我国首部专门体现"绿色税制"的单行税法《中华人民共和国环境保护税法》，并于 2018 年 1 月 1 日起施行。

2017 年，《中华人民共和国环境保护税法》的配套文件《中华人民共和国环境保护税法实施条例》正式实施。

2018 年，第十三届全国人民代表大会第一次会议审议通过了《中华人民共和国宪法修正案》，生态文明被正式纳入宪法，更加体现了党和政府对生态环境的高度重视。

2018 年，组建的自然资源部与生态环境部取代了原国土资源部、环境保护部、国家海洋局、国家林业局等部门，进一步优化了职能配置。

2020 年 5 月，国家发展改革委、自然资源部印发了《全国重要生态系统保护和修复重大工程总体规划（2021—2035 年）》，规划目标是到 2035 年，通过大力实施重要生态系统保护和修复重大工程，全面加强生态保护和修复工作，全国森林、草原、荒漠、河湖、湿地、海洋等自然生态系统状况实现根本好转，生态系统质量明显改善，生态服务功能显著提高，生态稳定性明显增强，自然生态系统基本实现良性循环，国家生态安全屏障体系基本建成，优质生态产品供给能力基本满足人民群众需求，人与自然和谐共生的美丽画卷基本绘就。

2021 年 10 月 19 日，中共中央办公厅、国务院办公厅印发的《关于进一步加强生物多样性保护的意见》，从包括加快完善生物多样性保护政策法规、持续优化生物多样性保护空间格局、构建完备的生物多样性保护监测体系、着力提高生物安全管理水平、创新生物多样性可持续利用机制、加大执法和监督检查力度、深化国际合作与交流、全面推动生物多样性保护公众参与、完善生物多样性保护保障措施九个方面提出明确要求。

2021 年 10 月 21 日，中共中央办公厅、国务院办公厅印发了《关于推动城乡建设绿色发展的意见》，将对中国城乡绿色发展起到非常重要的促进作用。

2021 年 10 月 24 日，国务院印发了《2030 年前碳达峰行动方案》，要求将碳达峰贯穿经济社会发展全过程和各方面，重点实施能源绿色低碳转型行动、节能降碳增效行动、工业领域碳达峰行动、城乡建设碳达峰行动、交通运输绿色低碳行动、循环经济助力降碳行动、绿色低碳科技创新行动、碳汇能力巩固提升行动、绿色低碳全民行动、各地区梯次有序碳达峰行动等"碳达峰十大行动"。

5.4 小结

本章梳理了我国在推动创新发展、绿色发展中所采取的系列政策措施，为后文研究政府干预政策中企业技术创新实现绿色转型发展打下了基础。实施创新驱动发展战略，对我国形成国际竞争新优势、增强发展的长期动力具有战略意义。我国经济发展进入了新阶段，加快实现由低成本优势向创新优势的转换，可以为我国持续发展提供强大动力，对我国提高经济增长的质量和效益、加快转变经济发展方式具有现实意义，对降低资源能源消耗、改善生态环境、建设美丽中国具有长远意义。实施创新驱动发展战略，加快产业技术创新，用高新技术和先进适用技术改造提升传统产业，既可以降低消耗、减少污染，改变过度消耗资源、污染环境的发展模式，又可以增强产业竞争力。以绿色带动创新，以创新促进绿色发展。我们系统梳理了经济发展的不同阶段所采取的促进企业技术创新的政策，促进产业绿色转型发展的政策，以及实现绿色发展的环境规制政策。这些政策的落脚点都是希望通过引导或倒逼的方式实现企业技术创新，进而推动循环绿色发展。

6 政府环境规制对企业创新的影响机理

随着经济的发展，中国乃至世界的环境污染问题日益严峻，逐渐影响了人类的健康生活。环境问题引致了全球生态化实践的发展，创新作用逐渐得到凸显，环境规制与技术创新的关系问题成为焦点。生态环境维度的加入给技术创新带来了新的显著特性，如生态环境和技术创新的双重外部性。循环经济作为新型经济发展模式具有明显的长远性、动态性、复杂性以及战略性的特点，决定了政府干预的必要性。作为公众利益的代表和发展环境的主体，中国政府应积极、主动利用其管理和调控优势，以促进环境保护、实现循环经济的可持续健康发展。《国务院关于加快建立健全绿色低碳循环发展经济体系的指导意见》明确指出，要"以节能环保、清洁生产、清洁能源等为重点率先突破，深入推动技术创新、模式创新、管理创新，加快构建市场导向的绿色技术创新体系，推行新型商业模式，构筑有力有效的政策支持体系"。为了推动绿色循环发展，国家推出了一系列环境规制政策，通过制定不同程度、不同层面的经济政策，以期通过政府干预的形式引导和解决环境治理问题。目前，为加强环境治理、实现循环经济发展，我国主要以政府引导和规制等措施为手段，调节企业的行为。与循环经济发展密切相关的经济政策工具主要包括税收、补贴、发放排污许可证、直接政府投资等。税收和补贴被看作在众多政府环境经济政策措施中比较重要的两类。英国环境经济学家皮尔斯和特纳（1990）曾经提出税收具有调控经济、资源再分配的特性，是一国政府行政管理的重要经济政策手段，政府则可以利用税收的杠杆作用有效发展循环经济。日本著名循环经济学者吉田文和（2016）也认为，循环经济需要强有力的政策工具激励其发展，其中投资和税收产生的激励效果更为明显。于术桐等（2009）指出，利用税收手段进行环境保护中，征税可以有三种方式可选：一种征收排放税，二是征收投入税，三是征收产出税。而赵志凌等（2010）认为，与税收政策不同，补贴政策被看作一种针对特定资源利用的方式进行鼓励的政府行为，目的是鼓励资源的循环利用。卡兰等（Callanand et al.，2016）指出，补贴通常有两种形式：一种是对削减污染的设备进行补贴，另一种是对减少单位污染的企业进行补贴，并且单位污染补贴要少于设备补贴。哈灵顿等（Harrington et al.，2014）认为，补贴与税收有很大差别：税收一般将驱使企业退出竞争行业并导致行业供给下降，而补贴可能会提高市场进入并形成行业供给扩张。约翰等（John et al.，2018）指出，对不同对象进行补贴会有不同效果，有研究表明削减补贴能降低企业污染物排放量，与税收相反，补贴会提高行业的污染物排放水平。我国政府促进发展循环经济发展的政策工具见图6-1。

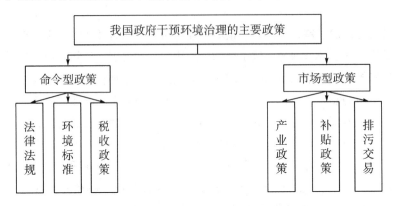

图6-1　我国政府促进发展循环经济发展的政策工具

6.1　政府干预环境治理的主要工具

环境规制有利于避免只追求经济目标而忽视生态文明建设的不理性行为，既可以通过对企业的约束解决环境污染的负外部，又可以通过优惠政策和补贴等强化环境治理的正外部性。中国的环境规制政策工具从1980年年初的完全依赖政府部门行政命令模式逐步转化为命令—控制型工具、市场型工具、公众参与型工具、自愿型工具"四维一体"的环境规制政策体系。根据不同的分类标准，对环境规制工具分为三种方法：二分法、三分法和四分法。目前，大多研究根据政府干预的方式来分类，将环境规制划分为命令型和市场型两种（童健等，2016）。其中，命令型环境规制是指通常以规章、法律的形式对企业有关环境的行为进行控制，如有违反将进行惩罚，以达到规制制定者的环境目标，如大多数法规、条例以及与环境相关的标准等；市场型环境规制是指通过市场机制引导企业进行节能减排的一系列措施，如环境税、排污权交易等。

目前，我国在环境治理过程中，综合运用两种方法，发挥不同方法的优势，以期达到更好的效果。环境规划工具分类及其主要类型见表6-1。

表6-1　环境规划工具分类及其主要类型

分类标准	类型	基本定义	主要工具
环保支出资金的性质	费用型环境规制	是指实施后使企业产生短期的且不能形成固定资产资金投入的环境规制，通过增加企业环境负担，内部化环境成本	排污许可证、排污费
	投资型环境规制	是指实施后使企业产生具有长期影响且最终能形成固定资产的资金投入的环境规制，强调企业效益增加	"三同时"制度
被规制主体是否自愿	自愿型环境规制	是指企业自主选择参与与否的一类环境规制	环境认证、生态标签、环境协议
	非自愿型环境规制	由政府引导或强制企业执行的一种环境规制，包括命令控制型和激励型环境规制工具	排污许可证、排污费、环保税、环保补助
政府干预的方式	命令型环境规制	是指立法或行政部门制定的、旨在直接影响企业减排、增加环境治理投入的法律、法规、制度等	排污许可证、排污费、环保税
	市场型环境规制	旨在借助市场力量，利用市场信号引导企业减排、增加环境治理投入，进而使社会整体污染状况得以控制、改善	排污权交易制度、环保补助

综合已有研究的观点，考虑到根据政策干预的方式分类中没有将企业自愿参加的环境规制包含在其中，而非自愿型分类中又只是笼统地将命令型和市场型环境规制工具看成一类，没有加以区别。因此，为了分析不同环境规制工具的影响，我们将环境规制工具分成命令型环境规制、市场型环境规制和自愿型环境规制工具三大类（见图6-2）。在分析政府环境规制工具对企业创新的影响时，由于政府主要是通过命令型环境规制工具和市场型环境规制工具进而促进企业技术创新实现绿色转型，因此，后面我们将重点讨论命令型环境规制工具和市场型环境规制工具对企业创新的影响。

命令型环境规制	市场型环境规制	自愿型环境规制
·市场准入 ·产品禁令 ·技术规范 ·产品标准 ·排污许可 ·生产工艺管制 ·排放绩效标准 ·环境和技术管理	·环境税费 ·环境补贴 ·排污权交易 ·生产者责任 ·押金退还制度 ·执行鼓励制度	·信息披露 ·自愿协议 ·网络构建 ·环境标志 ·公众自愿参与 ·政府与公众协商

图 6-2　环境规制工具主要分类

6.1.1　命令型环境规制工具

命令型环境规制是指立法或行政部门制定的、旨在直接影响企业减排、增加环境治理投入的法律、法规、制度等，其主要特点是污染企业几乎没有选择权，只能被动、机械地遵守环境规制。在各国的环境治理体系中，命令型环境规制工具的应用最为普遍，如我国环境影响评价制度、"三同时"制度等均属于命令控制型环境规制工具。命令型环境规制工具可以分为以下三类：一是国家层面的法律法规。1989 年 12 月，中国正式制定了《中华人民共和国环境保护法》，标志着我国环境规制立法体系的初步形成。此后，我国陆续出台了 30 多部有关环境保护的法律法规。二是各级地方政府颁布的地方性法律法规。全国各级地方政府先后通过了 84 部地方环保法。此外，各级环保部门和行业组织还制定了多种环保技术标准和制度，主要包括：事前控制类的环境规划制度、环境标准制度、环境影响评价制度、投资项目"三同时"制度、排污许可证制度等；事中控制类的污染物排放浓度标准、排放总量控制标准、排污申报登记制度等；事后救济类的限期治理制度、污染事故应急处理制度、违法企业挂牌督办制度、强制污染"关停并转"等。

命令型环境规制工具具有强制性和及时性，执行成本低，效率高，同时通过将环保事项前置，这样有利于更好地进行环境污染源控制。其劣势在于，缺乏灵活性，相当于规定了一个清晰的环境保护下限，对于企业进行环境保护方面的技术创新激励不足，甚至对整个社会的环保水平会产生"劣币驱逐良币"的后果。且环境技术标准的骤然提高可能会使企业已有投资项目强制停工，给社会造成相应的经济损失。

6.1.2　市场型环境规制工具

市场型环境规制旨在借助市场力量，利用市场信号引导企业减排、增加环境治理投入，进而使社会整体污染状况得以控制、改善。一般是通过收费或补贴的方式，运用显性的经济激励，推动企业在排污的成本和收益之间进行自主选择，决定企业的生产技术水平和排污量。如现行的排污税费、补贴、可交易的排污许可证等均为市场型环境规制工具。市场型环境规制工具可以划分为两类：一类是主张采用政府干预使得外部性内部化的政策工具，具体包括对排污征收罚款的惩罚性措施和对节能、生态项目提供补偿补贴的正向鼓励型工具；另一类是强调利用市场机制本身来解决外部性问题的新制度经济学派的政策工具，其主要政策工具是排污权交易制度。排污权交易制度提高了企业污染治理的积极性，将污染总量控制在一定范围，从而使污染治理从政府的强制行为变为企业的自觉市场行为。

相较于命令型工具，市场型环境规制工具赋予企业更高的自由选择权，使企业能够更好地结合自身经济效益做出最优选择，能激励企业积极采用污染控制技术。市场型环境规制工具对于排污多的企业是惩罚型税收，而对于采用低耗能、低排污的企业则起补贴作用，从而能够鼓励和引导企业采用更加先进的技术，降低自身的排放标准。因此，市场型环境规制工具能够更好地调节企业排污行为。此外，收费和补贴可以激励企业进行科学技术研发，鼓励企业采用更加先进的技术和环保措施，有利于降低企业的环境成本和提高企业的技术水平，从长期来看可以实现整个社会的经济效益和环境效益的最大化。市场型环境规制工具的劣势在于，作用时间较长，短期内见效慢，刚性不足。政府行政管理部门必须通过试错，对其制定的收费率进行不断调整，才能最终将企业的排污水平调整到合理水平。

6.1.3　自愿型环境规制工具

自愿型环境规制主要是指居民、企业、民间组织根据自身对于可持续发展的认识，自发开展的一系列在生产和生活中减少自然资源消耗和浪费的自愿型环境保护行动。如环境认证、生态标签、环境协议等均属于自愿型环境规制工具。自愿型环境规制主张自愿参与，一般不具有强制性约束力，自愿型环境规制工具更多强调的是企业的主动性和主导作用，环境治理中政府往往不起主导作用。当前，我国常见的自愿型环境规制工具，根据发起主体的不同可以分为两类：一类是社会公益组织、行业协会发起认可的自愿行动的标准环境管理体系，如环境标识、ISO14000 环境管理体系认证等生产环境认证管理的自愿环保行动；另一类是中国政府相关部门发起的自然保护区、生态示范区、生态产业园、环境友好型城市评选等区域性自愿环保行动。

自愿型环境规制工具的优点在于：一是自愿型环境规制工具可以更好地激发企业和公民自发治理污染的动力，且能够有效地减少政府行政监管成本；二是自愿型环境规制工具往往高于一般法律强制性标准，在一定程度上提升了环境保护标准；三是不同于其他环境规制工具的单一性，自愿型环境规制工具具有形式灵活多样的特点。自愿型环境工具同样建立在一定的经济和社会行动利益的激励基础之上。因此，只有面临来自政府部门治污的行政压力、市场竞争压力和环境保护的社会新闻舆论监督等环境规制因素时，企业才可以根据自身发展需要开展自愿环保行动。自愿型环境规制工具是对前三种政策工具的一种有益补充和提升。

6.2 政府干预政策的作用机理

与可持续发展目标基本一致，循环经济发展的理念也会带来经济效益、社会效益和环境效益，且很大一部分发生在公司层面，因此，公司在循环经济中发挥着重要作用。循环经济发展可以通过研发补贴和税收等治理措施来推进。普遍认为，知识创新是一种具有溢出效应的公共物品，因此，对私营企业创新的激励降低了，研发活动达不到有效水平，市场可能无法提供具有社会效率的资源来产生新的技术和科学知识（Nelson，1959；Arrow，1962）。在环境治理中，仅靠市场机制往往不能解决环境问题的外部性，难以保证资源的最优配置并实现社会福利的最大化和生态补偿效应，因此亟须发挥政府环境规制的作用，解决外部性的内部化问题。

环境规制通过企业技术创新的成本和收益，进而改变技术创新市场上的供给与需求，通过重新配置企业资源在技术创新活动中的投入，影响企业技术创新的时机选择、创新投入的程度和规模。双重外部性使得环境规制对技术创新产生挤出效应或激励效应，而且在不同的环境规制水平下，挤出效应和激励效应的作用并不同。在政府政策的约束和激励下，企业通过改进生产工艺、采用环保设备、提高产品的环境性能等手段率先将绿色工艺或产品引入市场，以获得"先动优势"。一方面，日益增强的环境规制迫使企业投入更多的人力、物力和财力开展环境治理工作，产生挤出效应，减少企业其他活动的投入，这就要求企业必须依靠技术创新降低环境规制成本；另一方面，不断增加的技术创新引导政策为企业创新缓解了融资约束、降低了投资风险，对企业创新产生了激励效应。合理的国家政策可以发挥政府适度的干预作用，内部化外部成本，引导企业积极开展技术创新活动，提高资源利用率并减少污染物的排放，通过发挥创新补偿效应降低企业成本。

波特假说认为，政府为约束企业的负面环境行为，通常会借助环境标准、禁令、税费等将内部化外部环境成本的规制措施，激励企业主动提高效率、加强技术创新，进而有效弥补新增生产成本所导致的利润下降，最终形成一定的市场竞争力。由于技术创新能够降低企业因为排污罚款或交税等导致的遵循成本，同样，由于市场竞争力的提升推动企业生产率的提高，由此带来的成本节约将远远超过那些强制内部化的环境成本，从而实现环境与经济的双赢。在高强度的环境规制下，企业可能采取积极的应对措施，通过引进先进技术和研发人员，加大技术创新，以使企业适应政策要求。因此，环境规制能够促进企业加大研发投入力度，对技术创新有较强的激励作用，可以产生显著的技术创新补偿效应。适度的环境规制可以倒逼企业引进绿色生产技术，据此提升企业的自主创新能力，有助于推动产业结构升级，提高环境的绩效水平。同时，当企业权衡了环保的遵循成本和创新的研发成本后，可能会对规制措施予以抵制，因为严格环境政策的实施而增加了生产成本，一定程度上对环保不达标的企业进行了优胜劣汰的筛选。尽管企业的环保遵循成本可能会通过成本的转移，部分转嫁给消费者，但这主要是取决于企业的竞争能力，这又在一定程度上依赖于企业技术创新水平。

政府规制政策一方面给企业带来直接的环境成本，面对严格的环境规制要求，企业短期内可能会增加污染控制设备、环境污染税费、管理费用等；另一方面，企业考虑到长远发展，从而进行技术创新以适应环境规制要求，形成间接成本，如新设备或新技术的 R&D 投入、优化资源配置或组织改进成本等。这些共同构成了环境规制带来的新增成本。因为受效率改进或技术创新的长期影响，企业的成本费用会有所下降，生产率得以提高并表现为生产成本的下降，即形成一种节约成本。企业是否会在政府干预下进行技术创新，取决于新增成本与节约成本的比较。

6.2.1 命令型环境规制政策的作用机理

6.2.1.1 经济效益：成本倒逼机制

环境政策对企业绿色技术创新的激励效应主要来自利益驱动。命令型环境规制对企业的直接外源压力推动企业进行技术创新。在命令型环境规制条件下，政府通过法律、规章等强制性手段对企业提出排放标准要求，对企业的排放标准实行硬约束，企业要么选择技术创新达到规定标准，要么退出受规制约束的行业。只要企业选择不退出，那么就必须达到规定的排放与技术标准。这种外源压力的强制作用，迫使企业根据严格的排放标准的要求，选择技术创新。遵循成本论认为，命令型环境规制规定了企业应该达到的环境、技术标准，为服从规制，企业必须增加资金投入购买环保设备、雇佣技术人员，这一资金投入可以视为企业对环境规制的遵循成本。企业可以通过成本转移的方式，将部分遵循成本转嫁给消费者。但成本转嫁的多少受公司在市场上的议价能力的影响，这又在一定程度上取决于所处的行业和产品的创新水平。当企业处于垄断性的行业和卖方市场，产品的需求弹性就越小，因此，企业将遵循成本转移给消费者的可能性也越大。在此种情况下，命令型环境规制政策会对企业的创新决策产生两种不同的影响：一种情况是命令型环境规制工具促进了公司技术创新投资，因为企业能将环保成本转嫁了消费者，企业承担的遵循成本较低，企业能够拥有更多的利润和资金用于企业的创新投资，其承担创新风险和成本的能力也越强；另一种情况是当企业承担了大部分环保遵循成本时，企业就无法通过价格转嫁给消费者。此时，企业会通过权衡技术创新成本与承担环保遵循成本来做出对自己有利的决策。当环境保护造成的高成本严重影响了其市场竞争，企业则希望通过技术创新提高要素生产率，实现资源节约与资源的循环利用，尽可能通过增加的收益来弥补增加的环保成本，实现创新补偿效应。

命令型政策的作用效果受政策执行强度的影响，当政府命令型政策越严格，企业为满足环境规制标准的遵循成本越高。比如，政府限制企业生产过程中污染物的排放额度越严格，企业因排污而增加的成本就越高；政府执法越严格，企业排污面临的处罚成本也越高。当企业面临的罚款等排污成本超过技术创新的成本时，企业会转向采用更安全、环保的机器设备和工艺流程，提高产品质量、减少污染排放，以达到环境规制要求。

6.2.1.2 声誉效应：社会监督推动机制

随着政府环境规制程度的提高，消费者、投资者、金融机构等社会公众的环境意识也不断增强，消费者在选择产品时更注重产品是否有绿色认证，投资者也会更青睐环境评级更高、声誉更好的企业。企业向金融机构申请融资时，环保信息、ESG评级也是银行重点考察的信息。特别是近几年，随着政府环境治理措施的增强以及ESG理念在社会各界广泛推广，拥有绿色技术的企业就能获得更多的优势。因此，企业有更强的动力进行绿色技术创新以树立良好的声誉，并注重维护自己的环境保护形象。命令型政策以法规的形式确立了环境保护的合法性及过度排放、污染环境的非法性，明确告知企业对待环境的基本道德标准和排放标准，并对超标排污等行为做出负面评价。因此，企业的一切经济行为必须限定在法律规章内，使企业从对环境的无视逐渐转向承认环保的合法性。如果企业有违反相关法律法规的要求，将会对企业的社会声誉产生严重的负面影响。比如自2018年1月1日起我国正式实施了新的环保税法，将收费方式由排污费调整为环保税。尽管我国此次环保税费改革总体采取税负平移原则，但在征管措施、征收标准、细分领域等方面更为严格，降低了企业缴费寻租的可能性。

6.2.2 市场型环境规制政策的作用机理

6.2.2.1 要素价格传导机制

希克斯（Hicks，1932）提出的诱发技术进步理论（induced technical change）认为，企业研发是一种受到利益驱动的投资行为，因而受到相关要素价格的影响。市场型环境规制工具将环境视为政府提供的一种生产要素，是企业生产过程中的投入要素之一。政府通过调整环境要素的价格进而影响企业的成本或收益，从而影响技术创新。绿色生产技术的相对价格越高、劳动力规模越大、技术水平越高，企业就容易偏向进行绿色技术创新。当企业的创新效益大于环境要素投入时，企业就会采取清洁技术创新行为，提高企业资源利用效率。排污收费制度是目前在全世界应用最广泛、最成功的环境规制工具之一，是激励企业进行持续性绿色创新的有力工具。环境税费反映了企业使用环境要素的边际外部成本。当政府提高税率时，企业环境要求的边际使用成本就会相应提高。排污权交易的价格是以政府为环境要素的供给方、排污企业为环境要素的需求方，在供需相互作用下所形成的价格，反映了企业购买环境要素的边际支付意愿。税率或排污权价格的高低决定了企业使用环境要素成本的大小。排污企业通过环境管制部门获得以排污许可证、排污配额等表现形式的排污权，并可以根据一定的市场规则在指定区域与其他排污者进行拍卖、销售、出租或馈赠等交易。企业通过技术创新不仅可以降低环境排污成本，而且可以获取更多的绿色创新收益，对企业产生更强的创新激励效应。但在完全竞争条件下，排污权的交易价格会随着排污权市场供需的变化而变化。

6.2.2.2 资源重新配置机制

政府通过对排污企业征收税费，不仅是控制企业污染的一种手段，而且是国家取得财政收入的一种形式。政府将排污权作为一种要素出售给排污企业，进而获得更多的国家财富。技术创新具有公共产品属性，研发周期长、风险大、成本高，而且存在很强的技术溢出效应，面临市场失灵的问题。因此，需要政府通过补贴、税费减免等手段进行干预，以降低企业创新的投入成本，并分担风险。因此，在政府对排污进行收费获取财政收入，并将其通过政府补贴、建立研发专项基金等形式拨付给研发创新单位，以促进企业进行创新。政府利用其收入分配职能实现了公共财政的资源重新配置。此外，排污权交易市场也为排污权出售者与购买者之间收益的再分配提供了有效途径。目前，在碳排放权市场中，初期的交易产品为排放配额和国家核证自愿减排量，允许企业之间进行排污许可证交易，那么企业就有足够的动力进行技术创新以减少污染。因为技术创新不仅可以降低污染排放，使企业的生产行为符合环境要求，而且技术创新能力强的企业可以将排污权通过市场出售给那些技术条件差、污染排放多的企业，从而获取收益。碳排放权交易的形式能够将高耗能、高污染且技术创新水平低的企业将财富转移至技术创新水平高且污染排放少的企业，从而激励有能力的企业进行技术创新。

6.3 政府干预政策的技术创新效应分析

6.3.1 政府干预政策对技术创新的抑制效应

随着企业规模扩张，环境规制的增强会对企业的研发投入起到抑制作用，进而对企业全要素生产率产生影响。环境规制具有遵循成本效应，命令型环境规制规定了企业应该达到的环境、技术标准，为服从规制，企业必须增加资金投入购买环保设备、雇佣技术人员，或因为违反环保规定而被罚款，这些资金投入可以视为企业对环境规制的遵循成本。从而导致企业对环境规制的遵从成本增加。命令型环境规制规定了排污标准或清洁技术标准，企业为了达到环境标准必须购买相应的治污设备或从末端进行污染治理，从而导致其生产成本大幅上升，用于研发的投入也相应缩减。因此，环境规制政策会挤占企业技术创新的投入，增加企业的污染治理成本。环境规制政策的实施可能会降低企业进行自主创新的动力和创新投入。

在企业投资决策过程中，根据成本效益原则，当企业技术创新带来的效益能够弥补遵循成本较低时环境规制加重的企业成本负担，挤占原本用于技术创新的投入。蒋伏心等（2013）分析了环境规制的双重效应，认为当环保成本不断增高时，会产生倒逼机制，迫使企业技术创新提高效率、节能减排、保持利润率。一项研究表明，当环境规制造成的污染治理成本越高，企业的环境专利数量就会越多。阻碍企业的研发创新活动，降低企业的生产率和竞争力，这种抑制效应在高治污成本的资源密集型行业表现得特别明显。

6.3.2　政府干预政策对技术创新的激励效应

以波特为首的创新补偿说者认为，环境规制能够倒逼企业进行技术创新，产生创新补偿效应，通过效率改进和企业内部重新分配等传导途径提高企业的生产率。环境规制压力能够刺激企业进行技术创新。当企业面临的污染治理成本越高，其 R&D 支出也越多（Hamamoto，2006）。合理的环境政策设计能够有效促进绿色技术创新，降低环境污染，提高企业的生产率和市场竞争力。

部分研究却发现，环境规制强度与治污技术及清洁技术之间并非简单的线性关系，环境规制存在门槛（吕延方等，2015），其对技术创新的影响呈"U"形特征（李斌等，2011；蒋伏心等，2013；董直庆等，2015；陈超凡，2016；刘伟等，2017）。张成等（2011）依据遵循成本理论与创新补偿理论验证"波特假说"，研究发现，环境规制政策短期内会导致企业遵循成本上升，使得企业技术研发投入下降；但从长期看，政策规制仍会促使企业倾向于增加技术研发投入。

6.4　小结

本章总结了政府干预环境治理的主要规制工具及其影响企业创新的主要机理。中国的环境规制政策工具从 1980 年年初的完全依赖政府部门行政命令模式逐步转化为命令—控制型工具、市场激励型工具、公众参与型工具、自愿型工具"四维一体"的环境规制政策体系。目前，大多研究根据政府干预的方式来分类，将环境规制划分为命令型和市场型两种。命令型环境规制工具具有强制性和及时性，执行成本低，效率高，但缺乏灵活性，对于企业进行环境保护方面的技术创新激励不足。市场型环境规制工具赋予企业更高的自由选择权，使企业能够更好地结合自身经济效益做出最优选择，能激励企业积极采用污染控制技术，有利于降低企业的环境成本和提升企业的技术水平，但市场型环境规制工具作用的时间较长，短期内见效慢，刚性不足。命令型环境规制工具通过成本倒逼机制和社会监督推动机制促进企业进行创新，市场型环境规制工具则通过要素价格传导机制和资源重新配置机制来引导企业进行技术创新。环境规制通过企业技术创新的成本和收益，进而改变技术创新市场上的供给与需求，通过重新配置企业资源在技术创新活动中的投入，影响企业技术创新的时机选择、创新投入的程度和规模。双重外部性使得环境规制对技术创新产生挤出效应或激励效应，而且在不同的环境规制水平下，挤出效应和激励效应的作用并不相同。

7 激励型政策影响企业创新的实证检验

7.1 问题的提出

7.1.1 实务界政府补贴数量与企业创新质量不匹配

党的十九大报告指出，创新是引领发展的第一动力，是建设现代化经济体系的战略支撑。近几年，伴随创新驱动战略的深入实施，我国技术创新投入在政策推动与引导下快速增长。《2019 年全国科技经费投入统计公报》数据显示，2019 年我国 R&D 经费投入总量为 22 143.6 亿元，投入强度（与 GDP 之比）为 2.23%，其中，企业 R&D 经费投入占比达 76.4%，企业已经成为技术创新的主体。近年来，伴随研发投入的不断增加，我国专利申请数量也出现了"爆炸式"增长。2020 年，我国专利申请量达 68 720 件，同比增长 16.1%，稳居世界第一。政府补贴已经成为我国引导产业发展、帮助企业成长的重要手段。然而，我国专利数量增长的背后是否伴随专利质量的同等提升？政府的创新资助政策是否"如愿以偿"实现了自主创新能力的提高？不少国内外媒体和学者对此产生了质疑。有学者研究发现，国家创新追赶策略反而造成了专利"泡沫"以及专利的"创新假象"（张杰等，2018），政府的补贴政策只是激励企业为"寻扶持"而增加创新数量，并没有提高创新质量（黎文靖等，2016）。因此，打开政府研发补贴投入与企业创新产出质量不匹配的"黑箱"是亟待解决的问题。

内生增长理论认为，加大研发资金和研发人员投入即可促进技术创新（Acemoglu，2009），并强调政府政策在技术创新中起着促进作用。但政府宏观政策虽通过企业这一微观主体的行为来发挥作用并产生效果。因此，影响企业自主创新行为及其成效的不仅仅是政府补贴，更重要的是公司内部治理机制（李玲等，2013）。理论界之所以对政府补贴在企业创新中的效果未得出一致结论，主要原因是不同公司内部治理机制下的企业存在投资行为差异。投资决策很大程度上取决于公司股东与管理层的意愿和能力，一定的宏观产业政策下，治理结构不同可能导致企业应对产业政策的创新动机及行为迥异。股权高度集中下大股东可能存在"掏空"行为，政府补贴是否诱发了大股东"寻扶持"的策略性创新了？通过董事长和总经理两权合一能够提高公司决策的有效性，是否能够保证企业将政府补贴用于"谋发展"的实质性创新？通过对这些问题的研究，我们从企业微观层面探究政府补贴制度背景下企业异质性创新产出的原因，从而探求通过科技创新推动我国经济高质量发展的具体路径。

7.1.2 理论界政府补贴对企业创新影响的结论不一致

由于创新具有较强的正外部性和溢出性，导致企业创新投入远低于社会最优水平（Arrow，1962）。政府有必要利用"有形之手"来减少企业的研发成本，降低创新风险，纠正由于"市场失灵"所造成的企业创新投入不足问题（Jones et al.，1998，Rao，2016）。近年来，政府研发补贴已经成为各国激励企业创新的重要方式之一（陆国庆，2014）。尽管如此，政府补贴对企业技术创新的影响尚未得出一致结论，主要有激励效应（Czarnitzki et al.，2017）、抑制效应（Feldman et al.，2006）和混合效应（Boeing，2016，李瑞茜等，2013）三种观点。大部分研究表明，政府研发补贴通过缓解融资约束、分散风险等方式激发企业加大创新投入，提高企业创新能力。但也有研究发现，政府直接资助企业创新的激励效应并不明显（Du et al.，2016）。甚至有研究发现，企业为了获得政府补贴，会通过发送虚假的"创新类型"信号（安同良等，2009）或片面追求创新数量的方式来迎合政策要求，企业为了"寻补贴"而进行的一种策略性行为，并非为了提高企业实质性的创新能力（Hall et al.，2012）。Tong 等（2014）的研究发现，企业为了满足政府补贴要求的专利产出数量，会忽略实际专利产出质量，政府资助政策反而抑制了企业创新质量。在此基础上，黎文靖等（2016）从企业创新动机出发，将企业创新分为追求技术进步的实质性创新（发明专利）与追求数量和速度以迎合政策的策略性创新（实用新型和外观设计），论证了企业为了迎合产业政策而重"数量"轻"质量"的策略性创新行为。张杰等（2018）也发现，在中国创新追赶战略下，各省级政府出台的专利资助奖励政策对企业申请的发明与实用新型专利质量造成了抑制效应。

企业创新能力与政府补贴力度不匹配的现象引发了社会各界的广泛关注。学者们纷纷从政府补贴方式（Leahy，2004；唐清泉等，2008）、公司治理（Lee，2003；李玲等，2013；鲁桐等，2014）、现金流不确定性（刘波等，2017）、税费负担（李林木等，2017；肖叶，2019）等方面研究了政府补贴的创新效果。Chrisman（2012）认为，公司治理是技术创新的重要决定因素之一，而股权集中程度决定了一个公司的基本治理架构，其对企业创新的影响主要存在支持论和抑制论两种观点。支持论者认为，大股东是企业创新投资的终极决策者和最大关注者，大股东持股比例越高，其利益与企业长期利益越一致，大股东越会关注企业的长期发展而不是短期回报，增加创新投资的动力和能力就越强；抑制论者则认为，随着股权集中度的提高，控股股东承受的创新风险会上升，面临股份流动性限制和资本锁定的风险，大股东存在风险规避心理，会对企业创新投资产生消极影响，从而减少创新投资（郑梅莲等，2014）。

我国大部分研究发现，政府补贴对企业创新投入产生了激励效应，但企业的创新产出质量和自主创新能力却未能得到学术界和实务界的认可，出现了政策设计与政策目标实现的需要相偏离的现象（薛洲等，2021）。针对我国政府补贴与企业创新质量不匹配的现象，部分学者试图从行为学的角度去探求原因。佟等（Tong et al.，2014）的研究发现，企业为了满足政府补贴要求的专利产出数量，而忽略专利产出的实际质量，政府资助政策反而抑制了企业创新质量。在外部环境相同的情况下，规模相近的企业创新行为和表现截然不同，这些差异只能从企业内部进行解释（Fagerberg et al.，2005）。克里斯曼等（Chrisman et al.，2012）认为，公司治理是技术创新的重要决定因素，股权结构决定了公司的基本治理架构。公司的发展和公司治理的各种问题均可在股东层面找到根源（鲁桐等，2014）。股权性质不同，政府对国有企业和民营企业创新补贴的态度和作用存在较大差异。部分研究发现，政府补贴在民营企业自主创新过程中发挥着"引导之手"的积极作用，而在国有企业中却发挥着"纵容之手"的消极作用（李玲等，2013）。但也有研究发现，尽管政府补贴对非国有企业 R&D 投入的提升更明显，但对国有企业专利产出的激励作用更显著（刘树林等，2020）。股权集中度对政府补贴效果的影响也有支持论和抑制论两种观点。支持论者认为，大股东是企业创新投资的终极决策者和最大受益者，大股东持股比例越高，其利益与企业长期利益越一致，更加注重企业的长期发展，增加创新投资的动力和能力越强。股权集中度的企业，越有动力帮助企业获取更多的政府补贴，从而促进企业经营绩效提升（邓超等，2019）。

抑制论者则认为，随着股权集中度的提高，控股股东承受的创新风险会上升，出于风险规避心理从而减少创新投资，对企业技术创新活动产出存在一定的"侵占效应"（宁青青等，2018）。第一大股东可能会通过"隧道行为"转移挪用政府补贴资金，削弱了政府补贴的激励效应（彭中文等，2015）。而且，股权集中度越高，内部人控制越严重，将会抑制政府补贴对创新投资的激励作用（刘振等，2018）。股权过度集中的股权结构中，控股股东为谋取私利或巩固其地位而更多地侵占政府补贴或滥用政府补贴，从而抑制了政府补贴对企业成长性的正向影响（单春霞等，2021）。

纵观已有研究，尽管大量文献研究了政府补贴、股权结构与企业创新的关系，但绝大多数研究仅仅关注了两两之间的联系，且政府补贴效果的检验并未得出一致结论。究其原因：一方面，大多研究并未深入考察股权结构这一重要因素在企业创新投资行为背后所起的决定作用。公司的财务行为是公司内部各方责、权、利配置权衡的结果，股东间的权力分配关系对企业创新投资决策有着直接的影响。政府补贴通过资源效应和信号效应降低了企业创新投资的成本和风险，但不同股权结构下的企业其获取和配置政府补贴的动机与行为可能完全不同。另一方面，在评价和衡量企业创新时，大多文献以企业研发投入多少作为衡量标准（安同良等，2021），但创新投入与创新能力是存在一定偏差的，创新具有较大的不确定性，较高的创新投入未必会转化为创新产出，即使是专利申请数量较多，但不同类型的专利（发明、实用新型和外观）所反映的企业创新能力也大不相同（黎文靖等，2016）。部分学者意识到了这个问题，于是选用新产品销售和创新产出（专利申请数量）来衡量企业创新（章元等，2018），但并没有区别不同类型专利在提升企业竞争优势中的作用。尽管少量研究已经发现政府补贴主要对企业低质量的策略性创新有促进作用，对企业高质量的实质性创新却没有明显的激励效应（刘元雏等，2020），但并没有研究导致这种创新质量异质性的深层原因。鉴于此，本书将股权结构因素纳入政府补贴与创新质量关系的研究框架中，为我们分析政府补贴与企业创新质量不匹配的现象提供了新了思路。

我国政府创新补贴力度大，企业研发投入多，但我国企业发明专利却"多而不优"。尽管政府补贴与企业创新相关的研究并不少见，但政府补贴与企业创新效果的关系并未得出一致认同的结论。在评价和衡量企业创新时，大多文献以企业研发投入多少作为衡量标准，将创新投入与创新能力等同起来。两者事实上是存在一定偏差的，创新具有较大的不确定性，投入多并不一定能够提升企业的创新能力。部分学者意识到了这个问题，于是选用创新产出

（专利申请数量）来衡量企业创新，但并没有区别不同类型专利（发明、实用新型和外观）在提升企业竞争优势中的作用。尽管少量研究已经发现政府补贴主要对企业策略性创新有促进作用，对实质性创新却没有明显的激励效应，但并没有深入研究导致这种异质性创新背后的原因。公司的财务行为是公司内部各方责、权、利配置权衡的结果，公司进行策略性创新还是受到公司股东以及股东与管理层之间权力分配关系的影响。股权高度集中，大股东是否会通过策略性创新钻政策空子"寻补贴"？董事长和总经理两职合一，是否又通过所有权与经营权高度合一提高治理效率，利用政府补贴进行高质量创新"谋发展"？

7.2 理论分析与研究假设

7.2.1 政府补贴与企业创新产出

政府补贴通过直接补贴或信号传递作用，一定程度上缓解了企业的融资约束，降低了创新过程中面临的风险，从而使企业有足够的资金和动力去从事创新活动，激励企业进行更多的创新（傅利平等，2014）。一方面，政府补贴作为企业利润构成的一部分，可以有效缓解企业内源性融资约束，为企业研发创新提供资金支持；另一方面，政府通过补贴的形式向外部传递正向信息，为企业外部融资提供一定的信用担保，缓解企业创新投资中的外部融资约束，促使企业技术创新产出增加。在政府补贴政策的引导和助推下，企业能够获得更多的资源用于创新；同时，政府也为企业分担了部分创新活动所带来的投资风险，以增强企业参与创新投资的信心（陈昭等，2019）。综上所述，政府补贴通过发挥其资源效应，缓解了企业由于经费不足而无法继续开展创新活动的资金约束，从而加速了企业的创新进程，使得企业实质性创新产出进一步提高。

政府补贴政策具有信号"诱发"机制，但由于政府与企业间存在信息不对称，企业可能会存在逆向选择和道德风险问题，当政府补贴信号被企业接收后，企业可能会调整其创新动机以迎合政府补贴的要求。企业创新除了以推动技术进步和保持竞争优势为目的的创新行为外，还存在以获取其他利益为目的的策略性创新行为（Tong et al.，2014）。企业为了获得政府补贴，通过发送虚假"创新类型"信号（安同良等，2009），片面追求创新数量的方式来迎合政策要求，进行"寻补贴"的策略性行为，并没有实质性提高企业创新能力（Hall et al.，2012），政府补助反而成了企业进行直接非生产性寻利活动的沃土（叶林等，2013）。政府激励政策推动了非发明专利这种策略性创新行为

（黎文靖等，2016），扭曲了企业专利申请的动机，导致大量低质量专利产生（张杰等，2018）。这些文献发现我国企业创新"寻扶持"的动机导致了我国创新"重数量轻质量"的现象。基于上述分析，政府研发补贴不仅可以通过缓解融资约束，激励企业进行更多的实质性创新以获取竞争优势谋求长远发展，也可能诱使企业为了获得更多的补助，只追求创新速度和数量以达到获取政府补贴的目标进行更多的策略性创新。根据上述分析，不论是实质性创新还是策略性创新，政府补贴都会产生明显的激励效应。综上分析，我们提出假设1和假设2。

假设1：在政府补贴的作用下，企业的高质量创新产出显著增加。

假设2：在政府补贴的作用下，企业的低质量创新产出显著增加。

7.2.2 政府补贴、股权集中度与企业创新产出

公司的财务决策是公司内部各方责、权、利配置的最终结果。股权结构代表着支持或反对管理者的权力来源，是公司治理的核心，对公司技术创新决策以及管理者行为的长期或短期倾向具有重要影响（鲁桐等，2014）。股权集中程度体现了大股东和中小股东的权力分配关系，决定着监督职能的好坏和实际控制权的归属，一定程度上决定了公司如何利用政府补贴的创新动机和行为。

我国上市公司普遍具有相对集中的股权结构，管理层通常由控股股东任命，并将代表其利益，管理层权力体现为大股东的权力（卢锐等，2008），大股东成为上市公司经营与财务决策的实际控制者。根据委托代理理论，股权集中度较高，大股东与小股东之间的代理问题就更加突出，就更容易诱发大股东获取私人收益的动机，从而阻碍企业创新（Kwon et al.，2006）。企业股权越集中，其"内部人控制"问题越严重（刘振等，2018），经理人越有可能进行短期行为。而企业获得政府补贴后，一定程度上缓解了公司内部的流动性约束，极易诱发自由现金流代理问题，特别是当大股东为了获取其控制权收益则导致企业创新行为被扭曲，出现追求创新数量而不重质量的短视行为。此外，技术创新活动本身具有高成本和高风险性（鞠晓生等，2013），且企业创新的投入具有不可逆性，特别是能够带来技术进步、产品升级的重大实质性创新通常都需要很长时间，技术研发如果不成功，沉没成本会更高（叶祥松等，2018）。股权高度集中的企业，风险不能被有效分散，就导致企业创新的风险主要由大股东承担（杨建君等，2007）。因此，在企业中拥有大量资产的大股东们会对企业创新的相关投资决策非常慎重，一旦获得政府补贴，容易干预经理人减少高风险创新投资项目的投入（Yafeh et al.，2003）。为规避风险，投

资申请相对简单、风险较小的非发明专利（实用新型专利和外观设计专利）更符合大股东谋取短期利益的需求。因此，股权高度集中的企业，大股东可能通过"隧道行为"转移挪用政府补贴资金，从而削弱了政府补贴的激励效应（彭中文等，2015）。目前，我国推行的是政府主导的"选择性产业政策"。这种通过政府提供事后的支持来补贴或保护特定的企业，为企业进行"寻扶持"的策略性创新行为提供了可能（黎文靖等，2016）。企业在获得补贴后，有动机将其分配至风险低、周期短的创新活动来提高当期的创新产出，以获得政府的下一期补贴（章元等，2018）。基于此，为了规避高质量创新所带来的风险，大股东可能会减少政府补贴用于发明专利申请，通过追求创新"数量"和"速度"来迎合政府的监管和创新战略。综上分析，我们提出假设3和假设4。

假设3：企业股权集中程度越高，政府补贴的创新激励效应越低，即股权集中度对政府补贴的创新激励效应存在抑制作用。

假设4：企业股权集中程度越高，政府补贴对高质量创新的激励效应越低，即股权集中程度抑制了政府补贴对企业高质量创新产出的正向作用。

7.2.3 政府补贴、董事长和总经理两职合一与企业创新行为

董事长和总经理两职合一关系到公司最高决策者的权力分配。委托代理理论认为，总经理兼任董事长意味着决策管理与决策控制合二为一（Fama et al.，1983），降低了董事会监督的有效性（Jensen & Meckling，1976），拥有控制权的总经理可能会滥用其董事长赋予的权力谋求私人利益，挤占创新投资的资源。相对于股东而言，作为管理者的总经理更加厌恶风险（林润辉等，2021）。基于代理理论，总经理兼任董事长拥有更大的权力和自由决策空间时，总经理为了自身利益不愿意投资高风险的创新项目（Ellstrand et al.，2002）。

管家理论认为，董事长和总经理两职合一使公司所有者与管理者的利益目标一致，有利于提高决策效率。董事长和总经理两职合一更有利于做出灵活的创新决策，减少冗余程度，提高决策效率。董事长兼任总经理具有更强的风险承担意愿和更高的自主创新能力，即使实质性创新（发明专利申请）可能存在更大的不确定性和更长的期限，但两职合一的总经理有更强烈的意愿为了企业的长远发展将政府补贴用于实质性创新投资项目，从而保证了企业将政府补贴用于提高创新质量以获取竞争优势的投资项目上。

董事长和总经理两职合一可以有效降低代理成本，避免由于信息不对称性和契约不完全性引发的管理者道德风险（王玉霞等，2018），从而抑制管理层

利用政府补贴的策略性创新行为。综上分析，我们提出假设 5 和假设 6。

假设 5：董事长和总经理两职合一对政府补贴与企业实质性创新的关系存在正向调节作用。

假设 6：董事长和总经理两职合一对政府补贴与企业策略性创新的关系存在负向调节作用。

7.3 变量定义与模型构建

7.3.1 样本选取与数据来源

本书选取 2010—2019 年我国沪深 A 股上市公司作为原始样本。为了提高检验结果的准确性，我们参考已有学者的数据选择方法（Tong et al.，2014），对样本进行如下筛选和处理：一是剔除了金融类公司，二是剔除了在观测区间内被 ST 处理的公司，三是剔除了同时发行 A 股和 B 股的上市公司，四是剔除了专利申请总数小于 1 的公司，五是剔除了相关数据变量缺失的公司。根据上述原则筛选后，最后得到 10 956 个样本观测值。样本公司财务数据源于 CSMAR 数据库和巨潮资讯网，专利数据源于国家知识产权局及 SPPPAT 专利检索和 CSMAR 数据库。为消除极端值的影响，我们对连续变量数据进行了（1%~99%）的 Winsorize 处理。

7.3.2 变量定义

（1）创新质量（LnPatent/ LnPatenti/ LnPatentud）。企业创新能力通常通过企业的专利数量直接反映。我国的专利分为发明、实用新型和外观设计三种，它们体现的技术创新程度不同，只采用专利数量可能夸大了技术创新的产出水平。因此，本书基于我国专利法的规定和三种专利的创造性，参考黎文靖等（2016）等的研究，用专利申请总数量加 1 取自然对数衡量企业创新产出（LnPatent），用"发明"申请数量加 1 取自然对数衡量企业高质量创新（LnPatenti），用"实用新型和外观设计"的申请数量加 1 取自然对数衡量企业低质量创新（LnPatentud）。

（2）政府补贴（Subrate）。政府补贴来自上市企业年报附注"营业外收入"科目里的"政府补助"。我们借鉴佟爱琴和陈蔚（2016）的做法，将企业获得的政府补贴金额用总资产进行标准化处理后，作为政府补贴的代理变量。

（3）股权集中度（Sh5）。参考冯根福等（2008）的做法，我们利用公司前五大股东的持股比例之和表示股权集中度，后期大数研究也证明了该指标的有效性（陈德萍等，2011）。因此，本书也选用它作为股权集中度的代理变量。

（4）股权性质（Soe）。为了考察股权性质不同对企业政府补贴与创新质量间关系的影响，设定产权性质虚拟变量 Soe，如果企业为国有企业，Soe 取值为 1，否则 Soe 取值为 0。

变量名称与定义见表 7-1。

表 7-1　变量名称与定义

变量类型	变量名称	变量符号	变量定义
因变量	企业创新产出	LnPatent	Ln（当期企业专利申请总量+1）
	高质量创新	LnPatenti	Ln（当期企业发明专利申请量+1）
	低质量创新	LnPatentud	Ln（当期企业非发明专利申请量+1）
自变量	政府补贴	Subrate	政府补贴金额/资产总额
	股权集中度	Sh5	公司前 5 位大股东持股比例之和
	产权性质	Soe	国有企业取值为 1，非国有企业取值为 0
控制变量	两职合一	Dual	董事长和总经理两职兼任为 1，否则为 0
	独立董事占比	Indep	独立董事人数占董事会总人数的比重
	资产负债率	Lev	期末负债总计/期末资产总计
	净资产收益率	Roe	公司年末扣除非经常性损益后的净资产收益率
	总资产周转率	Tat	营业收入／［（期初资产总额+期末资产总额）/2］
	现金持有量	Cash	货币资金/总资产
	企业规模	Size	公司期末资产总额的自然对数
	企业年龄	FirmAge	2019 减去公司注册年份
	年度变量	Year	年度虚拟变量
	行业变量	Industry	行业虚拟变量

7.3.3　模型构建

为了更科学地评价政府补贴对企业创新质量产生的效果，我们借鉴黎文靖等（2016）的做法，将专利产出分为高质量创新（发明）和低质量创新（实用新型和外观设计）。因此，被解释变量除了有代表企业创新总产出的专利数量外，还将创新产出分为代表高质量创新的发明专利数量和代表低质量创新的实用新型与外观设计专利数量两个类型。构建基本模型（7-1）以考察我国政府补贴对企业不同类型创新产出的影响，以检验假设1和假设2。

$$\text{LnPatent}_{i,\,t+1}(\text{LnPatenti}_{i,\,t+1},\ \text{LnPatentud}_{i,\,t+1}) = \partial_0 + \partial_1\,\text{Subrate}_{i,\,t} + \partial_2 \sum \text{Controls}_{i,\,t} + \sum \text{Year} + \sum \text{Industry} + \gamma_i + \varepsilon_{i,\,t} \tag{7-1}$$

其中，政府补贴（$\text{Subrate}_{i,\,t}$）的系数 ∂_1 是我们重点关注的，如果该系数在不同因变量的模型中方向一致，即表明政府补贴对企业不同类型创新产出的效应相同，如果 ∂_1 方向不同，则说明政府补贴对不同类型创新产出的效果有差异。

为了进一步考察股权结构对政府补贴效果的影响，我们将股权集中度作为调节变量引入基准模型，以检验政府补贴与企业创新质量之间的关系是否因股权结构不同而有所差异。我们加入股权集中度与政府补贴的交乘项（$\text{Sh5}_{i,t} \times \text{Subrate}_{i,t}$）构建模型（7-2）以检验假设3和假设4。

$$\text{LnPatent}_{i,\,t+1}(\text{LnPatenti}_{i,\,t+1},\ \text{LnPatentud}_{i,\,t+1}) = \partial_0 + \partial_1\,\text{Subrate}_{i,\,t} + \partial_2\,\text{Sh5}_{i,\,t} + \partial_3\,\text{Sh5}_{i,\,t} \times \text{Subrate}_{i,\,t} + \partial_4 \sum \text{Controls}_{i,\,t} + \sum \text{Year} + \sum \text{Industry} + \gamma_i + \varepsilon_{i,\,t}$$

$$\tag{7-2}$$

股权集中程度与政府补贴交乘项（$\text{Sh5}_{i,t} \times \text{Subrate}_{i,t}$）的系数 ∂_3 的方向及其在不同类型创新产出下的方向差异是我们重点考察的。如果 ∂_3 显著为负，则表明股权集中度越高，政府补贴对创新产出的作用会减弱，反之亦然。考虑到政府研发补贴对企业专利申请的影响存在滞后性，也为规避内生性和反向因果问题，我们将企业创新产出的代理变量使用 $t+1$ 期数据。

7.4　实证检验与结果分析

7.4.1　描述性统计及相关性检验

7.4.1.1　变量的描述性统计

本书利用了2010—2019年沪深A股2 336家上市公司的非平衡面板数据，考虑公司存在个体效应，根据Hausman检验结果，选择使用更为合适的固定效应模型对数据进行分析。

表7-2列示了主要变量的描述性统计结果。可以看出，发明专利标准化后的均值及中位数均低于非发明专利。可见，我国企业创新的方向更多地集中在实用新型、外观设计上，实质性的发明专利创新相对较少。这与我国目前创新

能力整体不高的实际相吻合，也与黎文靖等（2016）得出的结论一致。解释变量中，政府补贴占总资产比重（Subrate）的均值为 0.004，标准差较小，说明政府补贴给予不同企业的补贴差异不大；前五大股东持股比例之和（Sh5）的均值和中位数均超过了 50% 的比例，表明我国 A 股上市公司的股权集中度整体偏高。

表 7-2 主要变量的描述性统计结果

变量	观测值	均值	中位数	最小值	最大值	标准差
Lnpatent	10 956	2.640	2.565	0.693	6.258	1.212
Lnpatenti	10 956	1.754	1.609	0.000	5.517	1.216
Lnpatentud	10 956	1.947	1.946	0.000	5.673	1.386
Subrate	10 956	0.004	0.017	0.000	0.033	0.006
Sh5	10 956	0.537	0.539	0.213	0.901	0.145
Soe	10 956	0.263	0.000	0.000	1.000	0.440
Dual	10 956	0.302	0.000	0.000	1.000	0.459
Indep	10 956	0.333	0.374	0.333	0.571	0.053
Size	10 956	22.032	21.858	19.959	26.771	1.191
ROE	10 956	0.068	0.070	−0.462	0.334	0.107
Cash	10 956	0.185	0.150	0.002	0.887	0.129
FirmAge	10 956	2.771	2.833	1.386	3.555	0.350
Lev	10 956	0.395	0.384	0.053	0.932	0.195
Tat	10 956	0.603	0.539	0.026	2.517	0.331

7.4.1.2 变量间的相关性检验

进行回归之前，我们对主要变量进行了 Pearson 相关性检验。表 7-3 的结果表明，政府补贴与企业创新产出存在显著的正相关，股权集中程度却对不同类型的创新的影响并不相同，且主要与策略性创新产出存在较为明昂的正相关关系。

表 7-3 主要变量的 Pearson 相关性检验

变量	Lnpatent	Lnpatenti	Lnpatentud	Subrate	Sh5	Soe	Size	ROE
Lnpatent	1							
Lnpatenti	0.778***	1						
Lnpatentud	0.853***	0.424***	1					
Subrate	0.034***	0.041***	0.016*	1				
Sh5	0.067***	-0.010 0	0.112***	-0.038***	1			
Soe	0.086***	0.111***	0.062***	0.031***	-0.025***	1		
Size	0.338***	0.337***	0.267***	-0.147***	0.056***	0.371***	1	
ROE	0.077***	0.062***	0.054***	0.046***	0.174***	-0.072***	0.085***	1

注：***，**，* 分别表示相关系数在 1%，5% 和 10% 的水平上显著。

7.4.2 回归结果分析

（1）政府补贴与企业创新质量。表7-4中的第（1）列、第（1a）列和第（1b）列分别列示了政府补贴与总专利产出、发明专利产出和非发明专利产出之间的关系。可以看出，不论因变量是总专利数量（LnPatent），还是发明专利（LnPatenti）或非发明专利（LnPatentud），政府补贴（Subrate）的系数都在1%的显著性水平上显著为正，说明企业创新产出与政府补贴存在显著的正相关关系，验证了假设1和假设2。实证结果表明，受政府补贴政策的影响，企业专利申请数量显著增加，政府补贴政策不仅激励了企业进行更多的高质量的实质性创新，也诱发了企业更多低质量的策略性创新，这一结果论证了政府补贴对企业创新产出具有激励效应的观点（安同良等，2009），表明政府补贴对企业创新能力有一定的促进作用。股权性质（Soe）系数在不同模型中和符号和显著性差异较大，股权性质与专利申请总量及非发明专利申请量显著负相关，说明国有企业的专利申请量更低，但主要是非发明专利的申请量更少。董事长和总经理两职合一、独立董事占比对各类型创新产出均有显著的正向作用，董事长和总经理两职合一、独立董事占比越高的企业，创新产出越多。从其他控制变量的系数可以看出，资产规模（Size）越大、盈利水平（ROE）越高、现金持有量（Cash）越多、周转效率（Tat）越高的企业，其专利申请总量也越多，支持了"大企业更具创新性"的熊彼特假说。公司专利申请总量及发明专利申请数量与公司年限显著负相关，说明公司注册年限越长，企业的创新能力越低。值得注意的是，负债率在模型（1b）中显著为正，即负债率越高的企业，其非发明专利申请数量越多。可能的原因是，当企业面临较高的融资约束时，企业倾向投资风险小、见效快的创新项目以获取政府补贴，这与大多数研究得到的结论一致。

表7-4　政府补贴、股权集中度与企业创新产出

变量	（1） Lnpatent 专利总量	（1a） Lnpatenti 发明专利	（1b） Lnpatentud 非发明专利	（2） Lnpatent 专利总量	（2a） Lnpatenti 发明专利	（2b） Lnpatentud 非发明专利
Subrate	22.177*** （10.66）	27.075*** （13.05）	15.514*** （6.36）	29.57*** （4.41）	44.798*** （6.69）	15.63** （1.99）

表 7-4（续）

变量	（1）Lnpatent 专利总量	（1a）Lnpatenti 发明专利	（1b）Lnpatentud 非发明专利	（2）Lnpatent 专利总量	（2a）Lnpatenti 发明专利	（2b）Lnpatentud 非发明专利
Sh5				0.428^{***} (4.65)	-0.032 (-0.35)	0.835^{***} (7.76)
Subrate × Sh5				-13.377 (-1.09)	-34.35^{***} (-2.81)	1.161 (0.11)
Soe	-0.092^{***} (-3.22)	0.023 (0.80)	-0.140^{***} (-4.19)	-0.092^{***} (-3.24)	0.023 (0.81)	-0.141^{***} (-4.23)
Dual	0.068^{***} (2.78)	0.050^{**} (2.05)	0.068^{**} (2.37)	0.063^{***} (2.59)	0.050^{**} (2.05)	$.0592^{**}$ (2.07)
Indep	0.671^{***} (3.30)	0.534^{***} (2.63)	0.865^{***} (3.63)	0.602^{***} (2.96)	0.571^{***} (2.81)	0.704^{***} (2.96)
Size	0.397^{***} (33.32)	0.407^{***} (34.32)	0.326^{***} (23.38)	0.392^{***} (32.84)	0.409^{***} (34.3)	0.316^{***} (22.64)
ROE	0.271^{***} (2.44)	0.114 (1.03)	0.313^{**} (2.40)	0.213^{*} (1.91)	0.139 (1.25)	0.185 (1.42)
Cash	0.621^{***} (6.56)	0.473^{***} (5.01)	0.710^{***} (6.40)	0.580^{***} (6.11)	0.496^{***} (5.23)	0.616^{***} (5.55)
FirmAge	-0.083^{**} (-2.33)	-0.084^{**} (-2.36)	-0.068 (-1.63)	-0.062^{*} (-1.73)	-0.097^{***} (-2.71)	-0.018 (-0.44)
Lev	0.093 (1.23)	-0.097 (-1.29)	0.411^{***} (4.63)	0.123 (1.62)	-0.113 (-1.49)	0.480^{***} (5.41)
Tat	0.191^{***} (5.43)	0.096^{***} (2.73)	0.151^{***} (3.66)	0.179^{***} (5.08)	0.100^{***} (2.87)	0.125^{***} (3.02)
Industry	控制	控制	控制	控制	控制	控制
Year	控制	控制	控制	控制	控制	控制
截距项	-4.218^{***} (-3.68)	-5.809^{***} (-5.09)	-2.991^{**} (-2.23)	-4.335^{***} (-3.79)	-5.805^{***} (-5.08)	-3.215^{**} (-2.40)
N	10 939	10 939	10 939	10 939	10 939	10 939
Adj. R^2	0.161	0.171	0.118	0.163	0.171	0.124
F	64.65	69.17	45.14	61.78	65.65	45.33

注：***、**、*分别表示相关系数在1%、5%和10%的水平上显著，括号中为 t 值。

（2）股权集中度对政府补贴与企业创新质量关系的调节作用。为进一步考察股权集中度对政府补贴创新激励效应的调节作用，我们在基本模型中引入股权集中度以及政府补贴与股权集中程度交乘项（Subrate × Sh5）。从表7-4第（2）列、第（2a）列和第（2b）列的结果中可以看出，股权集中程度对不同类型创新产出的直接影响完全不同：第（2）列和第（2b）列的回归结果中，企业专利申请总量和非发明专利申请数量与股权集中度（Sh5）均在1%的显著性水平上正正相关，而第（2a）列中企业发明专利申请数量与股权集中度（Sh5）的相关性却并不显著。这表明，企业股权集中度越高，专利申请总量越多（主要是非发明专利），一定程度上说明股权集中度越高的企业更倾向于进行低质量的非发明专利创新。第（2a）列中，政府补贴与股权集中程度交乘项（Subrate × Sh5）的系数在1%的统计性水平上显著为负，而第（2）列和第（2b）列中，交乘项的系数却并不显著，表明股权集中程度抑制了政府补贴对发明专利申请的激励作用，即股权集中度越高的企业，其利用政府补贴进行发明专利申请的数量反而越少，验证了假设4。这一实证结果表明，在股权集中度高的企业中，政府补贴激励企业创新的效果越差，这与彭中文等（2015）得出的结论一致。可能的原因是，当企业股权集中越高时，大股东出于自身利益考虑，为规避高质量创新中的不确定性，更容易出现滥用政府补贴的行为。而且，企业股权集中度越高，大股东利己主义动机更加明显，政府补贴沦为大股东"寻扶持"的手段。

（3）董事长和总经理两职合一对政府补贴与企业创新质量关系的调节作用。表7-5中的第（3）列、第（3a）列和第（3b）列表示了检验了董事长与总经理两职合一对企业创新的影响以及其对政府补贴与企业创新两者关系的调节作用。可以看出，无论是发明专利还是非发专利，董事长和总经理两职合一（Dual）的系数显著为正，论证了已有研究认为董事长和总经理两职合一能够促进企业创新的结论。董事长和总经理两职合一的调节效应检验中，政府补贴与董事长和总经理两职合一交叉项（Subrate × Dual）的系数均不显著，即董事长和总经理两职合一对政府补贴影响企业创新的程度没有调节作用，董事长和总经理两职合一主要是直接对企业创新产生正向促进作用。

表 7-5 政府补贴、董事长和总经理两职合一与企业创新产出

变量	Lnpatent		Lnpatenti		Lnpatentud	
	(3)		(3a)		(3b)	
	专利总量		发明专利		非发明专利	
Subrate	23.033***	(9.75)	27.267***	(11.57)	16.329***	(5.91)
Subrate × Dual	−1.539	(−0.38)	−1.379	(−0.34)	0.502	(0.11)
Sh5	0.374***	(4.81)	−0.171**	(−2.20)	0.842***	(9.25)
SOE	−0.092	(−3.25)	0.023	(0.80)	−0.141***	(−4.23)
Dual	0.07**	(2.43)	0.057**	(1.99)	0.057*	(1.70)
Indep	0.602***	(2.96)	0.568***	(2.80)	0.704***	(2.95)
Size	0.392***	(32.85)	0.41***	(34.39)	0.316***	(22.63)
ROE	0.214*	(1.92)	0.14	(1.26)	0.185	(1.41)
cash	0.58***	(6.10)	0.493***	(5.20)	0.616***	(5.55)
FirmAge	−0.061*	(−1.70)	−0.094***	(−2.62)	−0.018	(−0.44)
Lev	0.124	(1.63)	−0.111	(−1.47)	0.48***	(5.41)
Tat	0.179***	(5.08)	0.101***	(2.88)	0.125***	(3.02)
截距项	−4.321***	(−3.77)	−5.765***	(−5.05)	−3.217**	(−2.4)
Year	控制		控制		控制	
Industry	控制		控制		控制	
N	10 939		10 939		10 939	
Adj. R^2	16.27		17.08		12.42	
F	61.57		65.38		45.33	

注: ***、**、*分别表示相关系数在1%、5%和10%的水平上显著,括号中为 t 值。

7.4.3 稳健性检验

关于企业创新的变量选择,许多文献采用研发投入来衡量。为了验证结果的稳健性,本书将企业研究投入占营业收入的占比来进行替换企业专利申请数量,对模型(1)和模型(2)进行回归。从表7-6中可以看出,政府补贴的系数依然在1%的显著性水平上为正,政府补贴与股权集中程度交叉项(Subrate × Sh5)的系数也在1%的显著性水平上为负。由于创新投入本身无法判断公司的创新动机和创新质量,因此,只能将被解释变量为专利申请总量的模型进行了替换。结果依然稳健,政府补贴激励了企业的创新投入,但股权集中程度对政府补贴的创新激励效应存在抑制作用。这一定程度也论证了现实中存在的现象和已有的结论,政府补贴投入增加,对企业创新投入存在激励效

应，但并没有真正带来高质量的创新产出。

表 7-6　稳健性检验：R&D 投入替换专利申请数量

变量	R&D	R&D
Subrate	1.481*** (22.91)	1.880*** (9.03)
Sh5		−0.016*** (−5.45)
Subrate × Sh5		−0.807** (−2.12)
Soe	−0.001 (−1.20)	−0.001* (−1.18)
Dual	0.002*** (2.69)	0.002*** (2.90)
Indep	0.030*** (4.76)	0.034*** (5.34)
Size	−0.001*** (−3.21)	−0.001*** (−2.59)
ROE	−0.027*** (−7.86)	−0.024*** (−7.01)
Cash	0.030*** (10.31)	0.032*** (11.03)
FirmAge	−0.010*** (−9.33)	−0.011*** (−10.34)
Lev	−0.028*** (−11.91)	−0.030*** (−12.57)
Tat	−0.030*** (−28.04)	−0.030*** (−27.53)
Year	控制	控制
Industry	控制	控制
截距项	0.050** (2.31)	0.058*** (2.65)
N	10 933	10 933
Adj. R^2	0.355	0.358
F	182.89	175.31

注：***、**、*分别表示相关系数在 1%、5% 和 10% 的水平上显著，括号中为 t 值。

7.5 进一步研究：分组检验

产权性质作为企业制度的核心、公司治理结构的重要组成部分，对企业的创新行为与效率有着重要的影响。创新活动本身具有成本高、风险大、投资回收期长等特点，使得不同产权性质企业的创新行为选择更为复杂。国有企业和民营企业存在产权性质差异，导致其在经济发展中的定位及承担的社会责任也不同。国有企业主要集中在我国重要战略性行业和垄断行业，重要的战略地位以及与政府间的天然的密切关系使得国有企业更容易获得政策倾斜和财政扶持（Tong et al.，2014）。相较于国有企业，非国有企业面临更加激烈的市场竞争。非国有企业为了在市场中获得可持续发展，将会进行高质量的实质性创新，以增强企业竞争力。

中国作为一个从发展中经济向发达经济体转型的国家，行业竞争与企业投资紧密相关。而创新发展作为投资中的重要一环，也会受到竞争环境的高度影响。企业在激烈的竞争环境中时刻面临被淘汰的可能，创新可以避免企业在竞争中处于劣势（Arrow，1962）。企业通过研发新产品或新技术，可以实现产品差异化或成本大幅下降，提升企业业绩。市场竞争作为一种外部治理机制，能够一定程度上弥补公司内部治理的不足。当企业处于高竞争行业时，管理层为了避免公司破产或兼并，可能出于企业长远发展考虑而进行更多创新。行业竞争程度越高，企业为获得竞争优势，可能会更好地利用政府补贴进行实质性创新。

因此，为了更好地分析不同类型企业中股权集中程度的影响，本书将样本按照企业产权性质和行业竞争程度分成两组分别进行回归，以分析政府补贴对企业创新产出的影响和股权集中程度对两者关系的调节作用。

7.5.1 产权性质分组检验

表7-7中列示了国有企业和非国有企业分组检验的结果，两组样本中，政府补贴的系数均显著为正。因此，在政府补贴政策激励下，无论是国有企业还是民营企业，都会有更多的创新产出。值得注意的是，非国有企业组中，ROE的系数在1%的显著性水平上为正，而国有企业组却均不显著，表明非国有企业创新受企业盈利水平的影响较大，而净资产收益率对国有企业创新却并没有显著影响。负债率（Lev）的系数在两组样本中存在明显差异，国有企业组

中，专利申请量和发明专利申请量与企业负债率（Lev）存在显著的负相关关系，说明企业的负债水平限制了国有企业的高质量创新产出；而非国有企业组中，专利申请量和非发明专利申请量均与企业负债率（Lev）显著正相关，可能的原因是，非国有企业在面临高融资约束的情况下，更容易产生"寻扶持"的行为，为了获得政府补贴而进行策略性创新，这与黎文靖等（2016）发现的结果一致。

表 7-7 政府补贴与企业创新质量：产权性质分组

变量	国有企业			非国有企业		
	Lpatent	Lpatenti	Lpatentud	Lpatent	Lpatenti	Lpatentud
	专利总量	发明专利	非发明专利	专利总量	发明专利	非发明专利
Subrate	8.492 ***	10.802 ***	5.775 ***	6.972 ***	8.506 ***	5.045 ***
	(4.710)	(6.015)	(2.789)	(7.136)	(8.710)	(4.372)
Size	0.465 ***	0.475 ***	0.424 ***	0.345 ***	0.358 ***	0.256 ***
	(22.868)	(23.434)	(18.143)	(22.876)	(23.731)	(14.386)
ROE	0.142	−0.181	0.274	0.436 ***	0.400 ***	0.406 ***
	(0.666)	(−0.851)	(1.120)	(3.305)	(3.034)	(2.610)
Cash	0.990 ***	0.521 **	1.277 ***	0.482 ***	0.393 ***	0.529 ***
	(4.564)	(2.409)	(5.124)	(4.558)	(3.713)	(4.232)
FirmAge	−0.083	−0.273 ***	−0.041	−0.068 *	−0.031	−0.057
	(−0.920)	(−3.038)	(−0.395)	(−1.774)	(−0.794)	(−1.265)
Lev	−0.240 *	−0.409 ***	0.069	0.302 ***	0.108	0.642 ***
	(−1.649)	(−2.815)	(0.413)	(3.367)	(1.201)	(6.064)
Tat	0.364 ***	0.373 ***	0.251 ***	0.165 ***	0.047	0.127 **
	(5.530)	(5.683)	(3.321)	(3.762)	(1.068)	(2.447)
Year	控制	控制	控制	控制	控制	控制
Ind	控制	控制	控制	控制	控制	控制
_cons	−8.846 ***	−9.351 ***	−8.416 ***	−2.843 **	−4.583 ***	−1.177
	(−8.694)	(−9.226)	(−7.202)	(−2.522)	(−4.069)	(−0.884)
N	2.872	2.872	2.872	8.061	8.061	8.061
Adj. R^2	0.233	0.238	0.173	0.119	0.122	0.095
F	32.194	32.957	22.524	37.265	38.419	29.093

注：***、**、*分别表示相关系数在1%、5%和10%的水平上显著，括号中为 t 值。

表 7-8 中列示了产权分组下股权集中度对政府补贴创新激励效应的调节作用。非国有企业组，企业专利申请量和发明专利申请量与 Subrate × Sh5 显著

负相关，而国有企业和非国有企业的非发明专利申请量却 Subrate × Sh5 没有显著关系，说明股权集中度主要降低了政府补贴对非国有企业发明专利的申请量，而对国有企业的创新产出没有显著调节作用。

表 7-8　股权集中度对政府补贴创新激励效应的调节作用：产权性质分组

变量	国有企业			非国有企业		
	Lpatent	Lpatenti	Lpatentud	Lpatent	Lpatenti	Lpatentud
	专利总量	发明专利	非发明专利	专利总量	发明专利	非发明专利
Subrate	8.935	15.157***	4.899	13.096***	15.232***	8.613**
	(1.598)	(2.727)	(0.762)	(4.288)	(4.978)	(2.395)
Sh5	−0.004*	−0.006***	0.001	0.007***	0.000	0.011***
	(−1.862)	(−3.147)	(0.421)	(6.489)	(0.275)	(8.891)
Subrate × Sh5	−0.013	−0.094	0.019	−0.113**	−0.131**	−0.059
	(−0.118)	(−0.891)	(0.153)	(−2.016)	(−2.335)	(−0.894)
Size	0.481***	0.503***	0.419***	0.351***	0.357***	0.267***
	(22.120)	(23.258)	(16.785)	(23.281)	(23.639)	(15.033)
ROE	0.168	−0.129	0.266	0.321**	0.412***	0.205
	(0.788)	(−0.606)	(1.083)	(2.423)	(3.099)	(1.315)
Cash	1.012***	0.563***	1.270***	0.418***	0.406***	0.409***
	(4.661)	(2.608)	(5.089)	(3.938)	(3.820)	(3.275)
FirmAge	−0.124	−0.352***	−0.028	−0.043	−0.035	−0.012
	(−1.345)	(−3.838)	(−0.266)	(−1.121)	(−0.908)	(−0.257)
Lev	−0.277*	−0.472***	0.079	0.326***	0.098	0.690***
	(−1.887)	(−3.233)	(0.467)	(3.639)	(1.097)	(6.552)
Tat	0.368***	0.379***	0.250***	0.146***	0.046	0.096*
	(5.589)	(5.793)	(3.305)	(3.328)	(1.051)	(1.857)
Year	控制	控制	控制	控制	控制	控制
Ind	控制	控制	控制	控制	控制	控制
_cons	−8.931***	−9.508***	−8.391***	−3.324***	−4.555***	−2.002
	(−8.775)	(−9.398)	(−7.173)	(−2.951)	(−4.036)	(−1.510)
N	2 872	2 872	2 872	8 061	8 061	8 061
Adj. R²	0.234	0.242	0.173	0.123	0.123	0.105
F	30.230	31.475	21.021	36.488	36.239	30.545

注：***、**、* 分别表示相关系数在1%、5%和10%的水平上显著，括号中为 t 值。

表 7-9 中列示了产权分组下董事长和总经理两职合一对政府补贴创新激励效应的调节作用。非国有企业组，企业专利申请量和非发明专利申请量与 Subrate × Dual 显著负相关，而国有企业和非国有企业的发明专利量却与 Subrate × Dual 显著正相关，说明在国有企业中，董事长和总经理两职合一能够促进政府补贴用于发明专利的申请，而在非国有企业中，董事长和总经理两职合一却抑制了政府补贴对企业创新产出的作用，特别是降低了政府补贴对非发明专利申请量的影响。

表 7-9　董事长和总经理两职合一对政府补贴创新激励效应的调节作用：
产权性质分组

变量	国有企业			非国有企业		
	Lpatent	Lpatenti	Lpatentud	Lpatent	Lpatenti	Lpatentud
	专利总量	发明专利	非发明专利	专利总量	发明专利	非发明专利
Subrate	7.797 ***	9.661 ***	5.360 **	8.644 ***	9.614 ***	6.612 ***
	(4.127)	(5.137)	(2.471)	(7.351)	(8.175)	(4.761)
Dual	−0.067	−0.029	−0.133	0.122 ***	0.079 ***	0.131 ***
	(−0.752)	(−0.324)	(−1.295)	(4.193)	(2.719)	(3.817)
Subrate × Dual	6.476	10.950 **	3.513	−4.247 **	−2.818	−3.959 *
	(1.221)	(2.074)	(0.577)	(−2.480)	(−1.645)	(−1.957)
Size	0.465 ***	0.475 ***	0.424 ***	0.351 ***	0.362 ***	0.263 ***
	(22.862)	(23.451)	(18.129)	(23.178)	(23.869)	(14.700)
ROE	0.141	−0.183	0.273	0.427 ***	0.394 ***	0.396 **
	(0.660)	(−0.862)	(1.117)	(3.243)	(2.994)	(2.546)
Cash	0.999 ***	0.534 **	1.283 ***	0.478 ***	0.390 ***	0.522 ***
	(4.600)	(2.469)	(5.144)	(4.517)	(3.685)	(4.174)
FirmAge	−0.087	−0.284 ***	−0.040	−0.062	−0.027	−0.051
	(−0.969)	(−3.156)	(−0.383)	(−1.617)	(−0.692)	(−1.118)
Lev	−0.239	−0.406 ***	0.068	0.289 ***	0.099	0.627 ***
	(−1.642)	(−2.793)	(0.403)	(3.227)	(1.110)	(5.929)
Tat	0.362 ***	0.373 ***	0.246 ***	0.175 ***	0.053	0.138 ***
	(5.488)	(5.678)	(3.245)	(3.989)	(1.215)	(2.659)
Year	控制	控制	控制	控制	控制	控制
Ind	控制	控制	控制	控制	控制	控制
_ cons	−8.818 ***	−9.299 ***	−8.406 ***	−2.992 ***	−4.679 ***	−1.342
	(−8.663)	(−9.177)	(−7.191)	(−2.656)	(−4.153)	(−1.008)

表7-9(续)

变量	国有企业			非国有企业		
	Lpatent	Lpatenti	Lpatentud	Lpatent	Lpatenti	Lpatentud
	专利总量	发明专利	非发明专利	专利总量	发明专利	非发明专利
N	2 872	2 872	2 872	8 061	8 061	8 061
Adj. R^2	0.233	0.238	0.173	0.121	0.123	0.096
F	30.095	30.949	21.076	35.559	36.276	27.773

注：***、**、*分别表示相关系数在1%、5%和10%的水平上显著，括号中为t值。

7.5.2 行业竞争程度分组检验

考察到企业创新行为受外部行业竞争程度的影响，行业竞争程度越高，企业为获得竞争优势，可能会更好地利用政府补贴进行创新。为了对比不同行业竞争程度下政府补贴对企业创新的影响，我们计算出衡量行业集中度的赫芬达尔指数（HHI），并根据HHI的中位数为标准分成行业竞争程度高和行业竞争程度低进行分组检验，回归结果见表7-10。

表7-10 政府补贴与企业创新质量：行业竞争程度分组

变量	行业竞争程度高			行业竞争程度低		
	Lpatent	Lpatenti	Lpatentud	Lpatent	Lpatenti	Lpatentud
	专利总量	发明专利	非发明专利	专利总量	发明专利	非发明专利
Subrate1	10.658***	12.394***	8.206***	5.050***	7.146***	3.184**
	(8.137)	(9.610)	(5.178)	(4.397)	(6.285)	(2.469)
SOE	−0.027	0.035	−0.050	−0.176***	0.005	−0.265***
	(−0.662)	(0.889)	(−1.016)	(−4.566)	(0.130)	(−6.116)
Size	0.400***	0.421***	0.299***	0.394***	0.410***	0.338***
	(22.978)	(24.573)	(14.204)	(24.118)	(25.348)	(18.386)
ROE	0.255*	0.304**	0.099	0.358**	−0.137	0.710***
	(1.656)	(2.007)	(0.533)	(2.213)	(−0.854)	(3.910)
Cash	0.992***	1.072***	0.924***	0.230*	−0.128	0.471***
	(7.094)	(7.789)	(5.462)	(1.772)	(−1.000)	(3.236)
FirmAge	−0.089*	−0.019	−0.103*	−0.072	−0.121**	−0.044
	(−1.731)	(−0.379)	(−1.654)	(−1.452)	(−2.460)	(−0.791)
Lev	0.142	−0.122	0.600***	0.032	−0.067	0.202*
	(1.321)	(−1.159)	(4.627)	(0.294)	(−0.628)	(1.669)

表7-10(续)

变量	行业竞争程度高			行业竞争程度低		
	Lpatent	Lpatenti	Lpatentud	Lpatent	Lpatenti	Lpatentud
	专利总量	发明专利	非发明专利	专利总量	发明专利	非发明专利
Tat	0.472 *** (7.743)	0.444 *** (7.399)	0.391 *** (5.299)	0.146 *** (3.235)	0.093 ** (2.081)	0.042 (0.836)
Year	控制	控制	控制	控制	控制	控制
Ind	控制	控制	控制	控制	控制	控制
_cons	−7.250 *** (−6.186)	−8.793 *** (−7.619)	−5.390 *** (−3.801)	−7.575 *** (−6.437)	−7.771 *** (−6.670)	−8.843 *** (−6.692)
N	5 392	5 392	5 392	5 541	5 541	5 541
Adj. R^2	0.166	0.184	0.088	0.157	0.178	0.162
F	40.872	46.155	20.340	34.286	39.711	35.500

注：*** 、** 、* 分别表示相关系数在1%、5%和10%的水平上显著，括号中为 t 值。

从表7-10中可以看出，行业竞争程度高组，政府补贴（Subrate1）的系数均大于行业竞争程度低组，一定程度上说明企业面临的竞争强度越高，政府补贴对企业创新产出的激励效应更大。当企业面临较强的竞争时，为了保持竞争优势或获得新的利润增长点，企业有较强的动机借助政府补贴政策进行实质性创新以寻求长远发展。

表7-11中考察了行业竞争程度分组后股权集中度对政府补贴创新激励效应的调节作用。在行业竞争程度低组，政府补贴与股权集中度交叉项（Subrate×Sh5）的系数均显著为负，而行业竞争程度高组，交叉项系数并不显著。这表明，在行业竞争程度低的企业，股权集中度对政府补贴与企业创新产出间的效应存在负向调节作用，而在行业竞争程度高组，这种现象却并不明显。

表7-11　股权集中度对政府补贴创新激励效应的调节作用：行业竞争程度分组

变量	行业竞争程度高			行业竞争程度低		
	Lpatent	Lpatenti	Lpatentud	Lpatent	Lpatenti	Lpatentud
	专利总量	发明专利	非发明专利	专利总量	发明专利	非发明专利
Subrate1	12.949 *** (3.369)	17.687 *** (4.674)	7.047 (1.517)	13.084 *** (3.462)	14.573 *** (3.883)	10.785 ** (2.550)

表7-11(续)

变量	行业竞争程度高			行业竞争程度低		
	Lpatent	Lpatenti	Lpatentud	Lpatent	Lpatenti	Lpatentud
	专利总量	发明专利	非发明专利	专利总量	发明专利	非发明专利
Sh5	0.002*	−0.001	0.005***	0.008***	0.003**	0.012***
	(1.743)	(−0.941)	(3.179)	(6.365)	(2.192)	(8.615)
Subrate × Sh5	−0.044	−0.108	0.029	−0.150**	−0.142**	−0.139*
	(−0.605)	(−1.522)	(0.333)	(−2.167)	(−2.062)	(−1.793)
SOE	−0.024	0.035	−0.045	−0.173***	0.006	−0.261***
	(−0.604)	(0.872)	(−0.922)	(−4.518)	(0.157)	(−6.079)
Size	0.400***	0.421***	0.299***	0.379***	0.406***	0.313***
	(22.984)	(24.583)	(14.224)	(23.000)	(24.801)	(17.005)
ROE	0.227	0.339**	0.017	0.247	−0.167	0.536***
	(1.460)	(2.221)	(0.093)	(1.527)	(−1.040)	(2.957)
Cash	0.974***	1.091***	0.876***	0.144	−0.141	0.326**
	(6.951)	(7.907)	(5.172)	(1.110)	(−1.092)	(2.240)
FirmAge	−0.079	−0.034	−0.071	−0.033	−0.112**	0.019
	(−1.520)	(−0.675)	(−1.133)	(−0.663)	(−2.256)	(0.341)
Lev	0.156	−0.139	0.641***	0.081	−0.058	0.285**
	(1.451)	(−1.317)	(4.931)	(0.756)	(−0.541)	(2.365)
Tat	0.470***	0.444***	0.387***	0.124***	0.086*	0.009
	(7.707)	(7.401)	(5.255)	(2.746)	(1.907)	(0.176)
Year	控制	控制	控制	控制	控制	控制
Ind	控制	控制	控制	控制	控制	控制
_cons	−7.420***	−8.664***	−5.801***	−7.833***	−7.825***	−9.266***
	(−6.310)	(−7.485)	(−4.081)	(−6.675)	(−6.715)	(−7.057)
N	5 392	5 392	5 392	5 541	5 541	5 541
Adj. R^2	0.167	0.185	0.090	0.163	0.179	0.174
F	38.168	43.210	19.489	33.701	37.517	36.310

注：***、**、*分别表示相关系数在1%、5%和10%的水平上显著，括号中为 t 值。

表7-12中考察了行业竞争程度分组后董事长和总经理两职合一对政府补贴创新激励效应的调节作用。在行业竞争程度高组，非发明专利的回归中，政府补贴与股权集中度交叉项（Subrate × Dual）的系数均显著为负，而行业竞争程度高组，交叉项系数并不显著。这表明，在行业竞争程度低的企业，股权集中程度对政府补贴与企业创新产出间的效应存在负向调节作用，而在行业竞

争程度高组，这种现象却并不明显。

表7-12　董事长和总经理两职合一对政府补贴创新激励效应的调节作用：
行业竞争程度分组

变量	行业竞争程度高			行业竞争程度低		
	Lpatent	Lpatenti	Lpatentud	Lpatent	Lpatenti	Lpatentud
	专利总量	发明专利	非发明专利	专利总量	发明专利	非发明专利
Subrate1	11.951***	12.544***	10.048***	6.025***	8.084***	3.686**
	(7.613)	(8.110)	(5.291)	(4.660)	(6.316)	(2.538)
Dual	0.132***	0.068*	0.173***	0.086**	0.076*	0.057
	(3.425)	(1.798)	(3.696)	(2.115)	(1.884)	(1.243)
Subrate × Dual	−3.658	−0.527	−5.181*	−3.417	−3.328	−1.682
	(−1.580)	(−0.231)	(−1.850)	(−1.509)	(−1.485)	(−0.661)
SOE	−0.001	0.052	−0.018	−0.164***	0.015	−0.255***
	(−0.035)	(1.269)	(−0.352)	(−4.165)	(0.382)	(−5.779)
Size	0.404***	0.424***	0.304***	0.397***	0.413***	0.340***
	(23.156)	(24.651)	(14.408)	(24.211)	(25.412)	(18.420)
ROE	0.238	0.294*	0.077	0.362**	−0.133	0.712***
	(1.543)	(1.940)	(0.412)	(2.237)	(−0.831)	(3.922)
Cash	0.990***	1.069***	0.923***	0.228*	−0.128	0.467***
	(7.088)	(7.767)	(5.459)	(1.755)	(−0.992)	(3.195)
FirmAge	−0.087*	−0.019	−0.101	−0.066	−0.115**	−0.040
	(−1.707)	(−0.376)	(−1.625)	(−1.322)	(−2.343)	(−0.713)
Lev	0.129	−0.129	0.584***	0.027	−0.071	0.199
	(1.209)	(−1.224)	(4.509)	(0.252)	(−0.664)	(1.642)
Tat	0.490***	0.454***	0.414***	0.148***	0.095**	0.044
	(8.007)	(7.527)	(5.592)	(3.271)	(2.111)	(0.862)
Year	控制	控制	控制	控制	控制	控制
Ind	控制	控制	控制	控制	控制	控制
_cons	−7.349***	−8.847***	−5.518***	−7.696***	−7.878***	−8.921***
	(−6.274)	(−7.664)	(−3.894)	(−6.533)	(−6.756)	(−6.743)
N	5 392	5 392	5 392	5 541	5 541	5 541
Adj. R^2	0.168	0.185	0.090	0.157	0.178	0.162
F	38.527	43.115	19.450	32.367	37.436	33.393

注：***、**、*分别表示相关系数在1%、5%和10%的水平上显著，括号中为t值。

7.6 小结

本章在已有文献的基础上，从公司治理结构的视角下探讨了政府补贴对企业创新质量的影响。利用我国 A 股上市公司 2010—2019 年专利申请数据和财务数据，深入考察了股权结构和领导权结构对政府补贴与企业创新的调节作用，从微观层面检验研发补贴的政策效果，从公司股权结构特征的角度探析我国专利"量多质低"的深层次原因，为评价补贴政策效果及制定有效政策以促进经济高质量发展提供经验证据和理论参考。

研究结果发现：一是发明专利申请和非发明专利申请均与政府补贴呈现出显著正相关关系，即政府补贴对企业创新活动有显著的促进作用，论证了政府补贴对技术创新的激励效应的存在。根据信息传递理论，无论是政府补贴能够降低企业创新的风险和成本，还是企业通过专利申请迎合政策要求能获取短期利益，政府补贴都促进了企业的专利申请量的增加。二是股权集中度抑制了政府补贴对企业创新特别是高质量创新的激励作用，即股权集中度越高，政府补贴对专利申请总量的激励作用越低，特别是对企业发明专利申请的促进作用越低。三是董事长兼任总经理，抑制了政府补贴对非发明专利的激励效应，董事长和总经理两职合一使得所有权与经营权高度一致，这种领导结构能够提高治理效率，降低了管理层的短期行为。

进一步研究中考察了产权性质及行业竞争程度对企业利用政府研发补贴的创新效果，通过分组检验发现：一是相对于非国有企业，政府补贴对国有企业创新的激励效应更大；股权集中程度主要是抑制了政府补贴对非国有企业创新的激励效应；董事长和总经理两职合一提高了政府补贴对国有企业实质性创新的激励效应，抑制了非国有企业利用政府补贴进行策略性创新的行为。二是行业竞争程度越高，政府补贴的创新激励效应越显著；股权集中程度主要是抑制了政府补贴对行业竞争程度低的企业的创新激励效应；而董事长和总经理两职合一对行业竞争程度不同的企业调节作用并不明显。

一是已有关于政府补贴对企业创新影响的效果还存在较大争议，但鲜有文献对其原因进行研究。本书从公司股权结构和领导权结构的角度分析政府补贴导致了企业创新异质性的深层原因，从代理理论的视角探究了政策补贴制度下的企业创新行为，丰富了企业创新的相关文献。二是已有文献在考察政府补贴对企业的创新时，大多并未区别不同企业创新产出（发明专利和非发明专利）

的异质性，这也是为何已有研究结论不一的重要原因，我们将创新产出进行分类，从而更科学地评价政府研发补贴政策的实施效果。三是大多研究直接分析了公司治理机制对企业创新的影响，但鲜有文献深入考察企业如何利用宏观政策的创新动机和行为。黎文靖等（2016）的研究发现，政府补贴在对企业实质性创新和策略性创新有完全不同激励效果的基础上，引入股权集中度和两职合一两个重要特征变量来考察股东之间以及股东和管理层之间的权利分配关系对政府补贴与企业创新的影响，为宏观产业政策下微观企业行为和效果差异提供更丰富的理论解释和经验证据。

根据上述研究结论，我们发现，企业获得的政府补贴越多，其专利申请量也越多，说明政府补贴政策发挥了显著创新激励效应，论证了政府补贴是弥补创新市场失灵的有效手段之一。但由于代理问题的存在，企业创新产出质量存在较大的差异。股权集中度越高的民营企业，大股东出于风险规避，追求短期利益，会增加见效快的低质量创新产出，出现追求创新"数量"寻补贴的策略性创新行为，股权集中度越高，抑制了政府补贴对实质性创新的激励作用。董事长和总经理两职合一的国有企业，政府补贴的实质性创新的激励效应越高，因此，在制定补贴政策时，应考虑不同股权结构、领导结构、产权性质以及行业竞争程度对政策效果的影响，通过制定有针对性的补贴政策，加强对创新成果质量的监督，才能更好地发挥政府在创新中的引导作用。

8 抑制型政策影响企业创新的实证检验

8.1 问题的提出

8.1.1 去产能政策的实施

上一章我们研究了在激励型政策的创新效应上关于"抑制型"政策与企业创新的研究尚属空白。要全面抓好中央巡视反馈意见整改落实，坚持以供给侧结构性改革为主线，坚定不移地去产能，积极培育新动能，加快转型升级和提质增效步伐。要加大改革创新力度，充分发挥市场在资源配置中的决定性作用、环保等标准倒逼作用和政府作用，把去产能纳入法治化、市场化轨道。2013 年，国务院颁布了《关于化解产能严重过剩矛盾的指导意见》（以下简称《指导意见》），明确要求"消化一批、转移一批、整合一批、淘汰一批"过剩产能，这对产能过剩企业来讲无疑是巨大的外部压力。但由于去产能政策并没有明确的创新指向性，因此研究去产能政策对企业创新影响的文献较少。近几年，有少数学者开始关注去产能政策的效应问题，但去产能政策压力对企业创新到底是产生了促进作用还是产生了抑制作用，目前并没有得到一致的结论。抑制论者认为，产能过剩企业一般盈利能力和经营绩效较差，可能会面临较高的融资约束，这在一定程度上限制了企业创新（刘军，2016），不利于全要素生产率的提升（张皓等，2018）。促进论者认为，企业本身具有主动适应市场竞争的创新能力（李后建等，2017），特别是目前在我国经济转型背景下，化解产能过剩政策进一步加大了企业生存竞争的压力，企业有更强烈的动机通过创新获取竞争优势。导致这种差异的根源在于，企业产能过剩的原因不同和企业异质性导致了化解产能过剩的能力不同。

改革开放 40 多年来，我国经济快速发展，创造了举世瞩目的"增长奇迹"。然而，依赖于高投入、高消耗和高排放的传统经济增长方式也导致我国诸多行业产能过剩（楼继伟，2016）。特别是 2008 年世界金融危机之后，政府的四万亿元的投资刺激计划使得产能过剩问题进一步加重。目前，产能过剩已经成为制约中国经济发展的"顽疾"，不仅会导致资源浪费严重，还会引发市场恶性竞争、企业利润下降等问题，最终危害经济的健康运行（林毅夫等，2010；韩国高等，2011；张林，2016；高晓娜等，2016；刘京星等，2017）。我国面临的结构性产能过剩实质上是供给与需求不匹配和产品技术创新升级未完成的结果，企业自主创新能力不足和转型升级受阻是根本原因（李杨，2016；温湖炜，2017）。只有通过创新推动企业转型升级，才能真正解决产能过剩问题。新经济增长理论认为，技术创新是经济持续增长和社会发展的唯一源泉和动力（齐红倩等，2014），是企业在复杂多变的经济环境提升自身价值的重要保障，是支撑产业结构升级的关键要素（Tian et al.，2014；付东，2016），是化解产能过剩的有效策略之一（朱慧，2015；De Massis et al，2016）。如何通过技术创新化解产能过剩，促进企业转型升级，已成为我国经济高质量发展必须面对的重要问题，也是我国政府积极寻求解决方案的未破之题。

8.1.2 产能过剩影响企业创新的主要观点

（1）产能过剩对企业创新的"挤出效应"。第一种观点是产能过剩的创新"抑制观"，即产能过剩对企业创新活动的开展存在"挤出效应"。纵观国内外相关文献，学者们主要集中于产能过剩产生的微观经济后果，即加重融资约束程度、加剧行业市场竞争、引发环境不确定性和人员流失这几个方面对产能过剩在企业研发活动中产生的消极影响展开研究。

第一，产能过剩加重了企业融资约束程度。首先，企业本身可能就面临外部融资约束；其次，创新活动本身存在耗时久、成本高、成功率低且收益不可控等特性，受制于企业的资源基础和经营战略导向（Munoz et al.，2011）。产能过剩会给企业带来一系列消极的财务表现，一定程度上加重了企业融资约束程度，不利于企业创新活动的开展。例如，资产运营效率低下（修宗峰等，2013），企业过度投资（曹建海，2015；徐朝阳等，2015），资产结构失衡（鞠蕾等，2016），企业毛利率、核心利润率、总资产报酬率下降，资金周转出现困难（张新民，2017）等。大多数学者认为，企业的资金储备分为内源资金与外源资金，而产能过剩阻碍了企业获取资金的能力。持有类似观点的修宗峰等（2013）认为，产能过剩一方面严重损害了企业的内部利润积累能力，阻断了企业创新活动的资金渠道；另一方面，从外部融资来看，产能过剩给企业造成的负面影响会向资本市场传递关于企业的不利信号，加大了企业获取外源性融资的成本与难度，进而减小了企业研发投资的外源性资金支持力度。刘军（2016）也提出，企业研发活动不单单依赖于资金流，知识与人才等资源的投入也是企业创新必不可少的要素，而产能过剩加大了资源的获取难度。在此基础上，董敬怡、钱爱民和付东等（2017）则从企业营业成本的角度提出，产能过剩通过提高企业营运成本来降低净利润，降低了企业的发展能力，不利于企业创新项目的开展。罗能生等（2018）认为，产能过剩企业的债务杠杆率居高不下，过高的债务杠杆率使企业面临较严重的财务危机与破产风险，降低了企业的创新水平。

第二，产能过剩加剧了行业市场竞争。林毅夫（2010）认为，产能过剩是企业"潮涌现象"的必然后果，导致行业投资同质化，形成过剩同质化产能。在此基础上，高晓娜等（2016）认为，产能过剩引发了行业内部的恶性竞争，扰乱了正常的市场竞争秩序，对企业的生产经营活动与投资决策造成了极大的负面影响。包群等（2017）以经济开发区的主导产业为研究对象，发现企业在主导产业推动下产生的新增投资与扩张行为加剧了市场竞争压力，不利于新产品研发与生产率提升。韩国高等（2020）基于地方政府生存策略视角，研究发现政绩考核机制引发地方政府的激烈竞争，化解产能过剩的压力使企业无心创新。

第三，产能过剩引发了环境不确定性。产能过剩可能会增强企业生存环境的不稳定性。卡吉斯（Caggese，2012）认为，环境不确定性会在一定程度上加重企业的现金流波动和资金短缺等现象。面对生存危机与破产风险，企业管理者可能会出现短视行为，更重视企业短期绩效和期权价值的提升，减少对高风险技术创新项目的投资。袁建国等（2015）基于企业家精神视角，证实了过高的环境不确定性使管理者可能具有"盲从"或"观望"的心理，导致错失创新投资机会，增加产品创新管理的难度。王桂军（2019）认为。由于企业创新无法摆脱外部环境的干扰而在真空中进行，外部环境作为企业赖以生存的载体，其不稳定性会对企业创新行为产生负面影响。李寿喜（2020）从代理问题和高管职业忧虑的双重角度展开了研究，发现在较高的不确定性环境中，企业更倾向于规避风险，抑制企业创新投入。

第四，产能过剩导致人员流失。产能过剩带来的失业问题较为严重，引发人员流动比较频繁。由于去产能政策的实施，产能过剩行业的用工需求减少，导致失业率攀升。霍尔（Hall，2002）的研究发现，"新知识"和"新技术"作为一种无形资产主要依附于核心研发人员，人员的频繁流动，既不利于这些资源的有效"储备"，更不利于研发团队的稳定性，这对企业的创新研发有巨大的阻碍作用。此外，龙静等（2015）基于企业管理学的视角阐述了企业的裁员行为会对幸存者产生威胁与震慑，使其无法全身心投入工作，降低员工的工作创造力，从而降低企业的创新水平。

（2）产能过剩对企业创新的"激励效应"。第二种观点是产能过剩的创新"激励观"，即产能过剩对企业创新活动的开展存在促进效应。因为任何现象的经济后果都有可能是多元化的，产能过剩也不例外。近几年，我国学者才开始从事这方面的研究，因此缺乏关于产能过剩对企业创新影响效应的直接证据。学术界主要通过政府去产能政策的扶持效应、市场竞争效应、环境不确定性三个层面对产能过剩的创新促进观展开研究。

第一，政府扶持效应层面。近年来，我国中央与地方政府出台了多项化解产能过剩的政策，产能过剩企业因受到政府多方面扶持而获得较大的外部资源支持力度，从而促进企业创新。譬如，《国务院批转发展改革委等部门关于抑制部分行业产能过剩和重复建设引导产业健康发展若干意见的通知》《关于化解产能严重过剩矛盾的指导意见》（以下简称《指导意见》）以及《国务院关于钢铁行业化解过剩产能实现脱困发展的意见》等政策文件。根据上述政府出台的政策，王立国（2012）的研究发现，政府出台的去产能政策在优化产业结构的过程中能够提高企业技术创新水平。在此基础上，付东（2017）分析了产能过剩的成因与经济后果，证实了产能过剩能够促进企业创新。王桂军（2019）则以《指导意见》作为外生冲击变量，利用双重差分法考察了去产能政策前后企业创新产出的变化，发现"抑制型"政策的颁布促进了企业专利申请数量的增加。王闽等（2021）基于企业产权制度的研究发现，出于政府对国有企业的"父爱主义"，政府会对产能过剩企业（尤其是产能过剩的国有企业或支柱企业）伸出"扶持之手"，通过颁发科技创新专项奖金、转型升级及技术改造补贴等优惠政策对其进行"输血"，激发企业研发创新的动机。

第二，市场竞争效应层面。现有研究表明，市场竞争能显著激励企业创新（Laffont et al.，1988），而一定程度的产能过剩带来了行业的过度投资，企业可能会迫于加剧的市场竞争压力而激发创新动机。张杰等（2014）基于海外市场的研究发现，产能过剩企业在对外直接投资过程中面临本土市场与海外市场的双重压力，会倒逼企业提升研发资金配置效率，推动企业加快创新产出。范晓男等（2020）基于扩展的CDM模型，证实了市场竞争对制造业企业技术创新决策具有激励效应，行业间的市场竞争越激烈，企业的技术创新投入与产出就越多。胡令等（2020）认为，激烈的产品市场竞争主要通过提高信息透明度和激励有效性两条路径来提升企业创新效率。安同良等（2021）则基于水平创新的理论框架，发现行业市场竞争对企业技术创新有正向促进作用。

第三，环境不确定性层面。袁建国等（2015）的研究发现，产能过剩导致的环境不确定性与企业创新之间存在非简单的线性关系，一定限度的环境不确定性能够使企业感受到生存威胁从而激发企业的创新动力。杨旭东（2019）从政府财政补贴的角度证实了在环境不确定性较高的情况下，企业为获取更多财政补贴会将资金投入技术创新项目中。

8.2 理论分析与研究假设

8.2.1 去产能政策与企业创新投入

企业创新是企业管理者为应对外部环境冲击而做出的反应（Lueg et al.，2014）。除了企业微观层面的影响因素会驱动企业创新发展外，市场外部竞争压力（Arrow，1962；何玉润，2015；付东，2017）和政府的创新激励政策与举措（唐清泉，2008；江静，2011；黎文靖，2014；安志，2019）也是激励企业创新的关键因素。根据竞争优势理论，日益激烈的市场竞争迫使企业通过投入研发创新去获取异质性资源（Tirole，1988）。技术创新是提升经济实力和培育新竞争优势的重要引擎（Rosenberg，2006）。企业只有依据创新优势开发出具有异质性的产品，抢占较好的竞争位置，从而保证生存与发展（程昔武，2018）。在产能过剩行业中，企业产品同质化程度较高，加剧了市场竞争，企业有更强的创新动机（付东，2017）。在《指导意见》中，过剩产业的"淘汰"机制对企业无疑是巨大的外在压力，企业为避免成为去产能过程中被"淘汰"对象，可能会加大创新投入，以提升竞争力。

在政府去产能的压力下，企业可能为构建行业进入壁垒保持竞争优势而主动创新。根据策略性阻止理论，在位企业在面临潜在进入者的竞争时，会通过各种策略性手段（如创新和广告等）阻止其进入（Bagwell et al.，1996）。竞争优势理论也认为，行业内现有竞争者为构建新进入者"壁垒"，保证已有的竞争优势，往往会通过技术创新化被动防守为主动竞争。同时，根据政治锦标赛激励理论，政府为响应国家去产能政策，促进地区经济增长，各地政府积极出台相关政策。促进产业结构优化以实现去产能目标，能够提高技术创新水平

（王立国 2012）。目前，我国主要的治理产能过剩政策分为两类：一类是"抑制型"政策，如严禁建设新增产能、淘汰落后产能等；另一类是"激励型"政策，政府选择事前直接补贴的方式鼓励企业进行技术改造、产品创新以治理产能过剩，或采取间接补贴引导企业成为自主创新主体（程俊杰，2014；余明桂等，2016），通过政府补贴、税收优惠等"资源效应"为创新活动提供必要的资金支持，增加企业的创新投入（白俊等，2016）。此外，去产能政策鼓励企业兼并重组。这一过程通过扩大知识面、节约研发成本，也能促进企业创新（Zander et al.，1992）。基于以上分析，我们提出假设 1。

假设 1：在其他条件既定的情况下，企业面临的去产能压力越大，其研发投入越多。

8.2.2　融资约束与企业创新投入

企业创新具有前期投入成本高、研发风险大、创新结果不确定、商业化过程较长等问题（鞠晓生等，2013），其研发过程需要大量的、持续的研发资金作为支撑（Brown et al.，2011；唐清泉和巫岑，2015），仅仅依赖企业内部资金很难满足技术创新所需的资金缺口。但在企业对外融资的过程中，由于技术创新活动需要技术研发人员的知识累积且容易被模仿产生溢出效应，为防止信息外漏，创新活动作为商业秘密一般不会披露，外部投资者与企业之间可能存在严重的信息不对称，提高了企业创新融资的交易成本（Hall et al.，2010）。此外，研发行为缺乏信贷抵押品（Alvaro，2010），增强了银行等投资者更强烈的风险意识，阻碍了企业创新。在此情景下，投资者为获得更多与决策相关的信息时，需要付出更高的成本，导致企业的研发投入面临更加明显的"柠檬溢价"现象（郭静宝，2019）。

"生存威胁刚性"理论则认为，当企业面临生存危机时，企业更为关注短期的盈利水平，而对周期长、风险大的创新投入活动意愿不强。大多已有研究发现，企业创新投入受融资约束的影响较大（Brown et al.，2012；张璇等，2017）。当融资约束程度较高时，企业更倾向于缩减高成本、高风险的创新活动支出，将有限的资金投入"短平快"的项目，从而导致研发投入不足（孙博文，2019）。现阶段，中国经济处于去杠杆的阶段，企业获取外部融资的难度进一步加大。阿洪等（Aghion et al.，2012）认为，在信贷约束的情况下，企业研发投资的激励降低。基于以上分析，我们提出假设 2。

假设 2：在其他条件既定的情况下，融资约束程度越高，企业研发投入越低。

8.2.3 去产能压力、融资约束与企业创新投入

根据前文分析,去产能政策通过加大市场竞争强度,倒逼企业进行创新。而且,政府去产能的创新激励政策也会激发企业加大创新投入的动机。特别是在政府去产能的浪潮中,企业都会有强烈的危机意识。但创新活动是一个周期长、风险高且失败率很高的复杂过程,对高强度、持续性的财力、人力资源有较高的依赖性(潘越等,2015),企业能否顺利将外界的压力和动力转化为实际创新行动取决于自身资金的充裕性。因此,当企业面临的融资约束程度越高时,去产能压力的创新促进效应可能会因企业资源的限制而受到阻碍。根据前文的分析,企业产能过剩可能是构筑行业进入壁垒的主动战略选择,并不一定是伴随较差的业绩表现和财务状况,其融资约束程度可能相对较低。这类企业在面临外界去产能压力时,可以凭借自身的资源加大创新投入,以在宏观经济转型时期快速建立竞争优势。由于创新需要长期积累,提前行动有利于获得先动优势,能给对手和即将进入行业的潜在进入者传递震慑作用。但对于融资约束程度较高的企业,去产能压力无疑是"雪上加霜",即使有强烈的求生意识,但也有心无力。基于以上分析,我们提出假设3。

假设3:在其他条件既定的情况下,融资约束会弱化去产能压力对企业研发投入的促进效应。

8.3 变量定义与模型构建

8.3.1 样本选取与数据来源

本书选取2010—2019年中国A股制造业上市公司为初始样本,考察去产能压力对企业创新的影响。制造业作为实体经济发展的核心,对国家经济的发展至关重要;同时,相较于其他行业,制造业的产能过剩程度较重,以制造业企业作为研究对象具有一定的现实意义。我们按如下步骤进行了筛选:一是剔除了ST类公司,二是剔除了同时发行H股或N股、B股的公司,三是删除了数据缺失或存在异常值的样本。此外,我们还对模型中所有连续型变量按1%分位数进行缩尾处理。经上述处理后,最终得到1 609个公司的非平衡面板数据,共6 680个样本观测值。以上数据来自国泰安数据库(Csmar)和万德数据库(Wind),并运用Stata和Excel软件对样本数据进行处理。

8.3.2 变量选取及定义

8.3.2.1 被解释变量

企业创新投入：目前，学术界对于企业创新的测量研究已较为成熟，分别从投入、产出与效率三个角度对企业创新情况进行了诠释与衡量。主要有以下三种衡量方式：一是技术创新的投入，主要包括研发费用支出、研发人员数量等投入指标；二是技术创新的产出，主要包括新产品的数量、新产品的销售额以及专利数量等产出指标；三是技术创新的效率，主要通过计算创新投入与创新产出的比值得到投入产出效率。

本书的研究主体是企业创新投入，创新投入的资金数量与密集度更能反映出企业研发创新的动机。基于数据的可获得性，本书借鉴王文娜（2020）、陈金勇（2020）和潘越（2015）的做法，采用相对指标研发经费投入占比（当期研发投入/当期营业收入）作为衡量企业创新投入的指标。考虑到产能过剩对企业的影响是长期的，企业面对外界压力难以迅速做出反应，因此本书在实证检验部分将被解释变量（R&D）滞后一期。

8.3.2.2 解释变量

去产能压力：目前，学术界一般采用反向指标（产能利用率）对产能过剩程度进行度量。该指标越低，则产能过剩越严重。然而，大多数学者对产能过剩的研究缺乏从行业的微观基础—企业的管理与治理等方面进行探讨，仅仅是估算了行业层面的产能利用率（程俊杰，2015；韩国高等，2011），而微观企业层面的测量指标则相对少见。实际上，产能过剩的微观经济后果必定在企业的资产结构中有所反应，即企业财务报表（资产负债表）（钱爱民等，2017）。因此，从财务效益视角分析能够在一定程度上识别企业产能过剩情况。从产能过剩的财务后果来看，赵昌文等（2015）认为，企业产能利用率与其资产周转率紧密相关，产能利用率的高低带动了企业资产周转率的快慢。其中，固定资产是企业形成完整产能的核心要素。一方面，企业追加固定生产要素的扩张行为表现为固定资产超常规增长，从而导致了资产结构的失衡；另一方面，市场上并不存在企业固定资产增长的同时与其固定资产利用所生产或提供的劳务市场也能协同增长的机制（张新民，2017）。因此，两方面的共同作用使企业固定资产增长并不能带来相应的盈利规模的同比例扩大，固定资产周转率势必降低。以上学者的研究从企业财务会计的视角为解读企业产能过剩提供了新的思路。

基于此，本书借鉴黄昌富（2018）、张新民（2017）、钱爱民等（2017）

以及修宗峰等（2013）等人的做法，以微观企业的固定资产周转率的倒数（固定资产净值与营业收入比值）（Cu）作为企业产能利用率的衡量指标。该指标越高，表明企业产能利用率越低，产能过剩程度越大，面临的去产能压力越大；反之，则产能过剩程度则越小，面临的去产能压力越小。为保证结果的可靠性，考虑到企业完整产能的形成除了固定要素投入之外，可能还包括其他可变要素（存货或货币资产等）投入。因此，在稳健性检验部分，本书借鉴钱爱民等（2017）的做法，使用 1/总资产周转率（Cu1，期末总资产/营业收入）和 1/存货周转率（Cu2，期末存货净值/营业收入）两个指标作为去产能压力的替代指标进行稳健性检验，Cu1、Cu2 值越大，产能过剩程度越大，去产能压力越大。

融资约束：衡量融资约束的方法主要有两类，即单变量指标和多变量指标。单变量指标包括利息保障倍数、股利支付率、企业规模、现金流敏感性等，多变量指标包括 WW 指数、KZ 指数和 SA 指数等。考虑到 WW 和 KZ 指数可能包含了较多具有内生性的金融变量，而 SA 指数则排除了内生性变量的干扰。因此，本书借鉴杜勇（2019）、卢盛峰等（2017）以及哈德洛克等（Hadlock et al.，2009）的做法，利用企业上市年龄（Age）和以企业账面价值为代表的企业规模（Size）构建 SA 指数绝对值的对数作为融资约束（Fc）的代理变量，Fc 值越大，表明企业面临的融资约束程度越严重。其计算公式为 $Fc = \ln | -0.737Size + 0.043Size2 - 0.04Age |$。

8.3.2.3 控制变量

参考钱爱民等（2017）、黄桂田等（2020）的做法，为得到稳健的估计结果，本书主要从企业特征、公司治理等角度设置控制变量。企业特征：产权性质（Soe）、公司规模（Size）、资产负债率（Lev）、净资产收益率（Roe）、公司成立年限（Firmage）、现金水平（Cash）、账面市值比（Bm）；公司治理：两值合一（Dual）、独立董事占比（Indep）、董事会规模（Board）、股权集中度（First）。其他因素：政府补贴（Subsidy）、人均营业收入（Salespp）。并引入年度（Year）和行业（Ind）两个虚拟变量。

本书主要变量符号及定义见表 8-1。

表 8-1　主要变量符号及定义

变量类型	变量符号	变量名称	变量定义
被解释变量	R&D	企业创新投入	研发投入/当期营业收入

表8-1(续)

变量类型	变量符号	变量名称	变量定义
解释变量	Cu	去产能压力	当期固定资产净值/当期营业收入
	Fc	融资约束	SA 指数绝对值的对数
控制变量	Soe	产权性质	国有性质取值为1，非国有性质取值为0
	Size	公司规模	企业期末总资产的自然对数
	Lev	资产负债率	期末负债总计/期末资产总计
	Roe	净资产收益率	净利润/股东权益平均余额
	Firmage	公司成立年限	ln（当年年份-公司成立年份+1）
	Cash	现金水平	货币资金/总资产
	Bm	账面市值比	企业权益资本账面价值/市场价值
	Dual	两职合一情况	董事长和总经理两职合一，则取值为1，否则取值为0
	Indep	独立董事占比	独立董事占董事总数的比例
	First	股权集中度	第一大股东持股数量/总股数
	Subsidy	政府补贴	政府补助总额/总资产
	Salespp	人均营业收入	ln（营业收入/公司总人数）
	Year	年份	年度控制哑变量
	Ind	行业	行业控制哑变量

8.3.3 模型构建

为研究去产能压力、融资约束与企业创新投入三者间的关系，本书构建了模型（8-1）。为缓解内生性及考虑到去产能压力对企业研发活动的影响可能存在滞后效应，将被解释变量（R&D）滞后一期。因此，为探讨去产能压力对企业创新投入的影响，针对假设1，我们建立模型（8-1）。

$$\text{R\&D}_{it+1} = \partial_0 + \partial_1 Cu_{it} + \partial_i \sum \text{Controls}_{it} + \sum \text{Year} + \sum \text{Ind} + \varepsilon_{it} \quad (8-1)$$

其中，因变量为企业创新投入（R&D），白变量为去产能压力（Cu），其余为控制变量。若 Cu 的系数 ∂_1 显著为正，则本书假设1得证。即企业的去产能压力越大，企业创新投入强度越高。

为探讨融资约束对企业创新投入的影响，基于前文假设2，我们建立模型（8-2）。

$$\text{R\&D}_{it+1} = \partial_0 + \partial_1 Fc_{it} + \partial_i \sum \text{Controls}_{it} + \sum \text{Year} + \sum \text{Ind} + \varepsilon_{it} \quad (8-2)$$

其中，因变量为企业创新投入（R&D），自变量为融资约束（Fc），其余为控制变量。若 Fc 的系数 ∂_1 显著为负，则本书假设 2 得证。即企业融资约束程度越高，企业创新投入强度越低。

为探讨融资约束在去产能压力和企业创新投入的调节作用，针对假设 3，我们建立模型（8-3）。

$$R\&D_{it+1} = \partial_0 + \partial_1 Cu_{it} + \partial_2 Fc_{it} + \partial_3 Cu_{it} \times Fc_{it} +$$
$$\partial_i \sum Controls_{it} + \sum Year + \sum Ind + \varepsilon_{it} \qquad (8-3)$$

在模型（8-1）的基础上加入了融资约束（Fc）以及去产能压力与融资约束的交乘项（Cu×Fc），检验融资约束对去产能压力与企业创新投入两者关系的调节效应。若实证结果显示 ∂_3 显著为负，则表明融资约束程度的提高削弱了去产能压力对企业创新投入的正向促进作用，从而验证了本书假设 3。其中，i 表示个体，t 分别表示第 t 期，ε 表示随机干扰项。

8.4 实证检验

8.4.1 描述性统计

为了对样本数据的稳定性有一定掌握，便于下文的实证分析，本书对样本数据主要变量进行了描述性统计分析，结果如表 8-2 所示。

表 8-2 主要变量描述性统计结果

变量	样本数	均值	中位数	标准差	最小值	最大值
R&D	13 427	0.041	0.035	0.033	0.000	0.195
Cu	13 427	0.458	0.363	0.355	0.031	1.958
Fc	13 427	1.344	1.343	0.058	1.193	1.501
Soe	13 427	0.278	0.000	0.448	0.000	1.000
Size	13 427	22.014	21.861	1.135	19.961	25.394
Lev	13 427	0.396	0.386	0.195	0.055	0.909
Roe	13 427	0.062	0.066	0.116	−0.515	0.338
Firmage	13 427	2.040	2.079	0.759	0.693	3.332
Cash	13 427	0.177	0.144	0.120	0.021	0.666
Bm	13 427	0.853	0.610	0.783	0.098	4.548

表8-2(续)

变量	样本数	均值	中位数	标准差	最小值	最大值
Dual	13 427	0.304	0.000	0.460	0.000	1.000
Indep	13 427	0.375	0.333	0.053	0.333	0.571
First	13 427	0.338	0.319	0.140	0.083	0.755
Subsidy	13 427	0.004	0.002	0.006	0.000	0.056
Salespp	13 427	13.655	13.583	0.685	12.214	15.702

从表 8-2 中可以看出，被解释变量企业创新投入（R&D）的均值与中位数分别为 0.041 和 0.035，均值略大于中位数，说明样本企业中的半数公司已基本达到平均水平。同时，最大值与最小值分别为 0.195、0.000，最大值（0.195）远高于均值（0.041），表明企业创新投入均值的代表性并不强，研发强度总体上呈较低水平，且存在较为明显的个体差异。去产能压力（Cu）的均值、最大值和最小值分别为 0.458、1.958 和 0.031，表明我国制造业企业不同细分行业下的产能过剩程度存在明显的差异，平均产能过剩程度较高，去产能压力较大，这与我国制造业企业面临的整体状况相符。融资约束变量（Fc）的均值为 1.344，最小值和最大值分别为 1.193 和 1.501，说明大部分企业都面临不同程度的融资约束。

在控制变量方面，27.8%的企业为国有企业，企业规模（Size）的最大值为 25.394、最小值为 19.961、标准差为 1.135；资产负债率（Lev）最大值为 0.909、最小值为 0.055、标准差为 0.195；盈利能力（Roe）的最大值为 0.338、最小值为 -0.515；企业账面市值比（Bm）的最大值为 4.548、最小值为 0.098。上述指标表明，我国企业整体发展不均衡，不同企业的个体特征突出，导致部分企业发展态势良好，规模成长明显；第一大股东持股比例（First）的最大值为 0.755、最小值为 0.083、均值为 0.338，说明样本企业的股权集中度差异也较大；政府补贴（Subsidy）的最大值、最小值分别为 0.056 和 0.000，两者存在一定差距，企业的异质性导致所获政府补贴的数量差异较大，政府补助具有倾向性，这也符合我国相关政策的现实情况。

8.4.2 相关性检验

在进行回归检验前，本书首先通过 Pearson 相关性分析对主要变量进行了相关性检验和方差因子 VIF 检验，以初步判断各主要变量之间的相关关系。主要变量的方差因子检验结果和 Pearson 相关性检验结果分别详见表 8-3 和表 8-4。

表 8-3　VIF 检验

变量	VIF 值	1/VIF
Cu	1.29	0.777
Fc	1.33	0.753
Soe	1.51	0.663
Size	2.34	0.428
Lev	1.86	0.539
Roe	1.33	0.752
Firmage	2.01	0.498
Cash	1.25	0.801
Bm	2.07	0.482
Dual	1.11	0.900
Indep	1.02	0.978
First	1.13	0.885
Subsidy	1.08	0.927
Salespp	1.41	0.709
均值	1.48	

从表 8-4 中可以看出，去产能压力（Cu）与企业创新投入（R&D）的相关系数为 0.066，在 1% 的置信水平上显著，说明企业面临的去产能压力会在一定程度上促进企业创新投入，初步验证了假设 1。融资约束程度（Fc）与企业创新投入（R&D）的相关系数为 -0.085，在 1% 的置信水平上显著，说明融资约束与企业创新投入负相关，初步证实了假设 2。从结果中可以发现，独立董事占比（Indep）与企业现金水平（Cash）对企业创新投入（R&D）有显著的促进关系。值得注意的是，产权性质（Soe）与企业创新投入（R&D）存在负向关系。同时，各主要变量间的相关系数较小且大多数绝对值在 0.7 以下，表明主要研究变量间的独立性较强。为避免变量间存在多重共线性问题，本书进行了方差膨胀因子 VIF 检验，从表 8-3 可以看出，每个变量的 VIF 值均小于 10，均值为 1.48，最大值为 2.34，最小值为 1.02，表明其结果受多重共线性的影响较小。

表8-4　变量的相关性分析结果

变量	R&D	Cu	Fc	Soe	Size	Lev	Roe	Firmage	Cash	Bm	Dual	Indep	First	Subsidy	Salespp
R&D	1.000														
Cu	0.066***	1.000													
Fc	-0.085***	-0.017**	1.000												
Soe	-0.171***	0.013	0.099***	1.000											
Size	-0.199***	0.012	0.154***	0.331***	1.000										
Lev	-0.250***	0.052***	0.112***	0.302***	0.508***	1.000									
Roe	-0.017**	-0.282***	-0.020***	-0.071***	0.085***	-0.242***	1.000								
Firmage	-0.216***	0.046***	0.443***	0.474***	0.454***	0.386***	-0.123***	1.000							
Cash	0.127***	-0.237***	-0.146***	-0.063***	-0.167***	-0.352***	0.178***	-0.217***	1.000						
Bm	-0.240***	0.108***	0.061***	0.339***	0.619***	0.566***	-0.204***	0.341***	-0.198***	1.000					
Dual	0.125***	0.003	-0.078***	-0.273***	-0.159***	-0.118***	0.020**	0.226***	0.064***	-0.130***	1.000				
Indep	0.068***	0.010	-0.065***	-0.056***	-0.018**	-0.011	-0.025***	-0.048***	-0.005	-0.018**	0.116***	1.000			
First	-0.097***	-0.080***	-0.145***	0.144***	0.120***	0.002	0.118***	-0.126***	0.065***	0.049***	-0.004	0.052***	1.000		
Subsidy	0.090***	0.016*	-0.162***	0.041***	-0.118***	-0.027***	0.046***	-0.056***	0.082***	-0.108***	-0.019**	-0.011	-0.004	1.000	
Salespp	-0.222***	-0.302***	0.098***	0.143***	0.419***	0.223*	0.157***	0.203***	-0.049***	0.287***	0.090***	-0.017**	0.073***	-0.146***	1.000

注：*、**、***分别表示在10%、5%、1%的水平下显著。

8.4.3 回归结果分析

8.4.3.1 去产能压力与企业创新投入

表8-5第（1）列、第（2）列列示了模型（8-1）的回归结果。检验结果表明，无论是否加入控制变量，去产能压力（Cu）与企业创新投入（R&D）回归系数分别为0.006和0.005，都在1%的置信水平上显著。即企业的产能利用率越低，去产能的压力越大，其创新投入越多，表明去产能压力对我国制造业上市公司的创新研发有一定的倒逼作用，进一步论证了去产能压力的创新促进观，验证了本书的假设1。可能的原因在于，一是在政府去产能的浪潮中，企业的自我危机意识较为强烈，为在激烈的市场竞争中取得优势而更有意愿从事研发创新活动；二是政府去产能引导政策发挥了一定的作用。近几年，国家大力推进去除制造业产能过剩，"抑制型"政策加大了制造业的市场竞争压力，迫使企业加大创新投入以获得竞争优势；"激励型"政策（如税收优惠、政府补贴等）为企业创新提供了必要的资金支持，对企业创新产生了一定的激励与引导作用，也提升了企业的创新效率。

表8-5 去产能压力、融资约束与企业创新投入

变量	(1)	(2)	(3)	(4)
	R&D	R&D	R&D	R&D
Cu	0.006 ***	0.005 ***		
	(5.894)	(5.060)		
Fc			−0.048 ***	−0.039 ***
			(−10.169)	(−7.773)
Soe		0.001 **		0.001 *
		(2.185)		(1.852)
Size		0.003 ***		0.003 ***
		(7.387)		(7.699)
Lev		−0.025 ***		−0.026 ***
		(−13.823)		(−14.418)
Roe		−0.013 ***		−0.016 ***
		(−4.794)		(−5.769)
Firmage		−0.005 ***		−0.004 ***
		(−12.158)		(−8.487)
Cash		0.026 ***		0.023 ***
		(9.601)		(8.641)

表8-5(续)

变量	(1)	(2)	(3)	(4)
	R&D	R&D	R&D	R&D
Bm		−0.006***		−0.006***
		(−12.446)		(−12.085)
Dual		0.004***		0.004***
		(6.276)		(6.279)
Indep		0.028***		0.026***
		(5.884)		(5.368)
First		−0.018***		−0.019***
		(−9.931)		(−10.600)
Subsidy		0.754***		0.744***
		(13.152)		(12.979)
Salespp		−0.007***		−0.008***
		(−17.478)		(−19.904)
Year/Ind		控制		控制
_cons	0.038***	0.048***	0.105***	0.111***
	(71.645)	(6.437)	(16.419)	(10.703)
N	13 427	13 427	13 427	13 427
Adj−R^2	0.004	0.278	0.007	0.279

注：*、**、***分别表示在10%、5%、1%的水平下显著，括号里的数值为基于稳健标准误的 t 值。

在控制变量方面，现金水平（Cash）、两职合一情况（Dual）以及独立董事占比（Indep）与企业创新投入（R&D）始终呈现正相关关系。这说明企业资金充足，发展前景越好，企业越有动力进行创新活动；独立董事占比越高，能够有效扼制管理层的短视行为和道德风险问题，促进企业的创新投资。净资产收益率（Roe）与企业创新投入（R&D）显著负相关，表明企业盈利能力越强，其危机意识可能更弱，反而不会主动寻求创新；政府补贴（Subsidy）与企业创新投入（R&D）显著正相关，说明政府补助给予企业充足的资金，能够激励企业加大创新力度，激发创新活力。

8.4.3.2 融资约束与企业创新投入

表8-5第（3）列、第（4）列列示了模型（8-2）的回归结果。从表中可以看出，无论是否加入控制变量，融资约束（Fc）与企业创新投入（R&D）的回归系数分别为−0.048与−0.039，都在1%的置信水平上显著为负，即企业面临的融资约束程度越高，其企业的创新投入越少，融资约束对企业研发创新

具有显著的抑制效应。假设2得到验证。究其原因，企业创新活动对资源的高度依赖性导致了融资约束问题成为制约企业创新的关键因素。

控制变量中，企业资产负债率（Lev）与企业创新投入（R&D）显著负相关，表明过高的杠杆率不利于企业经营稳定，阻碍企业创新。净资产收益率（Roe）与企业创新投入（R&D）也存在显著负向关系，表明企业获利能力越强，其危机意识可能更弱，反而不会主动寻求创新。现金水平（Cash）与企业创新投入（R&D）显著正相关，表明企业现金水平越高、资金越充足，企业就越有动力进行创新活动。

8.4.3.3 去产能压力、融资约束与企业创新投入

根据前文的分析，去产能压力能否有效发挥创新促进效应，一定程度上取决于企业资源的可获得性。为了检验去产能压力与企业创新投入之间的关系是否会受到融资约束的影响，我们在模型中加入了去产能压力（Cu）与融资约束（Fc）的交乘项Cu×Fc。表8-6第（1）列、第（2）列列示了模型（8-3）的回归结果。检验结果表明，加入控制变量后，交乘项Cu×Fc的与企业创新投入（R&D）的回归系数为-0.029，在10%的置信水平上显著，说明融资约束（Fc）对去产能压力（Cu）与企业创新投入（R&D）间的关系存在显著的负向调节作用。假设3成立。其可能的原因在于，尽管企业在面临较大的去产能压力时，具有强烈的创新投资动机，但受制于资金问题与企业的逐利性，外界推力对企业创新投入的拉动作用无法消除融资约束给企业带来的资金困境，去产能压力下企业创新投入强度依然受到融资约束的制约。

同时，本书参考张璇（2019）、唐清泉（2019）等人的做法，以SA指数绝对值对数的中位数为界，将全样本划分为融资约束高组和融资约束低组。由表8-6第（3）列至第（6）列的结果可知，无论是否加入控制变量，在融资约束程度高的样本组中去产能压力（Cu）的系数为正但不显著，在融资约束程度低的样本组中去产能压力（Cu）的系数分别为0.010与0.008，都在1%的置信水平上显著。上述检验结果均表明，尽管去产能压力在一定程度上增强了企业创新投资的意愿，但融资约束的存在会弱化这种促进关系，企业的融资约束程度越高，去产能压力对企业创新投入的激励作用就越弱，再次验证了假设3。

表 8-6 去产能压力、融资约束与企业创新投入（融资约束的调节效应）

变量	（1） 全样本 R&D	（2） 全样本 R&D	（3） 融资约束高组 R&D	（4） 融资约束高组 R&D	（5） 融资约束低组 R&D	（6） 融资约束低组 R&D
Cu	0.058 ** （2.260）	0.044 * （1.935）	0.002 （1.423）	0.001 （0.779）	0.010 *** （6.625）	0.008 *** （5.829）
Fc	−0.030 *** （−3.313）	−0.024 *** （−2.887）				
Cu×Fc	−0.039 ** （−2.033）	−0.029 * （−1.724）				
Soe		0.001 * （1.853）		0.001 （0.882）		0.003 ** （2.358）
Size		0.003 *** （7.262）		0.003 *** （5.065）		0.003 *** （5.443）
Lev		−0.024 *** （−13.758）		−0.018 *** （−7.606）		−0.032 *** （−11.458）
Roe		−0.013 *** （−4.640）		−0.012 *** （−3.406）		−0.013 *** （−2.987）
Firmage		−0.004 *** （−8.452）		−0.005 *** （−7.905）		−0.004 *** （−5.698）
Cash		0.026 *** （9.544）		0.019 *** （5.274）		0.030 *** （7.573）
Bm		−0.006 *** （−12.733）		−0.006 *** （−9.295）		−0.005 *** （−8.524）
Dual		0.004 *** （6.258）		0.005 *** （6.002）		0.003 *** （3.339）
Indep		0.026 *** （5.384）		0.032 *** （4.564）		0.023 *** （3.531）
First		−0.019 *** （−10.351）		−0.014 *** （−5.453）		−0.023 *** （−9.085）
Subsidy		0.745 *** （12.966）		0.697 *** （8.084）		0.768 *** （10.186）
Salespp		−0.007 *** （−17.852）		−0.008 *** （−13.479）		−0.007 *** （−11.562）
Year/Ind		控制		控制		控制
＿cons	0.078 *** （6.387）	0.081 *** （5.957）	0.037 *** （52.329）	0.047 *** （3.926）	0.038 *** （49.958）	0.082 *** （7.928）

表8-6(续)

变量	(1)	(2)	(3)	(4)	(5)	(6)
	全样本	全样本	融资约束高组		融资约束低组	
	R&D	R&D	R&D	R&D	R&D	R&D
N	13 427	13 427	6 714	6 714	6 713	6 713
Adj-R^2	0.012	0.281	0.000	0.253	0.011	0.300

注: * 、 ** 、 *** 分别表示在 10%、5%、1% 的水平下显著,括号里的数值为基于稳健标准误的 t 值。

8.4.4 稳健性检验

8.4.4.1 内生性检验

前文的实证结果是去产能压力会促进企业加大创新投入。为了缓解可能的内生性问题,本书采用倾向得分匹配估计法(PSM)对假设 1 进行稳健性检验。

企业的产能过剩程度会受到某些因素的影响。为了消除这些差异可能导致的回归结果偏误,本书参照虞义华等(2018)的做法,以去产能压力(Cu)的 50% 分位数设置产能过剩哑变量,采用倾向得分匹配方法,从非产能过剩企业的样本中为产能过剩企业的样本匹配恰当的对照组,筛选出与产能过剩企业其他特征相似但不存在产能过剩的企业样本,从而估计去产能压力对企业创新投入的"处理效应"。本书选取企业规模(Size)、负债率(lev)、盈利能力(Roe)、账面市值比(Bm)、成立年限(Firmage)、现金水平(Cash)、独立董事占比(Indep)、政府补贴(Subsidy)以及人均营业收入(Salespp)等为匹配特征。在进行倾向得分匹配回归之前,需要进行协变量平稳性检验以观察匹配效果是否理想,结果如图 8-1 和表 8-7 所示,匹配后大多数协变量的标准化偏差小于 10%,其标准化偏差均大幅缩小,且大多数 t 检验的结果不显著。同时,共同支撑检验显示,成功匹配的样本为 13 337 个,仅损失了少量样本。表 8-8 分别列示了去产能压力对企业创新投入采用一对一匹配、邻近匹配、核匹配以及局部线性回归匹配后的估计结果。由表 8-8 可知,所有匹配结果均在 1% 的水平上显著为正,说明产能过剩企业的创新投入强度显著高于非产能过剩企业,即去产能压力会促使企业创新投入强度显著提高。本书得出的结论稳健。

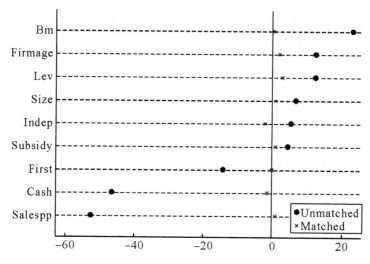

图 8-1 平衡性检验图示

表 8-7 平衡性检验

变量	样本	均值		标准化偏误	T 检验	
		处理组	对照组		t	P>|t|
Size	匹配前	22.071	21.996	6.6	3.34	0.001
	匹配后	22.068	22.084	-1.4	-0.57	0.569
Lev	匹配前	0.415	0.390	12.3	6.32	0.000
	匹配后	0.415	0.413	1.0	0.39	0.697
Firmage	匹配前	2.109	2.018	12.4	6.08	0.000
	匹配后	2.108	2.092	2.2	0.92	0.360
First	匹配前	0.323	0.343	-14.3	-7.09	0.000
	匹配后	0.323	0.327	-2.5	-1.06	0.290
Cash	匹配前	0.137	0.190	-46.5	-22.33	0.000
	匹配后	0.137	0.140	-2.8	-1.36	0.173
Indep	匹配前	0.377	0.374	5.2	2.63	0.009
	匹配后	0.377	0.377	-0.9	-0.38	0.705
Bm	匹配前	0.997	0.805	22.9	12.35	0.000
	匹配后	0.993	1.013	-2.3	-0.83	0.407

表8-7(续)

变量	样本	均值		标准化偏误	T 检验	
		处理组	对照组		t	P>| t |
Salespp	匹配前	13.399	13.740	-52.5	-25.56	0.000
	匹配后	13.400	13.396	0.7	0.28	0.776
Subsidy	匹配前	0.004	0.004	4.3	2.20	0.028
	匹配后	0.004	0.004	0.4	0.16	0.876

表 8-8　去产能压力与企业创新投入（PSM 估计）

被解释变量	（1）	（2）	（3）	（4）
	R&D	R&D	R&D	R&D
估计方法	一对一匹配	邻近匹配	核匹配	局部线性回归匹配
未匹配	0.002 8***	0.002 8***	0.002 8***	0.002 8***
	(0.000 7)	(0.000 7)	(0.000 7)	(0.000 7)
ATT	0.003 1***	0.003 7***	0.003 3***	0.003 7***
	(0.001 0)	(0.000 9)	(0.000 7)	(0.000 6)
ATU	0.003 2***	0.003 6***	0.003 4***	0.004 0***
	(0.001 2)	(0.001 1)	(0.000 8)	(0.001 0)
ATE	0.003 2***	0.003 7***	0.003 4***	0.004 0***
	(0.001 0)	(0.000 9)	(0.000 8)	(0.000 8)
N	13 337	13 337	13 337	13 337

注：括号中报告的数值为标准差，均通过自助法（Bootstrap）获得。

8.4.4.2　倾向得分匹配（PSM）检验

（1）替换解释变量衡量方式。本书借鉴修宗峰等（2013）、钱爱民等（2017）以及袁梦琛（2018）等人的做法，分别采用1/总资产周转率（Cu1）和1/存货周转率（Cu2）对去产能压力进行替代性检验，由于 Cu2 存在少量缺失值，Cu1 与 Cu2 的样本观测值分别为 13 427 和 13 420。实证结果如表8-9所示。从表8-9中第（1）列、第（3）列可以看出，Cu1 与 Cu2 的系数分别为0.003、0.013，均在1%的水平上显著为正，验证了前文假设1。由表8-9中第（2）列、第（4）列可知，Cu1×Fc 的系数为-0.013，在5%的水平上显著为负，Cu2×Fc 的系数为-0.057，在1%的水平上显著为负，佐证了前文假设3。

表 8-9　去产能压力、融资约束与企业创新投入（替换解释变量）

变量	替换解释变量			
	（1）	（2）	（3）	（4）
	R&D	R&D	R&D	R&D
Cu1	0.003 *** （8.080）	0.020 *** （2.788）		
Cu2			0.013 *** （15.519）	0.089 *** （4.772）
Cu1×Fc		−0.013 ** （−2.446）		
Cu2×Fc				−0.057 *** （−4.111）
Fc		−0.007 （−0.579）		−0.012 * （−1.802）
Soe	0.002 *** （3.171）	0.002 *** （2.866）	0.001 ** （2.173）	0.001 * （1.815）
Size	0.002 *** （5.486）	0.002 *** （5.349）	0.002 *** （6.353）	0.002 *** （6.029）
Lev	−0.023 *** （−12.483）	−0.023 *** （−12.271）	−0.024 *** （−13.953）	−0.024 *** （−13.948）
Roe	−0.006 ** （−2.033）	−0.005 * （−1.764）	−0.014 *** （−5.191）	−0.013 *** （−4.895）
Firmage	−0.005 *** （−12.656）	−0.004 *** （−8.845）	−0.005 *** （−12.406）	−0.004 *** （−8.606）
Cash	0.021 *** （7.923）	0.020 *** （7.680）	0.025 *** （9.760）	0.025 *** （9.546）
Bm	−0.005 *** （−11.601）	−0.005 *** （−11.987）	−0.005 *** （−10.159）	−0.005 *** （−10.439）
Dual	0.003 *** （6.034）	0.003 *** （6.026）	0.003 *** （5.898）	0.003 *** （5.978）
Indep	0.025 *** （5.343）	0.023 *** （4.888）	0.026 *** （5.553）	0.023 *** （4.913）
First	−0.015 *** （−8.730）	−0.016 *** （−8.875）	−0.018 *** （−9.988）	−0.018 *** （−10.140）

表 8-9（续）

变量	替换解释变量			
	（1）	（2）	（3）	（4）
	R&D	R&D	R&D	R&D
Subsidy	0.765 ***	0.755 ***	0.783 ***	0.769 ***
	(13.627)	(13.498)	(13.952)	(13.725)
Salespp	−0.006 ***	−0.006 ***	−0.006 ***	−0.006 ***
	(−13.497)	(−13.502)	(−14.892)	(−14.860)
Year/Ind	控制	控制	控制	控制
_ cons	0.041 ***	0.049 ***	0.040 ***	0.056 ***
	(5.526)	(2.779)	(5.280)	(4.574)
N	13 427	13 427	13 420	13 420
Adj-R^2	0.298	0.302	0.299	0.303

注：*、**、*** 分别表示在 10%、5%、1% 的水平下显著，括号里的数值为基于稳健标准误的 t 值。

（2）分位数回归。为进一步消除极端值的影响，本书采用分位数回归对去产能压力与企业创新投入的关系进行了检验，结果如表 8-10 所示。表中的第（1）列是去产能压力与企业创新投入的全样本 OLS 回归结果，第（2）列、第（3）列、第（4）列分别列示了企业创新投入（R&D）25%、50% 和 75% 三个分位数水平上的回归结果。由表 8-10 可知，随着企业创新投入（R&D）规模的扩大，去产能压力（Cu）的回归系数分别为 0.001、0.004 和 0.005，均在 1% 的水平上显著为正且数值逐渐增高，表现为不断增强的促进效应，即去产能压力（Cu）与企业创新投入（R&D）的关系随着分位数水平的变化始终显著正相关，再次佐证了前文假设 1。

表 8-10　去产能压力与企业创新投入（分位数回归）

变量	OLS 回归		分位数回归	
	（1）	（2）	（3）	（4）
	全样本	q25	q50	q75
	R&D	R&D	R&D	R&D
Cu	0.005 ***	0.001 ***	0.004 ***	0.005 ***
	(5.060)	(2.661)	(3.939)	(3.789)

表8-10(续)

变量	OLS 回归		分位数回归	
	(1)	(2)	(3)	(4)
	全样本	q25	q50	q75
	R&D	R&D	R&D	R&D
Soe	0.001 **	−0.000	−0.000	0.002 *
	(2.185)	(−0.796)	(−0.221)	(1.838)
Size	0.003 ***	0.001 ***	0.001 ***	0.002 ***
	(7.387)	(4.941)	(5.727)	(7.317)
Lev	−0.025 ***	−0.017 ***	−0.017 ***	−0.023 ***
	(−13.823)	(−15.957)	(−12.086)	(−10.930)
Roe	−0.013 ***	0.001	−0.001	−0.008 ***
	(−4.794)	(0.716)	(−0.304)	(−2.958)
Firmage	−0.005 ***	−0.005 ***	−0.004 ***	−0.005 ***
	(−12.158)	(−14.528)	(−17.763)	(−10.963)
Cash	0.026 ***	0.007 ***	0.016 ***	0.030 ***
	(9.601)	(6.020)	(7.015)	(9.002)
Bm	−0.006 ***	−0.002 ***	−0.003 ***	−0.005 ***
	(−12.446)	(−7.050)	(−9.408)	(−11.195)
Dual	0.004 ***	0.002 ***	0.002 ***	0.004 ***
	(6.276)	(8.977)	(4.609)	(5.928)
Indep	0.028 ***	0.011 ***	0.015 ***	0.020 ***
	(5.884)	(3.918)	(3.648)	(4.199)
First	−0.018 ***	−0.008 ***	−0.010 ***	−0.015 ***
	(−9.931)	(−7.248)	(−5.967)	(−6.813)
Subsidy	0.754 ***	0.241 ***	0.479 ***	0.951 ***
	(13.152)	(5.092)	(5.759)	(8.553)
Salespp	−0.007 ***	−0.005 ***	−0.005 ***	−0.007 ***
	(−17.478)	(−16.846)	(−17.997)	(−14.160)
Year/Ind	控制	控制	控制	控制
_ cons	0.048 ***	0.092 ***	0.106 ***	0.134 ***
	(6.437)	(14.124)	(15.134)	(16.255)
N	13 427	13 427	13 427	13 427
Pseudo R^2	0.278	0.201	0.154	0.167

注：括号内为 t 值，*、**、*** 分别表示在10%、5%、1%的水平下显著。

8.5 进一步研究：分组检验

企业的产权性质、行业特性以及所处地区的市场化环境是影响企业经营风险与创新能力的重要因素，这决定了企业的创新动机可能存在显著差异。因此，本书进一步根据企业的产权性质、是否为产能过剩行业与市场化程度来分组检验去产能压力对企业创新投入的影响。

8.5.1 基于产权性质的分组检验

已有研究表明，相较于非国有企业，国有企业更易得到政府帮扶与政策倾斜（邵敏等，2011）。尽管去产能压力加剧了市场竞争的激烈程度，但国有企业普遍存在不平等竞争条件下的预算软约束（林毅夫等，2004），在银行信贷以及股市融资上享有诸多特权（Firth et al.，2008），即使陷入财务困境，也能获得更多财政补贴（Faccio et al.，2006；王红建等，2015）。这主要是由于国有企业本身承担着缓解社会就业、维持社会稳定的社会责任，化解产能过程中的"淘汰"机制对许多国有企业并不能真正起到作用，这也是我国存在许多"僵尸"企业的原因（Dai et al.，2019）。国有企业的内部资本市场对面临行业危机的公司起着支撑作用（Li Cailing et al.，2021），政府的"父爱主义"反而阻碍了业绩差的国有企业退出市场，削弱了去产能压力对国有企业创新的倒逼效应。然而，非国有企业并没有这些"保护伞"，面对外界去产能的高压以及由此引发的激烈市场竞争压力时，其具有强烈的动机通过创新来获取竞争优势，以避免被淘汰。

因此，我们根据产权性质将样本分为国有企业组和非国有企业组，检验在产权性质不同的情况下，去产能压力对企业创新投入影响的差异。表8-11第（1）列至第（4）列示了去产能压力（Cu）与企业创新投入（R&D）关系的分组回归结果，结果表明，无论是否加入控制变量，在国有企业样本组中，去产能压力（Cu）对企业创新投入（R&D）的正向影响并不显著；而在非国有企业样本组中，去产能压力（Cu）与企业创新投入（R&D）的回归系数分别为0.009与0.006，且都在1%的水平上显著为正。同时，在表8-11中的末行分别对国有企业组和非国有企业组回归中Cu系数进行了组间系数差异检验，结果表明，分组存在显著差异（Chi2值分别为14.38和3.57，分别在1%与

10%的置信水平上显著）。回归结果表明，去产能压力仅对非国有企业的研发创新产生倒逼促进效应，这与付东（2017）研究得出的结论并不一致。究其原因，一是在数据方面，付东利用的是 2006—2015 年的上市企业数据，而我国是 2013 年 10 月才正式颁布化解产能过剩的《指导意见》，这种来自外界政策的压力可能是自这个时间之后才有更为明显的体现；二是在转型时期，相较于国有企业，民营企业的"求生"意识可能更为强烈，为争取更多资源会加大创新投入力度。

表 8-11　去产能压力、融资约束与企业创新投入（基于产权性质的分组检验）

变量	（1）	（2）	（3）	（4）
	国有企业	非国有企业	国有企业	非国有企业
	R&D	R&D	R&D	R&D
Cu	0.001 （0.717）	0.009 *** （8.923）	0.002 （1.567）	0.006 *** （6.112）
Size			0.001 *** （2.812）	0.003 *** （6.929）
Lev			−0.016 *** （−5.758）	−0.026 *** （−12.224）
Roe			0.005 （1.237）	−0.023 *** （−7.234）
Firmage			−0.013 *** （−16.227）	−0.003 *** （−6.534）
Cash			0.017 *** （4.130）	0.029 *** （10.547）
Bm			−0.003 *** （−5.936）	−0.010 *** （−12.208）
Dual			0.001 （0.751）	0.004 *** （6.820）
Indep			0.010 （1.394）	0.033 *** （5.719）
First			−0.007 ** （−2.450）	−0.023 *** （−10.034）
Subsidy			0.488 *** （7.982）	0.890 *** （15.873）
Salespp			−0.007 *** （−9.365）	−0.007 *** （−13.919）

表8-11(续)

变量	(1)	(2)	(3)	(4)
	国有企业	非国有企业	国有企业	非国有企业
	R&D	R&D	R&D	R&D
Year/Ind			控制	控制
_cons	0.031 *** (40.200)	0.040 *** (71.682)	0.088 *** (7.546)	0.075 *** (7.023)
N	3 730	9 697	3 730	9 697
Adj-R²	−0.000	0.008	0.321	0.255
Chi2	14.38 ***	3.57 *		

注：括号内为 t 值，*、**、*** 分别表示在10%、5%、1%的水平下显著。

8.5.2 基于产能过剩行业的分组检验

产能过剩是我国制造业的突出问题。近年来，我国工业和信息化部及相关部门多次公布了产能过剩程度较为严重的行业。本书根据《指导意见》以及国家发展改革委发布的《关于做好"十三五"期间重点行业淘汰落后和过剩产能目标计划制订工作的通知》等文件，并结合胡川（2020）、席鹏辉（2017）和韩国高等（2011）确定产能过剩行业的方法，在制造业分类中界定纺织业（C17）、造纸制品（C22）、石化炼焦（C25）、化学原料（C26）、化学纤维（C28）、矿物制品（C30）、黑色金属（C31）、有色金属（C32）、金属制品（C33）、通用设备制造业（C34）、汽车制造业（C36）、交通运输设备（C37）及计算机及通信设备（C39）13个行业作为制造业产能过剩行业。为检验处于产能过剩行业的企业是否更具有创新意愿，将总体样本分为产能过剩企业组与非产能过剩企业组，考虑到某些产能过剩企业自身可能存在经营问题，采用以往文献的做法，以融资约束（Fc）的中位数再次细分为融资约束高的产能过剩行业组和融资约束低的产能过剩行业组，以展开进一步的研究。其中，产能过剩行业的样本量为 5 306 个，约占总样本数量的1/3，与以往研究的样本分布类似。

表 8-12 第（1）列至第（4）列报告了去产能压力与企业创新投入关系的分组回归检验结果。结果表明，相较于非产能过剩行业，在融资约束高的产能过剩行业组，去产能压力（Cu）与企业创新投入（R&D）的系数为 0.002，在10%的置信水平上显著正相关；在融资约束低的产能过剩行业组，去产能压

力（Cu）与企业创新投入（R&D）的系数为 0.009，在 1% 的置信水平上显著正相关。第（1）列中去产能压力（Cu）系数的 *t* 值明显小于第（2）列中去产能压力（Cu）系数的 t 值（1.726<7.207），并且对第（1）列、第（2）列回归中 Cu 系数的组间差异性检验表明，两者存在显著差异（Chi2 值为 6.32，在 5% 的置信水平上显著）。上述结果证实，融资约束（Fc）对去产能压力（Cu）与企业创新投入（R&D）之间存在负向调节效应，并且这种负向调节作用在去产能压力更重的产能过剩企业中表现得更为明显，再次佐证了前文假设 2。

表 8-12　去产能压力、融资约束与企业创新投入（基于产能过剩行业的分组检验）

变量	（1）	（2）	（3）	（4）
	产能过剩行业		非产能过剩行业	
	融资约束高组	融资约束低组	融资约束高组	融资约束低组
	R&D	R&D	R&D	R&D
Cu	0.002*	0.009***	0.005***	0.009***
	(1.726)	(7.207)	(3.139)	(5.425)
Soe	0.001	−0.000	0.003***	0.005***
	(0.910)	(−0.015)	(4.890)	(6.460)
Size	−0.000	−0.001	0.003***	0.008***
	(−0.006)	(−0.584)	(2.773)	(4.764)
Lev	−0.018***	−0.017***	−0.018***	−0.038***
	(−6.194)	(−6.351)	(−5.578)	(−9.882)
Roe	−0.005	0.005	−0.014***	−0.029***
	(−1.416)	(1.236)	(−3.155)	(−4.775)
Firmage	−0.005***	−0.003***	−0.005***	−0.004***
	(−7.263)	(−4.572)	(−5.595)	(−4.657)
Cash	0.011**	0.015***	0.019***	0.031***
	(2.571)	(3.910)	(4.232)	(6.863)
Bm	−0.001**	−0.002***	−0.009***	−0.010***
	(−2.072)	(−3.589)	(−9.117)	(−6.813)
Dual	0.001	0.001	0.006***	0.004***
	(0.932)	(0.642)	(5.813)	(3.303)
Indep	−0.001	0.010	0.039***	0.019**
	(−0.143)	(1.380)	(4.449)	(2.050)
First	−0.007**	−0.008***	−0.018***	−0.032***
	(−2.239)	(−2.867)	(−4.744)	(−8.286)

表8-12(续)

变量	(1)	(2)	(3)	(4)
	产能过剩行业		非产能过剩行业	
	融资约束高组	融资约束低组	融资约束高组	融资约束低组
	R&D	R&D	R&D	R&D
Subsidy	0.426***	0.267***	0.849***	1.008***
	(5.277)	(4.472)	(8.502)	(12.483)
Salespp	−0.007***	−0.004***	−0.006***	−0.007***
	(−8.944)	(−6.498)	(−6.875)	(−7.234)
Year/Ind	控制	控制	控制	控制
_ cons	0.107***	0.100***	0.040**	0.021
	(7.105)	(8.350)	(2.415)	(1.196)
N	2 672	2 634	4 042	4 079
Adj-R^2	0.235	0.294	0.263	0.287
Chi2	6.32**	2.08		

注：括号内为 t 值，*、**、*** 分别表示在10%、5%、1%的水平下显著。

8.5.3　基于市场化程度的分组检验

去产能压力对制造业企业创新投入起促进作用是前文得出的结论。考虑到我国不同区域的经济发展程度与产能过剩情况具有显著差异（陈永丽等，2020），且市场化程度决定了资源配置效率，其市场机制的信息揭示功能、协调供需均衡、淘汰落后产能方面的效率也具有异质性，从而可能影响结果的真实性。本书借鉴王小鲁、樊纲的《中国分省份市场化指数报告（2016）》中的市场化指数计算方法，参照杨兴全等（2014）的研究，对中国不含港澳台的31个省（自治区、直辖市）按市场化总指数评分，其中未披露的近几年数据采用移动加权平均法进行估算，按照市场化指数中位数将样本企业分为市场化程度高组和市场化程度低组。地区市场化总指数评分越高，代表该地区市场化进程越快，并依次将数据代入主回归模型进行组间差异检验，结果如表8-13所示。

表 8-13　去产能压力、融资约束与企业创新投入（基于市场化程度的分组检验）

变量	（1）市场化程度低组 R&D	（2）市场化程度高组 R&D	（3）市场化程度低组 R&D	（4）市场化程度高组 R&D
Cu	0.005 ***	0.005 ***	0.031	0.061 *
	（3.359）	（3.849）	（0.955）	（1.948）
Fc			-0.029 **	-0.016
			（-2.532）	（-1.369）
Cu_ Fc			-0.020	-0.042 *
			（-0.817）	（-1.789）
Soe	0.002 **	0.001	0.002 *	0.001
	（2.104）	（0.845）	（1.840）	（0.652）
Size	0.003 ***	0.002 ***	0.003 ***	0.002 ***
	（6.040）	（4.296）	（5.869）	（4.280）
Lev	-0.025 ***	-0.024 ***	-0.024 ***	-0.024 ***
	（-10.362）	（-9.080）	（-10.294）	（-9.055）
Roe	-0.015 ***	-0.011 ***	-0.015 ***	-0.011 ***
	（-3.999）	（-2.770）	（-3.830）	（-2.678）
Firmage	-0.006 ***	-0.004 ***	-0.005 ***	-0.003 ***
	（-9.983）	（-7.000）	（-7.120）	（-4.668）
Cash	0.026 ***	0.026 ***	0.026 ***	0.026 ***
	（6.892）	（6.718）	（6.868）	（6.668）
Bm	-0.006 ***	-0.006 ***	-0.006 ***	-0.006 ***
	（-9.270）	（-8.384）	（-9.434）	（-8.611）
Dual	0.003 ***	0.004 ***	0.003 ***	0.004 ***
	（4.054）	（4.799）	（4.041）	（4.783）
Indep	0.029 ***	0.027 ***	0.026 ***	0.025 ***
	（4.404）	（3.813）	（3.993）	（3.531）
First	-0.019 ***	-0.017 ***	-0.019 ***	-0.018 ***
	（-7.519）	（-6.459）	（-7.790）	（-6.779）
Subsidy	0.652 ***	0.860 ***	0.638 ***	0.855 ***
	（8.737）	（9.863）	（8 476）	（9.855）
Salespp	-0.007 ***	-0.007 ***	-0.007 ***	-0.007 ***
	（-13.353）	（-11.262）	（-13.630）	（-11.518）
Year/Ind	控制	控制	控制	控制
_ cons	0.087 ***	0.041 ***	0.130 ***	0.063 ***
	（7.996）	（3.270）	（6.631）	（3.107）

表8-13（续）

变量	（1）市场化程度低组	（2）市场化程度高组	（3）市场化程度低组	（4）市场化程度高组
	R&D	R&D	R&D	R&D
N	7 264	6 163	7 264	6 163
Adj-R^2	0.282	0.273	0.285	0.276

注：*、**、***分别表示在10%、5%、1%的水平下显著，括号里的数值为基于稳健标准误的 t 值。

表8-13第（1）列、第（2）列报告了去产能压力与企业创新投入关系的分组回归结果，结果表明，无论是市场化程度高组还是市场化程度低组，去产能压力（Cu）与企业创新投入（R&D）都在1%的置信水平上显著正相关。这说明，为了应对产能过剩带来的一系列财务与经营风险，各个地区的企业都有较强的创新激励。

就融资约束强度的调节效应而言，表8-13第（3）列、第（4）列的结果表明，相较于市场化程度低组，处于市场化程度高组的企业，交乘项 Cu×Fc 与企业创新投入（R&D）在10%的置信水平上显著负相关，即在市场化进程较快的地区，融资约束（Fc）对去产能压力（Cu）与企业创新投入（R&D）间的负向调节效应更为显著。该现象可能的解释为，一方面，市场化进程快的地区，信息传播速度更快、成本更低，去产能相关政策的出台通过信号传递会使市场调高对鼓励行业的期望，降低对未受到扶持行业发展前景的认知，从而会影响投资者的投资决策，增加企业的融资难度；另一方面，市场化程度越高，政府与某些特定企业（国有企业或者主导产业）更易建立联系，相应资源会向这类企业倾斜，外部投资者也会跟风，使市场资金大范围流入某些特定行业或企业，其他行业或企业融资约束程度进一步加重。因此，融资约束对去产能压力与企业创新投入关系的负向调节效应在市场化程度较高的地区表现得更为显著。

8.6　小结

本章以2010—2019年A股制造业上市公司的数据为研究样本，检验了去产能压力对企业创新投入之间的关系其及受融资约束程度的影响，考察了政府去产能政策的实际效应。研究结果表明，《指导意见》颁布后，产能过剩程度对企业研发投入具有显著的正向影响，表明化解产能过剩的政策对企业创新投入产生了促进作用，这在一定程度上说明去产能背景下企业有强烈压力和动机通过创新寻求出路；但融资约束对去产能政策的倒逼效应有显著的抑制作用，说明企业应对外界去产能政策的能力受制于自身的资金约束。进一步研究发现，相对于国有企业而言，非国有企业创新投入受政府去产能政策的影响更加明显，说明在经济转型时期，非国有企业有更强烈的动机迎合国家政策，面对政府的"淘汰"机制，也有更大的压力进行创新转型；同时，融资约束对企业创新投入有显著的负向影响，融资约束程度越高的企业，创新投入也越少；融资约束还会通过弱化去产能政策对企业创新的促进作用，表明去产能政策的作用发挥一定程度上依赖于企业自身资源的可利用性。

基于上述分析，我们发现，政府去产能政策对企业创新有一定的倒逼作用，但这种作用在非国有企业中体现得更明显。其主要原因在于，去产能过程中可能引发失业、社会动荡等一系列社会问题，国有企业在维持社会稳定、解决就业方面承担了更多的责任，所以，通过外界政策压力促进国有企业去产能的难度更大。因此，政府应当合理利用各类要素资源的配置权和企业准入权，主动解决失业人员再就业及其保底福利问题，为去产能的顺利进行提供人力保障。另外，产能过剩企业有创新投入以摆脱困境的动机，但受制于自身资源供给能力不足，导致创新投入受限。政府应该积极采取有效的创新激励政策，加大对企业创新的金融支持力度和政策优惠。在给予企业优惠政策及创新补助时，应当精准扶持，分类别与行业对企业进行帮扶，抑制政府和企业为获取补贴的机会主义行为，创造良好的外部环境，使政府补贴成为推进企业技术创新化解过剩产能的巨大动力。

同时，企业应认清当前经济形势，顺应时代发展潮流，加大研发力度，让高质量的研发产出成为提升企业生产率的坚实后盾。目前，我国也积极推出了一系列创新补贴和优惠政策，企业应该把握时机，强化科技创新，突破核心关键技术，加强企业管理创新以实现企业创新驱动发展，将企业的短期盈利目标与未来长远发展和企业的研发创新结合起来，加大核心技术研发人员的引入，提高企业创新绩效和企业的产品生产效率，推动企业各项生产经营活动有效开展。

本书的实证结果进一步辅证了付东（2017）和王桂军（2019）提出的产能过剩的创新促进效应，企业在面临去产能的压力下会加大创新投入，寻求转型升级，提供了外部政策压力促进企业创新最直接的微观实证证据。如前所述，已有研究主要是从创新的角度分析产能过剩产生的原因，却很少关注产能过剩压力对企业创新投入的影响。近几年，有学者开始关注国家去产能政策的微观影响，但并没有将企业自身的重要特征对这种效应的调节作用加以考虑。本书的实证研究发现，不同所有制企业面临外部政策压力时的表现有较大差异：因国有企业其所处的地位和承担的责任不同，政府的"抑制型"政策对其创新投入并没有产生显著影响，而对民营企业却有相当明显的促进作用。尽管在经济转型时期，企业适应变化的意愿均比较强烈，但并非所有企业都有能力快速应对。融资约束程度是限制企业创新投入的一个重要因素，在政府去产能政策压力下，融资约束程度低的企业会主动选择创新，而融资约束程度高的企业可能"有心无力"。这为政府进行供给侧改革和经济高质量发展提供了一定的参考依据，也为企业在经济转型时期寻求发展提供了经验证据。

9 政府干预企业创新政策的效果检验

9.1 问题的提出

9.1.1 去产能政策是否提高了全要素生产率

改革开放以来，国内出现了数轮较大范围的产能扩张，这种扩张在以钢铁、煤炭、水泥等为代表的资本密集型产业中表现得尤为明显，高速的产能扩张为产能过剩的过早到来埋下了隐患。特别是金融危机后四万亿元的投资刺激计划诱导出的过剩产能规模达到最高水平。钢铁、煤炭、水泥、电解铝等产能严重过剩，行业亏损面持续扩大，产能利用率降至历史底部。随着需求不确定性和国内外经济波动性的进一步增加以及经济转型时期的到来，产能过剩逐渐凸显在煤炭、水泥、光伏、船舶、电解铝、石油化工、风电以及平板玻璃等行业，并成为当下中国最重要的宏观经济风险。我国钢铁、煤炭等部分主要工业产品产能接近或者超过全球总量的一半，大多数传统制造领域存在严重的产能过剩，特别是部分已停产、半停产、连年亏损、资不抵债，主要靠政府补贴和银行续贷维持经营的"僵尸企业"，占据着大量土地、资金、原材料、劳动力等各类社会资源，造成生产要素配置扭曲，社会资源整体利用效率降低。2015年，国务院发展研究中心的调查报告显示，由于产能过剩矛盾，企业经营质量下降，相关行业的销售利润率不断降低，亏损面已经达到较高水平。其中，2013年，电解铝行业的亏损面为19.81%，船舶制造行业的亏损面达23%，而钢铁行业的亏损面更是高达23.4%。2015年召开的中央经济工作会议把去产能列为2016年五大结构性改革任务之首，时任国务院总理李克强所作的《政府工作报告》对去产能做出了全面部署。其实，早在2013年中央就发布了《国务院关于化解产能严重过剩的矛盾的指导意见》，目标是积极有效地化解钢铁、水泥、电解铝、平板玻璃、船舶等行业产能严重过剩矛盾的同时指导其他产能过剩行业化解工作，随后陆续发布多项政策措施，继续做好产能等量或减量置换工作。在以上多个文件中，中央都着重强调了激励企业创新对于实现去产能目标的重要作用。

去产能是供给侧结构性改革的主要任务之一，政府部门要以科技创新引领产业转型，鼓励企业加大研发投入，开发新产品，培育新产业，打造新的经济增长点。中央都着重强调了激励企业创新对于实现去产能目标的重要作用。去产能政策能否通过倒逼企业提高创新质量以培育企业核心竞争力？考察企业去产能对创新质量的影响对于如何实现经济高质量发展具有重要意义。全要素生产率（TFP）是衡量一国经济增长质量和技术进步的重要指标与依据。习近平总书记在党的十九大会议提出，要推动制造业从数量扩张向质量提高的战略性转变，实施创新驱动发展战略，提高全要素生产率。李瑞杰等（2019）从区域层面研究产能利用率和全要素生产率增长率均与中国区域经济不平衡增长格局存在一致性。张皓等（2018）从企业、地区、行业层面发现，产能过剩对企业全要素生产率具有负向影响效应。该部分主要关注的问题是政府的环保税政策和去产能政策的效果怎样？前面我们已经探讨了政府推动企业创新的政策对企业创新的影响及其影响因素。政府干预企业创新究竟会产生怎样的财务效果？是否会促进企业价值的提升？这些问题是本章重点关注的内容，我们主要以近几年实施的环保税政策和去产能政策从而探究其对企业财务绩效和企业全要素生产率的影响机制，以期更科学地评价政府干预政策的效果。

9.1.2 环保税政策实施的经济效果有待检验

"波特假说"认为，征收环保税能够促进企业开展绿色创新，企业通过提高绿色创新投入不仅可以提高自身治理污染的能力，而且可以提高绿色产品的产出质量，进而部分或者全部抵消由于企业环境规制而产生的成本，这种出技术创新为企业带来的好处超过由于环境规制带来的损失，最终引起企业财务绩效和产品市场竞争力的提升；古典经济学的理论则认为，征收环保税势必会增加企业的成本，影响企业的生产能力以及利润率，产业竞争力在短期内受到影响，进而抑制企业进行绿色创新，最终导致企业财务绩效受到影响。那么，我国在征收环保税时对企业财务绩效如何影响？环保税是否会通过影响绿色创新进而影响企业财务绩效？不同行业的企业以及不同地区的企业有无不同？大量学者对环境规制与企业绩效的关系进行了实证研究，但没有得出统一的结论。

国内外关于环保税与企业价值的研究中，大多数学者对"波特假说"持肯定态度，认为恰当的环保税政策可以增加创新补偿的激励机制，增强企业竞争力，弥补企业"遵循成本"。颉茂华等（2014）等利用多元回归模型，实证分析了资源型企业的创新投入和经营绩效，发现创新投入的增加会提升公司价值，这种提升会从股票市价中反映出来。何红渠等（2017）的研究认为，征收排污费能够促进企业绩效的提高。尹美群等（2018）利用沪深 A 股上市公司数据，通过 3SLS 估计法以及联立方程组的方式，研究分析创新投入与企业财务绩效间的内生性关系，结果表明，前期收益不佳的企业，会通过绿色创新来提高自身的竞争力，从而实现财务绩效的提升。大多数研究结果支持环境规制对企业绩效具有正向促进效果，然而，也有学者的研究结果是环境规制会抑制企业的财务绩效。缪艳娟等（2021）的研究发现，当企业环保投入增加时，企业价值会呈现一种先减少后增加的趋势。刘宁宁等（2019）基于我国 30 个省（自治区、直辖市）的污染密集型企业的面板数据，利用空间杜宾模型，研究发现重污染企业在征收环保税后，其对企业财务绩效的影响大于非重污染行业，因为重污染行业在履行企业的环保责任时将支付大额的环保罚款或者污染治理成本。也有研究表明，环境规制与企业绩效之间呈现一种"U"形曲线关系。

基于上述问题，针对国家提出去产能和环保税政策，我们通过实证检验，对相关政策的实施效果进行评价，为国家政策的实施效果提供定量的依据。

9.2 去产能政策实施的经济效果检验

9.2.1 理论分析与研究假设

9.2.1.1 去产能压力与企业创新质量

从经济学的视角看，创新在本质上是一种投资行为，只有当创新收益大于创新成本时，人们才有意愿进行创新投资。根据能力基础论，创新作为企业市场竞争优势的重要来源，是企业满足当前环境下市场需求和期望的重要策略。产能过剩与企业创新能力有着直接关系。许多产业的技术水平低、企业自主创新能力薄弱，产能过剩现象一旦出现，企业产品就会滞销、供过于求，为防止自身被市场出清，企业就会加大资源投入和增加产出数量，而不是集中在企业自主创新能力的提高和创新产出质量的提升上。此时，企业生产经营活动受到限制，资金状况紧张，就会迫切希望外部资金注入。

根据"寻租"理论，由于产能过剩，企业经营困难，投资效率低下，某些企业为获得政府资金支持和其他融资，就会产生"寻扶持"行为（鲍宗客等，2017），从而增加企业成本，导致创新效率低下。此外，寻租也会进一步加剧产能过剩带来的企业内部资源配置效率低下的问题，抑制企业生产性创新活动产出，具体表现为通过非正式支付而非生产性的创新活动获得市场特权（Aidis，2008）。即便获得了"政治租金"，部分民营企业也会偏好于市场情况明朗、获利较快的投资项目，而非高风险的创新研发活动。此外，由于带来技术进步的实质性创新产出可能需要较长的时间周期、过多的财力及人力才能取得成效，因此，在产能过剩、市场竞争严峻的背景下，企业不愿意进行周期长、高风险的实质性创新。由此，我们提出研究假设1。

假设1：受政府去产能政策的影响，企业实质性创新产出更低。

9.2.1.2 产能过剩与全要素生产率

关于产能过剩与全要素生产率之间的关系，本书归纳了两种观点：一是根据资源配置理论，如果生产资源无法得到最优配置，会造成全要素生产率下降。市场配置要素功能的失灵，造成了我国部分行业产能过剩，导致经济发展中的供给与需求错配，以及资本、劳动力等生产要素在行业和产业间的配置效率较低，从而影响整个行业或企业全要素生产率的提升。二是在企业生产经营效率层面，产能过剩加剧了行业内企业间的竞争程度，扰乱了正常的市场竞争秩序（高晓娜等，2016），对企业的生产经营活动造成了极大的负面影响。产能过剩意味着产品供过于求，而企业为维护其市场竞争地位，会抑制产品价格。在此背景下，企业资金周转速度减慢，资金回报率下降。一方面，将导致企业从组织外部获取信息、人才等资源的难度增大，且在研发活动上的资金投入力度较小；另一方面，较差的盈利能力和经营绩效加大了企业的资金约束，其面临的外部融资约束较高。全要素生产率作为衡量企业生产效率的重要指标，会受到产能过剩对各类经营活动的不利影响。因此，直观上来看，产能过剩企业在人力资本、技术研发及融资约束等方面具有较强的局限性，对企业全要素生产率的提升是极为不利的。由此，我们提出研究假设2。

假设2：产能过剩对企业全要素生产率提升有抑制作用。

9.2.1.3 企业创新质量与全要素生产率

根据外生经济增长理论和内生经济增长理论，技术进步依然是经济持续增长的引擎和源泉，而高质量的实质性创新会为企业带来竞争优势与技术进步。

许多学者认为，经济发展的实质是在市场中不断引入以技术为基础的创新，因此研发投入、技术进步及技术创新等对全要素生产率有着正向的促进作用（何玉梅，2018）。而高技术水平、高质量的实质性创新是企业研发能力的体现，一方面，企业自主研发能力增强可以直接提升企业生产效率；另一方面，企业自主研发能力增强可以降低企业生产成本，减少对劳动、资本的依赖，进而提升企业全要素生产率。此外，实质性创新可以提高企业资源配置效率，提升人力、财力资本等要素在企业内部的不同生产部门间的流动性，提高要素配置效率，达到最优要素配置水平，从而进一步提高企业的全要素生产率。由此，我们提出研究假设3。

假设3：实质性创新产出对企业全要素生产率提升有促进作用。

9.2.2 研究设计

9.2.2.1 样本选择与数据来源

为考察产能过剩对实质性创新与企业全要素生产率的影响，我们选取2010—2019年中国A股制造业上市公司为初始样本，选取制造业为研究对象是因为制造业作为实体经济发展的核心，对国家经济的发展至关重要，探讨制造业企业生产率具有一定的现实意义。为了研究需要，我们还按如下步骤进行了筛选：一是剔除了ST类公司，二是剔除了同时发行H股或N股、B股的公司，三是删除了数据缺失或存在异常值的样本。此外，我们还对样本的所有连续型变量按1%分位数进行缩尾处理。经上述处理后，最终得到1 609个公司的非平衡面板数据，共6 680个样本观测值。以上数据全部来自万德数据库与SPPPAT的专利检索，并运用Stata软件对样本数据进行了处理。

9.2.2.2 变量定义及度量

全要素生产率（tfp）：全要素生产率是指全部生产要素投入量不变时，生产量仍能增加的额外生产效率。针对全要素生产率的测算，主要有OLS、FE、OP、LP、DEA等方法。本书参考鲁晓东等（2012）以及廖冠民（2015）对全要素生产率的OLS常规估算方法，采用Cobb-Douglas生产函数来估算全要素生产率，即

$$Y_{it} = A_{it}L_{it}^{\alpha}K_{it}^{\alpha} \tag{9-1}$$

其中，Y、L_{it}和K_{it}分别表示企业的产出、劳动力投入和资本投入，A_{it}即驱动经济增长的非劳动和资本要素之外的全要素生产率（tfp）。通过对模型（9-1）取对数转化为如下线性形式：

$$y_{it} = \alpha l_{it} + \beta k_{it} + u_{it} \qquad (9\text{-}2)$$

其中，y_{it}、l_{it} 及 k 分别表示 Y、L_{it} 和 K_{it} 的对数形式。对模型（9-2）进行 OLS 估计，所得残差即全要素生产率。

产能过剩（cu）：产能过剩一般采用反向指标产能利用率进行度量，且一般针对行业层面，根据相应模型通过行业数据进行估算（Shaikh，2004；韩国高，2011）。鉴于微观企业层面的产能过剩测量指标较少，本书借鉴修宗峰和黄健柏（2013）的研究，以固定资产收入比作为制造业企业的产能利用率衡量指标。该指标越高，表示企业产能利用效率就越低，产能过剩程度也越大；反之，产能过剩程度则越小。

创新质量（patenti）：前人在研究过程中用于反映企业创新产出成果的指标主要有主营业务收入、创新产品销售收入、技术创新专利的申请数量等无形资产。鉴于主营业务收入无法反映企业创新为企业带来的收益，且创新产品的统计口径与定义尚不清晰，而我国的专利分为发明、实用新型与外观设计三种，它们体现的技术创新程度与动机有所不同，采用专利数量可能会夸大实质性技术创新的产出水平，因此本书参考黎文靖等（2016）的研究，采用"发明"申请数量的自然对数作为企业实质性创新产出的替代变量。

控制变量：本书是从企业微观层面进行研究的。为得到稳健的估计结果，本书将企业资本结构（lev）、产权性质（state）、总资产增值率（growth）、董事长和总经理两值合一的情况（jian）及独立董事在董事会中的占比（direct）作为控制变量的基本选择。变量名称及定义见表9-1。

表 9-1　变量名称及定义

变量类型	变量符号	变量名称	变量定义
被解释变量	tfp	全要素生产率	对模型（9-2）进行 OLS 估计，所得残差即全要素生产率
解释变量	cu	产能利用率	产能利用率=当期固定资产净值/当期营业收入
	patenti	企业创新质量	当期企业发明专利申请量的自然对数
	GPatent	绿色创新	绿色专利申请量加1取对数处理
	Tax	环保税	企业缴纳的环保税（排污费）

表9-1（续）

变量类型	变量符号	变量名称	变量定义
控制变量	state	产权性质	国有性质取值为1，非国有性质取值为0
	jian	董事长和总经理两职合一情况	董事长和总经理两职合为一，则取值为1，否则取值为0
	direct	独立董事占比	独立董事占董事总数的比例
	lev	资产负债率	期末负债总计/期末资产总计
	growth	总资产增值率	（期末总资产－期初总资产）/期初总资产
	Size	公司规模	企业期末总资产的自然对数
	Firmage	公司成立年限	ln（当年年份－公司成立年份+1）
	year	年度变量	年度虚拟变量

9.2.2.3 模型设计

产能过剩（cu）与实质性创新（patenti）。为考察企业产能过剩与实质性创新之间的关系，本书建立了模型（9-3）。

$$\text{patenti}_{it} = \beta_0 + \beta_1 cu_{it} + \beta_j \text{controls}_{it} + \varepsilon_{it} \qquad (9-3)$$

其中，因变量为实质性创新（patenti），自变量为产能过剩（cu），其他为控制变量，包括产权性质（state）、董事长和总经理两值合一情况（jian）、独立董事占比（direct）、资产负债率（lev）及总资产增值率（growth）。

实质性创新（patenti）与企业全要素生产率（tfp）。为检验企业实质性创新与全要素生产率之间的内在关系，本书建立了模型（9-4）。

$$\text{tfp}_{it} = \beta_0 + \beta_1 \text{patenti}_{it} + \beta_j \text{controls}_{it} + \varepsilon_{it} \qquad (9-4)$$

其中，因变量为全要素生产率（tfp），自变量为实质性创新（patenti），其他为控制变量，包括产权性质（state）、董事长和总经理两值合一情况（jian）、独立董事占比（direct）、资产负债率（lev）及总资产增值率（growth）。

为检验企业实质性创新在产能过剩与企业全要素生产率之间的内在机制关系，本书建立了模型（9-5）和模型（9-6）。

$$\text{tfp}_{it} = \beta_0 + \beta_1 cu_{it} + \beta_2 \text{patenti}_{it} + \beta_3 cu_{it} \times \text{patenti}_{it} + \beta_j \text{controls}_{it} + \varepsilon_{it} \quad (9-5)$$

$$\text{tfp}_{it} = \beta_0 + \beta_1 cu_{it} + \beta_2 \text{patenti}_{it} + \beta_3 \text{controls}_{it} + \varepsilon_{it} \qquad (9-6)$$

其中，i 表示个体，t 表示年度标识，ε_{it} 表示随机干扰项。

9.2.3 实证结果与分析

9.2.3.1 描述性统计

表9-2列示了主要变量的描述性统计结果。从中可以看出,制造业企业全要素生产率(tfp)的均值和中位数分别为0.007和-0.003,最大值为0.832,最小值为-0.686,标准差小于1。企业实质性创新(patenti)的均值为2.497,最大值为6.218,最小值为0。由此可见,我国企业实质性创新在企业间的差异较大,部分企业缺乏高质量的技术性创新。同时,在样本期间内产能过剩(cu)的最大值、最小值及标准差分别为1.834、0.036及0.340,表明我国制造业企业产能利用率在样本公司间存在较大差异。各主要变量的描述性统计与相关研究基本一致。

表9-2 主要变量的描述性统计

变量	观测值	最小值	最大值	均值	标准差	中位数
tfp	6 680	-0.686	0.832	0.007	0.269	-0.003
patenti	6 680	0	6.218	2.497	1.392	2.485
cu	6 680	0.036	1.834	0.453	0.340	0.363
growth	6 680	-0.191	1.855	0.192	0.308	0.109
lev	6 680	0.055	0.843	0.391	0.190	0.382
direct	6 680	0.2	0.667	0.373	0.054	0.333
jian	6 680	0	1	0.294	0.455	0
state	6 680	0	1	0.291	0.454	0

9.2.3.2 相关性检验

表9-3报告了变量的相关性检验结果。产能过剩(cu)与全要素生产率(tfp)具有显著的负相关关系,初步说明产能过剩会抑制企业全要素生产率提升,相关性检验初步支持了前文假设。实质性创新(patenti)与全要素生产率(tfp)的系数为0.084,在1%的水平上显著。各变量之间的相关系数最大值为0.300。为避免变量之间存在多重共线性问题,本书进行了方差膨胀因子VIF检验,发现最大值不超过1.19、均值为1.08,可以认为结果受多重共线性的影响较小。

表 9-3　变量间的 pearson 相关系数分析

变量	tfp	cu	patenti	growth	state	lev	direct	jian
tfp	1.000							
cu	-0.300***	1.000						
patenti	0.084***	-0.092***	1.000					
growth	-0.060***	0.004	0.028**	1.000				
state	0.055***	0.024*	0.171***	-0.089***	1.000			
lev	-0.040***	0.061***	0.252***	-0.006	0.300***	1.000		
direct	-0.055***	0.013	0.021*	0.021*	-0.040***	-0.022*	1.000	
jian	-0.050***	-0.014	-0.048***	0.041***	-0.272***	-0.138***	0.118***	1.000

注：括号内为 t 值，*、**、*** 分别表示在 10%、5%、1% 的水平下显著。

9.2.3.3 多元回归结果分析

基本回归结果。产能过剩与企业创新质量的回归分析中，为检验产能过剩对企业实质性创新的影响，本书对模型（9-3）采用 OLS 回归，结果见表9-4中的第（1）列、第（2）列。第（1）列没有加入控制变量，此时产能利用率cu 的回归系数在1%的水平上显著为负。这表明，产能过剩对制造业上市公司的实质性创新有负向作用，初步验证了前文的理论分析。但是，这种关系可能是其他因素综合影响的结果，为了排除其他因素的干扰，需要引入其他可能影响企业实质性创新的控制变量。第（2）列为引入了其他控制变量的结果，在添加了控制变量之后，cu 的显著性和方向并没有变化，这充分反映了产能过剩程度对企业的实质性创新具有显著的负相关影响，验证了假设1。首先，产生这一结果的原因在于创新是维持企业可持续发展的动力和源泉，但技术创新自身的公共品特性也使得创新投资未必能获得预期的价值回报。实质性创新是高质量、高风险的创新活动，企业要承受研发前景的不确定性与创新失败的多重打击，许多"守旧派"企业会中止甚至放弃实质性创新。而制造型企业的产能过剩问题较为严重，产能利用不足，库存严重积压，企业资金周转不足。此外，由于政府与企业存在信息不对称，企业为获得政府补贴和优惠政策会进行短时间内就能取得成效的简单策略上的创新，缺乏高质量创新的科研动力，从而抑制企业的实质性创新产出。

在控制变量方面，总资产增值率（growth）、资本结构（lev）、产权性质（state）及独立董事占比（direct）与企业实质性创新（patenti）始终呈现正相关关系。这说明，企业资金越雄厚，在资本结构合理，财力能支撑企业发展的情况下，越愿意进行实质性创新，推动企业技术进步，赢得竞争优势；相较于民营企业，国有企业的实质性创新能力更强；独立董事占比越高的企业，企业的实质性创新能力越强。

实质性创新与企业全要素生产率的回归分析。为了检验实质性创新对企业全要素生产率的影响，本书采用 OLS 运用模型（9-4），结果见表9-4中的第（3）列、第（4）列。从表9-4的回归结果可以看出，无论是否添加控制变量，我国制造业企业实质性创新与全要素生产率都在1%的水平上显著正相关，表明实质性创新对企业的全要素生产率有积极的正向促进作用，假设2得证。其原因在于，技术进步是企业全要素生产率提高的重要因素，高质量、高水平的创新产出给企业带来了较强的生产能力。特别是对于制造业企业这类技术型企业而言，实质性创新增强了企业的核心竞争力，为企业赢得了市场竞争优势，带动了全要素生产率的提升。

表 9-4　产能过剩、实质性创新与全要素生产率的回归结果

变量	patenti		tfp	
	（1）	（2）	（3）	（4）
cu	-0.291 *** （-7.51）	-0.367 *** （-9.90）		
patenti			0.017 *** （6.90）	0.019 *** （7.39）
growth		0.090 *** （2.89）		-0.030 *** （-4.61）
state		0.356 *** （9.07）		0.031 *** （3.66）
lev		1.611 *** （17.74）		-0.137 *** （-6.99）
direct		0.715 ** （2.33）		-0.274 *** （-4.24）
jian		0.026 （0.67）		-0.023 *** （-2.82）
YEAR	NO	YES	NO	YES
_ cons	2.641 *** （105.77）	1.280 *** （9.00）	-0.035 *** （-4.91）	0.049 （1.64）
N	6 680	6 680	6 680	6 680
adj. R^2	0.008	0.103	0.007	0.026

注：括号内为 t 值，*、**、*** 分别表示在 10%、5%、1% 的水平下显著。

在控制变量方面，制造业上市企业产权性质（state）的回归系数均显著为正，即相较于非国有企业，国有企业的全要素生产率更高。总资产增值率（growth）、资本结构（lev）、独立董事占比（direct）、董事长和总经理两职合为一（jian）与企业全要素生产率负相关，说明企业的规模效应越大，资本结构不合理，债务负担过重对企业全要素生产率具有负面影响。

渠道机制检验。创新是提高社会全要素生产率的重要影响因素，不同性质的创新将直接影响全要素生产率。因此，我们认为，企业实质性创新在产能过剩与全要素生产率之间可能存在调节效应，或者有中介作用。为检验企业实质性创新在产能过剩与全要素生产率之间的内在影响机理，本书借鉴温忠麟等人（2014）的研究对其展开进一步研究。经 Hausman 检验，采用随机效应模型进行面板数据回归，结果如表 9-5 所示。表 9-5 中的第 1 列为产能过剩与企业实

质性创新的回归结果，产能过剩与制造业上市企业的实质性创新在 1% 的水平上显著为负，回归系数为 -0.367。在表 9-5 中的第 2 列的回归结果中，产能过剩与企业全要素生产率在 1% 的水平上显著负相关，表明对我国的制造业上市企业而言，产能过剩对企业实质性创新与全要素生产率的提升具有消极影响。表 9-5 中的第 4 列呈现了企业实质性创新的调节效应分析结果，产能过剩与企业实质性创新的交乘项（cu×patenti）结果不显著，表明在产能过剩与企业全要素生产率的关系中，企业实质性创新的调节效应并不明显。第 3 列和第 5 列为实质性创新的中介效应分析。在第 3 列的回归结果中，实质性创新与全要素生产率呈显著正相关关系，回归系数为 0.019，且显著性水平为 1%，表明企业实质性创新在产能过剩与企业全要素生产率之间存在明显的间接中介效应；在第 5 列的结果中，在控制了企业实质性创新变量后，产能过剩对我国制造业上市企业全要素生产率的影响仍在 1% 的水平上显著，表明实质性创新在产能过剩与企业全要素生产率之间存在部分中介效应。因此，产能过剩通过影响企业的实质性创新来抑制企业全要素生产率的提高。综上所述，假设 3 得到验证。

表 9-5　渠道机制检验

变量	patenti	tfp	tfp	tfp	tfp
cu	-0.367 *** （-9.90）	-0.194 *** （-25.87）		-0.175 *** （-10.57）	-0.189 *** （-25.16）
patenti			0.019 *** （7.39）	0.014 *** （3.94）	0.011 *** （4.65）
cu×patenti				-0.06 （-0.97）	
growth	0.090 *** （2.89）	-0.028 *** （-4.47）	-0.030 *** （-4.61）	-0.029 *** （-4.62）	-0.029 *** （-4.64）
state	0.356 *** （9.07）	0.038 *** （4.79）	0.031 *** （3.66）	0.034 *** （4.23）	0.034 *** （4.26）
lev	1.611 *** （17.74）	-0.083 *** （-4.54）	-0.137 *** （-6.99）	-0.102 *** （-5.45）	-0.102 *** （-5.43）
direct	0.715 ** （2.33）	-0.240 *** （-3.88）	-0.274 *** （-4.24）	-0.247 *** （-3.99）	-0.249 *** （-4.02）
jian	0.026 （0.67）	-0.023 *** （-3.01）	-0.023 *** （-2.82）	-0.023 *** （-3.07）	-0.023 *** （-3.05）
YEAR	YES	YES	YES	YES	YES

表9-5(续)

变量	patenti	tfp	tfp	tfp	tfp
_ cons	1. 28 *** (9. 01)	0. 129 *** (4. 50)	0. 049 (1. 64)	0. 108 *** (3. 67)	0. 114 *** (3. 97)
N	6 680	6 680	6 680	6 680	6 680
adj. R²	0. 103	0. 108	0. 026	0. 111	0. 111

注: 括号内为 t 值, * 、** 、*** 分别表示在 10%、5%、1%的水平下显著。

9. 2. 3. 4 稳健性检验及进一步研究

稳健性检验。产能过剩变量的计算方法不同可能会对结果产生影响, 同时, 产能过剩的压力对全要素生产率的提高可能会存在一定的滞后效应。因此, 为了验证结果的稳健性, 本书从变更产能过剩的计量方式和滞后全要素生产率两个方面进行了稳健性测试。

更改产能过剩的衡量方式。考虑到对产能过剩的不同界定方法可能也会对结论产生影响, 故参考修宗峰和黄健柏等（2013）研究的界定方法, 设置产能过剩哑变量 cu, 根据监证会 2012 年行业分类标准, 分别采用所在行业固定资产收入比 cu 的 75% 为临界点, 若样本企业固定资产收入比 cu 大于其所在行业固定资产收入比 cu 的 75%, 则 cu 取值为 1, 否则取值为 0。根据新定义的 cu 对模型重新进行回归, 如表9-6 所示。

表9-6 基于产能过剩变量变更的稳健性检验

变量名	patenti	tfp	tfp	tfp	tfp
cu	−0. 389 *** (−10. 21)	−0. 151 *** (−19. 26)		−0. 140 *** (−8. 84)	−0. 146 *** (−18. 50)
patenti			0. 019 *** (7. 39)	0. 014 *** (4. 89)	0. 013 *** (5. 23)
cu×patenti				−0. 003 (−0. 48)	
growth	0. 088 *** (2. 82)	−0, 029 *** (−4. 54)	−0. 030 *** (−4. 61)	−0. 030 *** (−4. 72)	−0. 030 *** (−4. 73)
state	0. 362 *** (9. 23)	0. 040 *** (4. 96)	0. 031 *** (3. 66)	0. 035 *** (4. 34)	0. 035 *** (4. 35)
lev	1. 598 *** (17. 62)	−0. 094 *** (−5. 05)	−0. 137 *** (−6. 99)	−0. 116 *** (−6. 05)	−0. 115 *** (−6. 05)
direct	0. 754 ** (2. 46)	−0. 231 *** (−3. 64)	−0. 274 *** (−4. 24)	−0. 240 *** (−3. 80)	−0. 241 *** (−3. 81)

表9-6（续）

变量名	patenti	tfp	tfp	tfp	tfp
jian	0.033	-0.020**	-0.023**	-0.020***	-0.020***
	(0.88)	(-2.52)	(-2.82)	(-2.59)	(-2.58)
YEAR	YES	YES	YES	YES	YES
_cons	1.188***	0.078***	0.049	0.061**	0.063**
	(8.39)	(2.68)	(-1.64)	(2.07)	(2.14)
N	6 680	6 680	6 680	6 680	6 680
adj. R²	0.104	0.070	0.026	0.074	0.074

注：括号内为 t 值，*、**、*** 分别表示在 10%、5%、1% 的水平下显著。

考虑全要素生产率影响的滞后效应。为检验企业全要素生产率的影响是否存在滞后效应，我们将 tfp 置后一期，得到了 4 566 个观测值。将 tfp 滞后一期（L. tfp）对模型（9-4）、模型（9-5）、模型（9-6）重新进行回归结果（见表9-7），核心自变量对因变量的影响是基本一致的，各研究假设均得到验证，表明本书的实证结果是稳健可靠的。

表9-7 基于全要素生产率影响时效性的稳健性检验

变量	L. tfp	L. tfp	L. tfp	L. tfp
cu	-0.165***		-0.147***	-0.159***
	(-19.43)		(-7.48)	(-18.61)
patenti		0.023***	0.018***	0.016***
		(7.65)	(4.24)	(5.43)
cu×patenti			-0.005	
			(-0.65)	
growth	0.018**	0.14*	0.016**	0.016**
	(2.22)	(1.65)	(2.01)	(1.99)
state	0.044***	0.037***	0.038***	0.038***
	(4.90)	(4.00)	(4.21)	(4.23)
lev	-0.069***	-0.123***	-0.096***	-0.095***
	(-3.25)	(-5.45)	(-4.39)	(-4.37)
direct	-0.265***	-0.297***	-0.280***	-0.282***
	(-3.63)	(-3.94)	(-3.85)	(-3.88)
jian	-0.014	-0.014	-0.014	-0.014
	(-1.56)	(-1.47)	(-1.61)	(-1.58)
YEAR	YES	YES	YES	YES

表9-7(续)

变量	L. tfp	L. tfp	L. tfp	L. tfp
_ cons	0.128*** (3.90)	0.029 (0.85)	0.099*** (2.90)	0.104*** (3.1)
N	4 566	4 566	4 566	4 566
adj. R²	0.09	0.027	0.095	0.095

注：括号内为 t 值，*、**、*** 分别表示在 10%、5%、1% 的水平下显著。

进一步研究。产能过剩对制造业上市企业实质性创新和全要素生产率有抑制作用，考虑到不同区域的经济发展情况有所差异，可能影响结果的真实性。因此，本书采用市场化进程程度分组的方法进行分类对比。

本书借鉴王小鲁、樊纲等的市场化指数计算结果，市场化程度指标来自王小鲁、樊纲的《中国分省份市场化指数报告（2016）》以及 Wind 数据库。本书根据中国不含港澳台的 31 个省（自治区、直辖市）按市场化总指数评分，将样本企业分为市场化进程快组和市场化进程慢组，地区市场化总指数评分越高，代表该地区市场进程越快，并依次将数据代入模型（9-3）和模型（9-6）进行OLS 回归。其结果如表9-8 所示。

表9-8 按市场化程度分组的多元线性回归结果

变量	patenti		tfp	
	市场化进程快组	市场化进程慢组	市场化进程快组	市场化进程慢组
cu	−0.416*** (−8.55)	−0.235*** (−4.06)	−0.197*** (−20.72)	−0.179*** (−12.80)
patenti			0.017*** (6.49)	−0.015* (−1.91)
growth	0.075** (2.13)	0.135** (2.04)	−0.034*** (−4.60)	−0.024 (−1.52)
state	0.477*** (10.75)	0.14 (1.52)	0.022** (2.50)	0.068*** (3.06)
lev	1.585*** (15.88)	1.876*** (8.66)	−0.076*** (−3.83)	−0.238*** (−4.42)
direct	0.505 (1.51)	2.044*** (2.73)	−0.215*** (−3.30)	−0.444** (−2.47)
jian	0.016 (0.41)	0.079 (0.71)	−0.026*** (−3.31)	−0.003 (−0.10)

表9-8(续)

变量	patenti		tfp	
	市场化进程快组	市场化进程慢组	市场化进程快组	市场化进程慢组
YEAR	YES	YES	YES	YES
_ cons	1. 066 *** (5. 86)	0. 393 (1. 11)	0. 153 *** (4. 30)	0. 152 * (1. 79)
N	6 680	6 680	6 680	6 680
adj. R²	0. 112	0. 101	0. 095	0. 192

注：括号内为 t 值，*、**、*** 分别表示在 10%、5%、1%的水平下显著。

从表9-8中的第（1）列、第（2）列可以看出，产能过剩对企业实质性创新的抑制作用在不同区域依然显著，只是在市场化程度较高的地区影响更大，可能由于在市场化程度越高的地方，企业"寻租"现象更为严重，创新效率更低。由表9-8中的第（3）列、第（4）列可知，对我国大多数制造业上市企业而言，产能过剩对不同区域的企业全要素生产率有抑制作用。对比市场化进程慢组，地区的市场化程度越快，产能过剩对企业的全要素生产率抑制作用更强，可能是因为市场进程快的地区，企业之间竞争激烈，"潮涌现象"较为严重，导致企业产能过剩的程度较高，从而对全要素生产率的抑制作用更强。但实质性创新在市场化程度较高的地区对全要素生产率起促进作用，可能由于我国混合所有制改革尚未完成，市场化进程较慢的地区法制不健全，导致企业全要素生产率受不同企业性质所决定的制度安排等其他因素的影响更大。

9.3 环保税政策实施的经济效果检验

9.3.1 理论分析与研究假设

9.3.1.1 环保税政策实施对绿色创新的影响

环保税是环境规制中的一种手段，也是影响企业绿色发展的一个新变量，征收环保税会增加企业内部的成本费用。但从长远来看，企业为了提升自身的市场竞争力，实现企业价值最大化的目标，就会革故鼎新，挖掘可以激发企业成长活力的源泉，那么创新是一个很好解决发展中的矛盾的手段。此外，创新也会为企业转型成经济、绿色的新型企业提供动力，实现企业价值。

环保税对企业绿色创新的"倒逼"效应体现在利益相关者的外部压力，

以及企业内部的激励性因素（于连超等，2019）。就外部压力而言，绿色发展是外部利益相关者对重污染企业的现实诉求。2003 年开始实施的《排污费征收使用管理条例》，以及 2018 年开始实施的《中华人民共和国环境保护税法》明确规定，对企业污染排放物按照污染当量征收排污费（环境税）。因此，企业积极进行绿色技术创新会相应增强企业利益相关者对于企业发展的信心，减少利益相关者对企业污染环境产生的负面预期（李霁友，2017），提升企业产品价值和客户价值，促使管理者在外部利益相关者的诉求下选择绿色创新战略。就内部激励而言，实现绿色发展固然是企业社会效益的体现，但作为利润的追求者，企业更关注经济利益。尽管排污收费构成了企业的成本，减少了可直接实现的利润，但排污收费能促使管理者积极反思企业自身绿色发展存在的不足（金友良等，2020），有效弥补企业治理机制的固有缺陷，克服组织不思变革的惰性（颉茂华等，2011）。通过绿色创新，企业不仅能够实现节能减排的社会效益，更能生产出比竞争对手更具有绿色差异化的产品，从而获得新的市场份额，培养出独特的绿色竞争优势（贺娜等，2018）。基于上述分析，我们提出假设 4。

假设 4：在其他条件不变的情况下，征收环保税能够激发企业进行绿色创新。

9.3.1.2 环保税政策实施对企业绩效的影响

目前，已有较多学者从实证角度研究环保税与企业绩效的关系，但其研究结论还未达成一致。波特假说认为，征收环保税能够促进企业开展绿色创新。企业通过提高绿色创新投入，不仅可以提高自身治理污染的能力，而且可以提高绿色产品的产出质量，进而部分或者全部抵消由于企业环境规制而产生的成本，这种由技术创新为企业带来的好处超过由于环境规制带来的损失，最终引起企业财务绩效和产品市场竞争力的提升；古典经济学的理论则认为，征收环保税势必会增加企业的成本，影响企业的生产能力以及利润率，产业竞争力在短期内会受到影响，进而抑制企业进行绿色创新，最终导致企业财务绩效受到影响。目前，诸多研究发现课征环保税对于企业绩效有促进作用，验证了波特假说。合理设计的环境规制不仅会激发企业的绿色创新动力，而且会降低企业的生产成本压力，产生"创新补偿"和"先动优势"，从而抵消过重的环保税负给企业绩效带来的不利影响，进而提高企业价值。齐绍洲等（2018）认为，征收环境保护税短期会对企业绩效产生一定的负面影响，但这种负面影响也会激发企业进行绿色创新。从长远来看，企业通过绿色技术创新或者绿色产品创新提高了企业的市场竞争力，而其为企业带来的收益能够补偿企业因环境规制产生的成本，甚至还能产生额外的收益。因此，基于以上分析，我们提出假设5。

假设5：在其他条件不变的情况下，环保税政策实施对企业绩效有正向促进作用。

9.3.2 研究设计

9.3.2.1 样本选择与数据来源

在考察环保税的经济效果时，本书主要选择2007—2019年中国沪深A股上市公司所有行业相关数据为研究样本。为了研究需要，在原始数据的基础上，我们还按如下步骤进行了筛选：一是剔除了ST公司，二是删除了数据缺失或存在异常值的样本，三是剔除了金融行业上市公司。此外，我们还对样本的所有连续型变量按1%分位数进行缩尾处理。经上述处理后，最终得到1 788个样本观测值。以上数据来自万德数据库（Wind）与SPPPAT的专利检索，并运用Stata软件对样本数据进行处理。

由于《中华人民共和国环境保护税法》于2018年1月1日起正式实施，新环保税法将"排污费"变更为"环境税"，可能存在政策干预导致的"噪音"，但不论是环境税还是排污费，它们的性质都是对企业负外部性的经济活动进行收费，环境税的征税对象、性质等相较于排污费变化较小，因此不会影响本书的结论。

9.3.2.2 变量选取及定义

企业绩效（ROA）。企业绩效可以从微观层面反映环保税的政策效应。关于企业绩效的测量，主要有总资产报酬率、净资产报酬率、托宾Q值等。本书借鉴已有研究的做法，采用资产回报率衡量企业绩效，由于征收环保税对企业的影响具有滞后效应，因此，本书考虑了将资产回报率滞后一期及两期的模型。同时，选择托宾Q值衡量企业的绩效进行稳健性检验，因为该指标不仅可以评价企业价值的增长趋势，而且可以预测其发展能力。

环保税（Tax）。环保税主要分为广义环保税和狭义环保税，本书直接采用狭义环保税即环境保护税作为环保税的代理变量。环境税的数据源于企业年度报告的财务报表附注，2017年以前主要用排污费表示环保税，2017年以后按企业实际缴纳的环保税来表示。《中华人民共和国环境保护税法》于2018年1月1日起正式实施，同时废止2003年起实施的《排污费征收使用管理条例》。新环保税法将"排污费"变更为"环境税"，且在征管措施、征收标准、细分领域等方面相较于《排污费征收使用管理条例》更为严格。但需要说明的是，不论是环境税还是排污费，它们的性质都是对企业负外部性的经济活动进行收费，环境税的征税对象、性质等相较于排污费变化较小，因此不会影响本书的结论和政策启示。

绿色创新（GPatent）。现有文献多侧重从宏观层面衡量绿色创新，这种测量方法不能精确观测企业微观层面的绿色创新水平。本书采用绿色专利申请书来衡量绿色创新水平。为消除绿色专利申请数据的右偏分布问题，我们借鉴（毕茜等，2019）的做法，在回归模型中进行绿色专利申请量加 1 和取对数处理。采用专利申请数进行研究而非专利授权数，是因为：一项专利从申请到授权往往需要 1~2 年的时间，为了避免这种滞后性，才采用专利申请数。世界知识产权组织（WIPO）于 2010 年发布了"IPC 绿色清单"，并直接由权威专家与 IPC 分类号相互匹配。本书根据此清单对所有绿色专利的 IPC 进行细化，然后在国家知识产权局依据分类号检索出每个企业每年的绿色发明专利和绿色实用性专利申请量，并进行标识，达到精确衡量绿色创新的目的。为了增强文章的可读性，在进行稳健性检验时，采用本年度已申请绿色专利数与本年度所有专利申请数的比值作为替代变量。

控制变量。由于本书是从企业微观层面进行研究的，为得到稳健的估计结果，本书将企业资本结构（lev）、产权性质（state）、总资产增值率（growth）、董事长和总经理两值合一的情况（jian）及独立董事在董事会中的占比（direct）作为控制变量的基本选择。变量名称及定义见表9-9。

表 9-9　变量名称及定义

变量名称	变量符号	变量定义
企业绩效	ROA	企业资产报酬率
绿色创新	GPatent	Ln（绿色专利申请量+1）
环保税	Tax	企业缴纳的环保税（排污费）占营业收入的比例
产权性质	state	国有企业取值为1，非国有企业取值为0
董事长和总经理两职合一情况	jian	董事长和总经理两职合为一，则取值为1，否则取值为0
独立董事占比	direct	独立董事占董事总数的比例
资产负债率	lev	期末负债总计/期末资产总计
总资产增值率	growth	（期末总资产−期初总资产）/期初总资产
公司规模	Size	企业期末总资产的自然对数

表9-9(续)

变量名称	变量符号	变量定义
公司成立年限	Firmage	Ln（当年年份-公司成立年份+1）
年度变量	year	年度虚拟变量

9.3.2.3 模型设计

为了检验环保税实施对企业绩效的影响以及其作用机制，我们构建基本模型如下：

$$\text{ROA}_{i,\,t-1} = \delta_0 + \delta_1 \text{TAX}_{i,\,t} + \delta_2 \text{Control}_{i,\,t} + \sum \text{Year} + \varepsilon_{i,\,t} \qquad (9\text{-}7)$$

$$\text{GPatent}_{i,\,t} = \beta_0 + \beta_1 \text{TAX}_{i,\,t} + \beta_2 \text{Control}_{i,\,t} + \sum \text{Year} + + \varepsilon_{i,\,t} \qquad (9\text{-}8)$$

$$\text{ROA}_{i,\,t} = \gamma_0 + \gamma_1 \text{TAX}_{i,\,t} + \gamma_2 \text{GPatent}_{i,\,t} + \gamma_3 \text{Control}_{i,\,t} +$$
$$\sum \text{Year} + + \varepsilon_{i,\,t} \qquad (9\text{-}9)$$

同时，为了考察绿色创新的中介效应，我们借鉴温忠麟（2004）提出的中介效应检验方法，构建以下递推回归模型，检验征收企业环保税是否能够提高企业绩效，在基准模型的基础上加入绿色创新这个中介变量，验证其是否存在中介效应。第一步，对模型（9-7）进行回归，检验环保税实施与企业绩效的关系。若δ_1显著为正，说明环保税实施能够提高企业的绩效。第二步，对模型（9-8）进行回归，考察环保税与中介变量之间的关系。第三步，对模型（9-9）进行回归。最终，本书根据δ_1、β_1、γ_1、γ_2来判定中介效应是否存在。若δ_1显著异于0，那么当β_1、γ_1、γ_2均显著时，中介变量发挥部分中介作用；当β_1、γ_2显著而γ_1不显著时，中介变量发挥完全中介作用；当β_1、γ_2其中之一不显著时，进一步进行Sobel test判断中介效应是否存在。

9.3.3 实证结果与分析

9.3.3.1 描述性统计

从表9-10中可以看出，企业环保税费占营业收入的比重差距较大，说明不同企业承担的环保税费有较大差距。

表9-10 相关变量的描述性统计

变量名称	变量符号	平均值	标准差	最小值	最大值
企业绩效	ROA	0.028 0	0.054 0	-0.188	0.184
环保税	Tax	2.473	1.984	0.030 0	9.340

表9-10(续)

变量名称	变量符号	平均值	标准差	最小值	最大值
绿色创新	GPatent	14.61	1.893	9.416	18.47
企业规模	Size	8.230	1.110	5.878	10.92
资产负债率	Dar	0.492	0.207	0.056 0	0.973
成长机会	Growth	0.121	0.224	−0.265	1.178
股权性质	OP	0.595	0.491	0	1
流动资产周转率	Cat	1.665	0.989	0.327	5.159
利润水平	Prof	0.043 0	0.103	−0.473	0.313
企业年龄	Age	3.158	0.201	2.565	3.584
两权分离	Sep	5.708	8.255	0	28.55

为了提高文章结论的信服力，降低因模型存在多重共线性而造成结果的偏误，对控制变量进行 VIF 检验，结果显示，所有控制变量的 VIF 值均远小于10，故回归模型不存在多重共线性问题。

9.3.3.2 实证回归结果

从表 9-11 中可以看出，环保税的系数在回归模型中都为正，环保税对企业绩效在1%的水平上显著为正；假设得到验证。环保税通过绿色创新这个中介变量提升企业绩效。具体来看，模型（1）中，环保税对企业绩效的估计系数显著为正，因此，环保税对企业绩效有正向促进作用，满足中介效应检验的第一步；模型（2）中，环保税对绿色创新的估计系数为0.074，且在1%的水平上显著为正，因此，环保税能够倒逼企业绿色创新；模型（3）中，绿色创新的回归系数也显著为正，说明绿色创新与企业绩效呈现正相关关系。而环保税对企业绩效的影响程度降低，说明绿色创新在环保税对企业绩效的影响中存在部分中介效应。

表 9-11　环保税、绿色创新与企业绩效回归结果

变量	全样本		
	（1）	（2）	（3）
	ROA	GPatent	ROA
Tax	0.002 *** （3.14）	0.074 *** （2.59）	0.002 *** （2.84）
GPatent			0.002 *** （3.53）

表9-11（续）

变量	全样本		
	（1）	（2）	（3）
	ROA	GPatent	ROA
Size	0.005*** （3.48）	-0.168*** （-3.08）	0.006*** （3.92）
Dar	-0.074*** （-10.17）	-2.002*** （-6.91）	-0.074*** （-9.72）
Growth	0.026*** （4.38）	0.317 （1.36）	0.030*** （5.01）
OP	-0.010*** （-3.57）	-0.043 （-0.39）	-0.012*** （-4.16）
Cat	0.002 （1.55）	-0.480*** （-9.48）	0.004** （2.56）
Prof	0.103*** （7.56）	0.356 （0.66）	0.093*** （6.63）
Age	-0.001 （-0.17）	-1.036*** （-4.35）	0.001 （0.14）
Sep	0.000 （0.30）	-0.002 （-0.30）	0.000 （0.22）
Constant	-0.005*** （-0.13）	8.129 1** （4.08）	0.002 4** （0.05）
Year	控制	控制	控制
Observations	1 788	1 788	1 788
adj. R^2	0.233	0.187	0.261
F	25.90	17.36	25.45

9.3.3.3 稳健性检验：环保税改革作为自然实验

由于本书的样本研究区间选择的是2007—2019年的数据，环保税法于2018年1月1日正式实行，其中可能存在由于政策不一致导致的噪音干扰。为了增强文章的可读性，本书将样本划分为2017年以前及2017年以后两个子样本，分组进行回归，排除由于政策不一致带来的噪音干扰。由表9-12可知，两个样本的回归结果都表明环保税在影响企业绩效的过程中，绿色创新在其中发挥中介的效用。这说明，无论是排污费还是环保税，其征税对象、性质等都变化不大，因此对本书的研究结论与政策启示没有太大的影响。

表 9-12　稳健性检验结果

变量	2017 年及年前			2017 年以后		
	（1）	（2）	（3）	（1）	（2）	（3）
	ROA	GPatent	ROA	ROA	GPatent	ROA
Tax	0.001 8**	0.053 1*	0.001 7*	0.003 8**	0.199 1***	0.003 4**
	（2.12）	（1.80）	（1.99）	（2.54）	（3.51）	（2.23）
GPatent			0.002 8***			0.001 4
			（3.74）			（0.94）
Controls	控制	控制	控制	控制	控制	控制
Constant	0.009 2	8.219 7***	0.011 4**	−0.045 6**	5.701 1***	−0.049 5***
	（0.22）	（4.44）	（0.22）	（−0.92）	（2.98）	（−0.97）
Observations	1 373	1 373	1 373	344	344	344
adj. R^2	0.201	0.201	0.233	0.274	0.178	0.273

9.4　实证结论

9.4.1　去产能压力没有对企业提高全要素生产率产生倒逼作用

以制造业上市公司为研究对象，利用 2010—2019 年企业专利数据及企业全要素生产率数据，实证考察了我国制造业上市公司产能过剩对企业全要素生产率的影响。结果表明，产能过剩对企业实质性创新具有显著的负向影响，由于实质性创新产出的风险性与不确定性，产能过剩导致企业经营困难，诱导企业为"寻租"，企业不会将大部分资金用于实质性创新活动上，从而降低创新效率，抑制实质性创新；产能过剩抑制了制造业企业全要素生产率提升，企业的实质性创新在产能过剩与全要素生产率之间起着部分中介作用。带来技术进步的创新产出能加快企业各项资源配置达到最优，从而提升企业的全要素生产率，但产能过剩通过抑制提高生产效率的创新产出对全要素生产率的提升具有消极影响；由于地区发展程度有差异，市场化程度较高的地区由于激烈的市场竞争，企业与政府存在信息不对称，产能过剩对企业的实质性创新与全要素生产率的消极影响更强。

基于上述结论并提出以下建议：政府积极承担起淘汰落后产能和化解过剩产能的责任，实现分类精准扶持与补助。政府应当合理利用各类要素资源的配置权和企业准入权，要理性去产能，不能因为政府偏爱大型国有企业忽视其产能过剩问题，而过度减压中小非国有企业的产能。并且，政府要主动去解决对去产能引发的一系列社会问题，特别是保障失业人员再就业及其保底福利。另外，政府在给予企业优惠政策及创新补助时，应当精准扶持，分类别与行业对企业进行帮扶，抑制政府和企业为获取补贴的机会主义行为，创造良好的外部环境，使政府补贴成为推进企业技术创新化解过剩产能的巨大动力。

制造业企业应当加大研发力度，让高质量的研发产出成为提升企业生产率的坚实后盾。目前，我国的制造业企业大都为重资产，规模效应较大的企业，对技术与创新有着高要求、高需求。特别是大中型国有企业的科技创新缺乏硬约束，科技创新的潜力得不到充分挖潜。企业应当强化科技创新，突破核心关键技术，加强企业管理创新以实现企业创新驱动发展，将企业的短期盈利目标与未来长远发展与企业的研发创新结合起来，加大对核心研发人员的投入，提高企业创新绩效和企业的产品生产效率，推动企业各项生产经营活动有效开展。

建立产、学、研三位一体的技术创新体系。政府、企业、高校科研院所三个方面应当形成科技创新合力。政府应加强对企业科技创新风险有效措施的防范，合理配置企业和高校科研创新成果的供给与需求从而促进产、学、研一体化体制机制的形成。着力培养企业自身的创新和管控能力，让产能过剩的压力成为企业加强创新、提升生产率的有效动力。这也与国家创新驱动战略及《中国制造 2025》政策的内容相一致。

9.4.2　环保税政策的实施促进了企业绩效提升

以沪深 A 股上市公司 2007—2019 年的数据作为研究样本，搜集了环保税与企业绿色创新的相关数据，实证检验了绿色创新在环保税与企业绩效关系的中介效应。研究结果表明：环保税对企业绩效有显著的正向促进作用；环保税通过增强企业绿色创新能力进而提升了企业的绩效，存在部分中介效应。基于研究结果，提出以下政策建议：

（1）进一步加强对污染环境企业的收费，建立灵活的环境收费体系。环保税才刚刚执行不久，可以提升的空间还很大，有关部门在执行制定政策时可以充分结合企业的具体情况，因地制宜地总结实施更好的政策。在具体实施过程中，可以充分借助媒体、网络等传播渠道，推动企业尤其是重污染行业积极进行企业创新，响应国家政策节能减排，进而提升企业价值。

（2）落实环境规制政策需要充分考虑企业之间的异质性。比如企业所在的地区、企业所属的行业性质等都在考虑范围。对于资金状况良好的企业，政府应加强对其进行环境监管，促进其进行技术创新，充分利用环保收费这一政策，进而提升企业绩效；对于资金状况一般的企业，政府应提供相应补助，鼓励其进行技术创新，以取得提升企业绩效与环境保护的双丰收。

（3）政府在未来进行招商引资时，应尽量考虑低污染、低能耗的外商投资项目，引导其他企业往节能减排、保护环境的方向上发展。而企业积极进行绿色创新，从长远来看不仅能补偿企业的环保成本，而且绿色创新能力也会形成一种独特的竞争优势，使企业在今后的发展中获益的机会更大。

9.5 小结

本章我们对政府去产能政策和环保税政策的实施所产生的经济效果进行了检验。我们利用上市公司的公开数据，对政策实施的效果进行了定量分析。研究发现，无论是去产能政策还是环保税实施，都通过企业创新对企业绩效产生了明显的影响：产能过剩抑制了制造业企业全要素生产率提升，企业创新产出的质量起着部分中介作用，企业因为产能过剩，从而抑制提高生产效率的创新产出，进而对全要素生产率产生了消极影响。但环保税的实施对企业绩效却有显著的正向促进作用，环保税通过增强企业绿色创新能力进而提升了企业的绩效，存在部分中介效应。

10 推进我国企业绿色创新发展的建议

党的十八届五中全会中强调，我国在发展中必须坚持创新、协调、绿色、开放、共享的发展理念，指出应坚持资源节约和环境保护的基本国策，加快形成资源节约型和环境友好型社会，坚持绿色发展和可持续发展，构建人与自然和谐相处发展的格局。自 2012 年联合国可持续发展大会提出绿色经济的发展目标以来，绿色发展方式逐渐被各国提倡。习近平总书记在中央政治局第二十九次集体学习中指出，当前，我国生态文明建设仍然面临诸多矛盾和挑战，生态环境稳中向好的基础还不稳固，从量变到质变的拐点还没有到来，生态环境质量同人民群众对美好生活的期盼相比，同建设美丽中国的目标相比，同构建新发展格局、推动高质量发展、全面建设社会主义现代化国家的要求相比，都还有较大差距。我国产业结构调整有一个过程，传统产业所占比重依然较大，战略性新兴产业、高技术产业尚未成长为经济增长的主导力量，能源结构没有得到根本性改变，重点区域、重点行业污染问题没有得到根本解决。实现碳达峰、碳中和的任务艰巨，资源环境对发展的压力越来越大。实现碳达峰、碳中和是一场广泛而深刻的经济社会系统性变革，面临前所未有的困难和挑战。中共中央、国务院在《中共中央 国务院关于完整准确全面贯彻新发展理念 做好碳达峰碳中和工作的意见》中明确提出，到 2025 年，要初步形成绿色低碳循环发展经济体系。推动绿色低碳发展是国际潮流所向、大势所趋，绿色经济已经成为全球产业竞争制高点。想要实现经济绿色转型，需要各参与方的协调与合作。从政府角度来说，应该给予政策指导与监管，如提出一揽子实施方案，制订具有可操作性的行动计划，并根据改革方案进行资金支持。从企业角度说，应该建立更高的社会责任标准，积极探索公私合作模式，让市场的价值链向有利于绿色发展的模式转变，并借助第四次工业革命浪潮，实现技术升级，设立更多样化的融资模式，吸引外部资本。

10.1 增强生态环保意识，贯彻绿色发展理念

增强生态环保意识，具体包括提升社会公众的社会责任感和荣誉感、树立生态文明价值观念等。倡导绿色生活，除了倡导绿色出行外，还要倡导节能节材等，倡导旧物回收再利用。除此之外，还要发挥媒体和其他渠道的优势，进行科学知识传播，增强公众的环保意识，调动企业的参与积极性，形成全社会参与的环境保护责任体系。

10.1.1 将绿色发展理念贯穿企业建设发展的全过程

绿色发展理念是绿色行动的先导，在生态优先绿色发展成为时代主题，特别是进入高质量发展阶段的背景下，企业作为重要主体，迫切需要进行理念创新，积极承担相应的社会责任，特别是应关注自身发展对环境的贡献。当前，在扎实推进共同富裕的历史阶段，基于对改革开放政策带来的发展机遇、和平时代带来的发展环境的感恩，企业更应当承担推进共同富裕的社会责任。生态环境惠及千万民生，关系着所有人的切身利益，是实现社会公平与社会和谐的重要内容，最能满足人民日益增长的美好生活需要。为此，在企业绿色转型发展进程中，应以生态优先绿色发展、"绿水青山就是金山银山"发展理念为引领，并逐步进行发展理念的创新，将以人民为中心、健康引领作为未来发展的核心理念，实现自身健康发展，保持环境系统健康，并实现与环境健康关系的可持续性。

要从根本上解决生态环境问题，必须贯彻绿色发展理念，坚决摒弃损害甚至破坏生态环境的经济增长模式。要求企业走绿色发展的道路，不能以破坏生态环境为代价追求经济利益，而是通过技术创新、转型升级、降低能耗、减少排放等方式，减小生产经营活动对环境的污染和破坏，切实肩负起保护生态环境、实现绿色发展的社会主体责任。企业应将绿色发展理念贯穿企业建设发展的全过程，将绿色发展要求落实到企业生产的各环节，为经济高质量发展贡献力量。贯彻落实国务院关于加快建立健全绿色低碳循环发展经济体系的指导意见，切实增强绿色低碳发展意识。

10.1.2 将环境治理理念全方位融入公众生活

人民群众是经济社会建设的主体和实践者，提升公众的环境素养，持续、

有效推动人民群众积极参与生态环境保护和治理，形成社会协同效应，是化解生态危机的关键所在。我们每一个人必须清醒地认识到保护生态环境、治理环境污染的紧迫性和艰巨性，清醒地认识到加强生态文明建设的重要性和必要性。公民应当增强环境保护意识，采取低碳、节俭的生活方式，自觉履行环境保护义务。只有增强公众生态环境治理的主体意识，摒弃日常生产生活中的点滴短视行为与浪费举动，从关注、节约到绿色消费、低碳出行，从垃圾分类、环保实践到监督举报、生态倡导等，做到"像保护眼睛一样保护生态环境，像对待生命一样对待生态环境"。

公众主体意识是在实践中养成的，健全的制度为发挥公众全过程参与生态环境治理的自觉性和能动性提供有力保障。公众主体意识与行动自觉的增强在于制度层面的落地、落实、落细。要充分利用各种传统节日和重要节点深入宣传，健全环境治理宣传工作的体制机制，在全社会营造一种"人人有责、人人尽责"的环境治理舆论氛围，并通过创新性的体验或考验形式大力倡导各种有利于环境保护的社会公益活动。大力提高公众对生态环境认知的水平，培养人对自然高度的道德责任感，才能为生态治理奠定坚实的主体基础。只有人人从我做起，积极参与环保行动，才能促进生态治理各项重要任务的完成，加快形成人与自然和谐发展的新格局，开创社会主义生态文明新时代。自觉树立环保意识，推动可持续绿色发展。

10.2 加强顶层设计，营造绿色发展政策环境

创新驱动需要市场和政府两个引擎。利用好市场引擎，就是要让市场机制充分发挥引导资源配置的决定性作用、充分发挥企业作为创新主体的作用；发挥政府的引擎作用，就是要根据经济发展的不同阶段，与时俱进地改变政府发挥作用的重点和方式。宏观调控应符合更加市场化资源配置方式的需要，发挥中央银行在宏观调控和金融监管两方面的作用，统一货币政策、系统重要性金融机构和系统重要性金融基础设施监管职能。

10.2.1 完善机制保障，搭建创新服务平台

在 2021 年全国两会上，碳达峰、碳中和首次被写入《政府工作报告》，中国正式开启"双碳"元年。2021 年 10 月，中共中央、国务院印发了《关于完整准确全面贯彻新发展理念做好碳达峰、碳中和工作的意见》，作为碳达峰、

碳中和"1+N"政策体系中的"1"，明确了碳达峰、碳中和工作的路线图和施工图。随后，国务院印发了《2030年前碳达峰行动方案》，这是碳达峰阶段的总体部署，是"N"中为首的政策文件。全国碳市场正式启动上线交易，首批电力企业被纳入市场进行履约。之后，一系列相关的政策措施接连出台：《关于推动城乡建设绿色发展的意见》《"十四五"工业绿色发展规划》，等等。国家发展改革委、国家能源局发布了《关于完善能源绿色低碳转型体制机制和政策措施的意见》（以下简称《意见》）。《意见》提出了"十四五"时期能源绿色低碳转型的主要目标及体制机制和政策体系；《意见》明确，"十四五"时期，基本建立起推进能源绿色低碳发展的制度框架，形成比较完善的政策、标准、市场和监管体系，构建以能耗"双控"和非化石能源目标制度为引领的能源绿色低碳转型推进机制。政策的持续完善，无疑将带动减污降碳的步伐进一步加快，为绿色发展释放巨大潜力。

政府应营造良好的营商环境，为企业技术创新营造良好氛围，帮助企业绿色转型。着力营造有利于创新发展的政策环境，改革现行财税、投资、金融、贸易政策，完善知识产权保护，制定出台包括专项资金、绿色金融、税费减免在内的政策措施，鼓励企业创新，进一步打破垄断，促进各类企业展开竞争，形成"大众创业，万众创新"的舆论和政策氛围。搭建服务于产业转型发展的公共平台。政府应着力搭建互联互通网络和各类公共平台，包括国家（地区）工程研究中心、国家（地区）科技基础条件平台、公共研发平台、产业共性技术服务平台、技术转移转化服务平台等。采取切实措施鼓励研发。创新国家R&D经费使用方式，将支持重点从生产端转向消费端，从最终产品转向基础研究和竞争前开发活动；开展以用户方（需求）牵头的项目申报模式，增强项目的示范性、针对性和市场扩展力。

10.2.2 完善环境规制政策，推进绿色治理

环境规制通过前期成本效应和后期补偿效应促进经济高质量发展。推进绿色治理，一方面，会增加企业生产环境成本负担，倒逼企业改进生产与经营方式，实现区域内环境质量提升；另一方面，会推动企业技术创新，产业结构转型升级，提高产业生产效率，实现创新驱动经济增长的目标，推动我国经济高质量发展。政府应重点完善资源产权制度、环境产权制度、环境补偿制度以及生态资源交易制度、价格制度等，不断强化生态红线等约束制度、生态补偿等激励制度以及生态资源监管制度等，构建更加严密的制度体系。打破中央和地方政府围绕环境规制和经济高质量发展分开出台法规和政策制度的现实情况，

加大部门间的协调配合，提高环境规制与经济高质量发展的制度衔接水平。国家宏观整体战略政策制定后，实施具体的环境规制行政命令，要注意地区城市因素带来的政策效果差异，配合其他相关政策，提升区域间的绿色经济高质量均衡发展。

命令型环境规制工具作为一种强制政策手段，企业必须遵守政府对其规定的污染排放数量和方式，这有时只会增加企业成本。或者当这一行政命令撤销后，会带来企业报复性排污。因此，经济高质量发展内核下仅运用政府力量进行行政指令导向仍然不够。要发挥市场在绿色资源配置中的决定性作用，通过市场信号影响排污者行为。政府应继续完善《中华人民共和国环境保护税法》，制定合理的征税标准，提高制度的规制强度，迫使企业减少污染物排放，激励企业技术创新，实现绿色转型。同时，针对不同地方的企业的特殊性，各地方应该审慎实施环境保护税政策，针对市场竞争程度、企业规模和企业生命周期等异质性特征，政府应审慎实施环境保护税政策，对于中小企业和处于成长期的企业，政府应给予一定税收优惠和政府补贴，激励其技术创新，帮助中小企业和处于成长期的企业适应环境保护税制度。

10.3 健全绿色金融服务体系，支持绿色创新发展

2016 年以来，中国人民银行会同相关部门，加强和完善绿色金融发展顶层设计，牵头出台了《关于构建绿色金融体系的指导意见》，初步确立了绿色金融发展"五大支柱"，即绿色金融标准体系、环境信息披露、激励约束机制、产品与市场体系和国际合作，发挥绿色金融资源配置、风险防范和价格发现三大功能。在此过程中，始终坚持统筹发展与安全，积极开展环境风险防范和压力测试工作，支持经济社会绿色低碳发展和平稳有序转型。金融支持是企业绿色创新发展的保障，政府应鼓励和支持金融机构加快发展绿色金融和气候融资，制定绿色金融授信政策指引，积极支持煤电、钢铁、有色金属等高碳企业绿色转型发展，保障传统能源清洁化利用和转型的融资需求，为新能源和节能发展提供信贷、基金、信托、挂牌上市等综合性金融服务。

10.3.1 构建多元业态金融服务体系

要加快绿色债券、绿色保险以及绿色基金等方面的工具产品创新和服务效率提升，做到绿色金融体系广度和深度的协同发展，通过绿色金融体系的多元

化发展和多层次建设更好地构建市场导向的绿色技术创新体系。以多元金融业态改善小微企业的金融服务，完善支持普惠金融的财税、监管与货币制度体系；加大资本市场对科技创新支持的力度，发展股权众筹，发展知识产权交易等要素资本市场，发展创投基金、风险资本等创新创业型直接投融资机构，加快创业板发展；创新间接融资服务科技创新方式，银行与创业投资和股权投资机构投贷联动，探索股权和债券相结合的融资服务方式；建立知识产权质押融资市场化风险补偿机制，加快发展科技保险，推进专利保险试点，加快健全促进科技创新的信用增进机制，促进绿色金融发展。

10.3.2　完善多层次的资本市场体系

充分利用我国完善的绿色金融政策体系优势，发挥政府在资源配置、产业布局、政策制定等方面的引导作用，为实体经济"绿化"过程中的产业资本与金融资本良性互动提供基础。同时，要完善和优化市场机制，让市场在绿色金融资源配置中起决定性作用，通过市场方式让绿色金融持续且高效地助力绿色经济发展。此外，鼓励多元主体参与。为保证绿色金融的可持续性，需要更好地调动企业及社会各界的参与积极性。政府应进一步明晰部门权责，全盘统筹考虑绿色金融政策体系，提高金融机构对绿色产业支持的积极性；监管机构应确保金融机构和投资者了解绿色转型风险以及投资对环境的影响；金融机构应在投融资中充分纳入环境因素，提升从业者绿色投融资方面的专业知识，避免对传统高碳行业突然抽、断贷；企业应主动承担环境和社会责任，积极探索能将企业社会责任与企业经济效益相结合的绿色转型之路。加强社会信用体系、征信服务体系的建设和完善，发展与中小型科技创新活动相适应的中小型银行类金融机构，进一步改革和完善多层次的资本市场体系。

碳市场作为资本市场的组成部分，可以将技术和资本引入绿色低碳领域，促进先进节能低碳技术的研发和应用，围绕碳排放权交易、碳减排项目交易以及各种衍生品交易将碳技术与金融相结合，有利于解决企业节能减排、转型升级的融资难题，对企业的意义更重大，更能推动碳市场的繁荣。扩大全国碳市场，将进一步提高碳市场的减碳效果，充分发挥碳市场低成本减碳的优势。全国碳市场建立后，国家对碳市场的管控从单纯的行政手段转为市场机制，用较低成本推动企业转型升级。企业必须改变已有先生产后治理的末端治理方式，将污染预防、碳减排和能效提升贯穿生产过程之中，以清洁生产和污染预防降低碳达峰的环境成本和风险、降低企业的合规成本，提升企业的市场竞争力。"双碳"目标战略会倒逼经济社会从资源依赖走向技术依赖，实现高质量发展。为了降低生产成本，企业将会优先选择绿色先进技术，在生产中尽量减少碳排放量。绿色工艺先进、管理精益的企业，在未来的竞争中将具备更多优势，碳资产或转变为企业的正向收入。

10.4 打造科技创新产业链，助推工业转型升级

10.4.1 完善技术创新体系，多元协同创新

工业转型升级是经济转型发展的关键，而科技创新是工业转型升级的内在驱动力。应以完善企业为主体、市场为导向、产学研相结合的技术创新体系，推动协同创新。技术创新是制造业实现绿色转型的主要途径。但当前制造业企业的技术创新发展依然滞后，制约了企业的绿色转型。企业绿色发展不仅是贯彻实施中央决定部署的重要内容，也是中国制造业高质量发展的应有之义。一方面，要实现企业的创新主体地位，提高企业的自主创新能力；另一方面，要着力推动开放式创新，在引进技术、进行消化吸收再创新的同时，积极在国外设立研发中心。积极参与技术标准设立过程，充分利用中国市场巨大的特点，逐渐把握制定产品技术标准的主动权。

10.4.2 加强科技创新团队和人才队伍建设

以高层次科技人才队伍为重点，营造产业主体创新的良好社会环境。推进管理创新，增强创新资源配置能力。政府要充分提供创新激励、融资、人才开发、文化培育、服务体系建设等方面的平台，要加强创新型人才队伍建设。一是要完善对企业家的培养、激励和保障制度；二是要加强高端人才特别是产业领军人才的建设，加大人才的引进力度，同时注重已有人才的培养和使用；三是要加大技能人才的培养力度。各类产业要通过培养自主创新习惯、创新人才激励机制、优化合作创新机制、处理好技术引进与消化吸收的关系，来加强自身的核心技术开发。重视技术技能型人才的培养。应加强职业教育体系建设，重视技术技能型人才培养；应认真推行终身教育制度，在有条件的企业内，恢复和建立新型学徒制。在全球范围内延揽和使用人才。通过海外投资，并购发达经济体的企业，并以此为平台，直接吸纳海外高端人才，鼓励企业建立海外研发中心，直接利用海外人才。企业应完善员工培训体系和引进高层次人才，并积极与高校、科研院所合作，攻破技术难关，推动企业技术进步。建立健全投资管理体系，防止管理层为了追逐短期利益而盲目投资，特别在新冠

病毒感染疫情、中美贸易冲突等复杂的背景下，企业应对生产投资行为进行把控，选择最优投资组合，以提高企业投资效率，推动全要素生产率的提升。

10.4.3 培育科技示范企业，激发产业主体创新的活力

大力培育科技示范企业，充分发挥科技作为第一生产力的作用。首先，要改善创新环境、政策和机制，激发全社会产业主体创新活力；其次，完善鼓励全社会创业的政策，推进产、学、研紧密结合；最后，推动科学技术成果的推广应用。改变盲目多元化的战略倾向，实施核心产业自主创新战略，提高企业的核心竞争力。一方面，对非核心业务资产、产品线、子公司等进行销售、切割或关停，收缩企业业务范围，减少产品种类；另一方面，做强、做优主导产业，形成特色。

10.5 融合数字化技术，助力企业绿色创新

发展数字经济是推动高质量发展的重要途径，是促进产业转型升级的重要引擎，是构筑现代化建设新优势的关键力量。习近平总书记在中央政治局第三十六次集体学习时强调，"紧紧抓住新一轮科技革命和产业变革的机遇，推动互联网、大数据、人工智能、第五代移动通信（5G）等新兴技术与绿色低碳产业深度融合，建设绿色制造体系和服务体系，提高绿色低碳产业在经济总量中的比重""下大气力推动钢铁、有色、石化、化工、建材等传统产业优化升级，加快工业领域低碳工艺革新和数字化转型"。工业和信息化部、发展改革委、财政部、生态环境部、国资委、市场监管总局六部门联合印发《工业能效提升行动计划》，提出一系列重点任务和行动，推进提高数字基础设施能效水平，充分发挥数字化技术对各领域节能提效的赋能作用，助力数字化绿色化协同转型。数字技术对工业节能提效有加速作用，通过对产品绿色设计、生产工艺优化、能源管控、工序协同和资源调度等实施智慧管理与优化，实现能源利用效率提升。加快推进数字化绿色化协同转型已成全球共识。

10.5.1 利用数字化技术提升资源配置效率

近年来，根据国务院工作部署，《关于深化制造业与互联网融合发展的指导意见》《关于深化"互联网+先进制造业"发展工业互联网的指导意见》等指导性文件相继出台，企业要利用数字化技术在绿色低碳领域形成新的经济增

长点和绿色发展新动力。企业要用好数字技术，不仅能够节约信息搜寻成本，提升资源配置效率，而且能够精准识别、及时追踪新发生的生态环境问题，为科学保护、系统治理提供支撑，还能够推动数字经济与绿色经济协同发展，为构建生态环境治理体系和提高治理能力现代化水平提供新的方法。

企业利用数字技术对传统产业进行全方位、全角度、全链条的改造，提升企业对数据要素的认知并将数据要素的优势运用到企业生产制造的核心过程当中，以期实现对生产各个环节的实时监测和智能控制，全面降低企业生产能耗，持续提升产品质量。围绕"双碳"发展目标，企业可以聚焦科技创新，将数字经济与传统制造业融合，将"制造业"转化为"智能制造业"，企业、研究机构、高校要结合行业实践和数字技术特点，利用5G、云计算、边缘计算、物联网、大数据、人工智能等技术追踪工业生产装置、生产过程的能耗和碳排放数据，实现能源消耗和碳资产的数字化追踪、集中化管理、智能化调度，通过工业互联网、人工智能、大数据等新一代信息技术赋能绿色制造与管理，推动互联网与企业融合发展，最终提高企业绿色低碳生产水平。以信息互通、数据共享、流程再造为方向，全面打通企业内部管理信息孤岛，着力推进传统管理向数字化管理迈进。

10.5.2　搭建协同平台提高公司风险管理水平

近年来，我国制造业数字化、网络化、智能化发展加速推进。《"十四五"智能制造发展规划》提出，"十四五"及未来相当长一段时期，要构建虚实融合、知识驱动、动态优化、安全高效、绿色低碳的智能制造系统，推动制造业实现数字化转型、网络化协同、智能化变革。搭建流程协同平台，以协同办公门户为纽带，整合审计、合规、风控、法务四个风险管控系统，全面满足公司风控的多层次需求，促进企业治理能力全面提升，实现集团集约管控和智慧运营深度融合。搭建业财融合平台，推进财务共享、人力资源、物资采购、供应链管理等七个数字化平台建设，实现经营数据横向协同，推进人力、财力、物力、供应商等关键要素的业务数据全面协同整合，提升资产运营效能。传统行业企业通过大数据、人工智能等数字技术和传统产业融合发展，促进机器设备、人员等软硬件设施上网上云，以期在更大范围、更高层次上实现精准分工、精准协作和精准生产，在提高劳动生产率的同时节约生产成本，并以此带动企业快速发展。充分发挥地方现有能效管理与服务平台的作用，强化工业企业和产业链上下游用能数据采集分析与数据认证，构建产业链上下游的可信、可协作的能效数据管理与交互机制，提升能效数据的应用价值。

10.6　构建绿色创新评价体系，促进企业绿色治理

10.6.1　构建企业绿色创新评价体系

受到转型成本的制约，企业绿色转型的动力不强和积极性不高。一方面，一些企业为了在激烈的竞争市场中存活，只能将短期利益作为自身发展的最大驱动力，从而忽略了环保的概念；另一方面，企业低碳转型需要大量的资金投入，这也给企业推动低碳转型设置了障碍。不少企业声称要推进清洁生产、资源节约和循环经济以达到可持续发展的目标，但并未真正将口号付诸行动。还有不少企业在绿色转型的技术创新方面存在根基薄弱的问题，同时缺乏相应的专业人才，相关的激励政策尚未建立健全。企业应及时进行自我绿色发展水平的评估，理清不同发展阶段影响企业绿色发展的关键因素、主要矛盾，甄别出影响碳排放强度、能源和资源效率的关键所在，由此选择相应的绿色技术，在关键工序、关键环节上实现降耗减排，走出一条破解资源环境约束的绿色发展之路，助力实现"双碳"目标。同时，应逐步构建起企业绿色创新评价体系，将企业绿色技术创新考核量化，提高企业绿色技术创新的积极性。

10.6.2　扩大 ESG 信息披露的范围

ESG 产生于 20 世纪 60 年代，1997 年联合国环境署发布了关于可持续发展的承诺声明，提出企业将环境和社会因素纳入运营和战略的建议。2004 年，联合国全球契约组织首次提出完整的 ESG 理念。2006 年，联合国成立责任投资原则组织，也就是大家知道的 PRI，正式提出 ESG 投资需要遵守的六项基本原则。从 ESG 体系来看，它主要包括环境（environmental）、社会（social）、治理（governance）三个维度。ESG 在我们国内还是面临一些挑战，企业对可持续投资理念贯彻依然不到位，ESG 投资产品规模和数量占比远远低于发达国家。对 ESG 理念的定义并未达成共识。国内、国外对企业 ESG 的评价过程均不够透明，缺乏独立性，导致结果存在一些偏差。对 ESG 体系的研究和社会认知度与市场的影响力有限。当务之急是加速制定一套逻辑自洽的 ESG 报告概念框架，用于指导 ESG 报告准则的制定和实施。

从政府层面上来说，要进一步完善 ESG 评价体系的顶层设计。要推动量化可比的 ESG 信息披露框架的指引性文件出台。从金融机构角度来看，要把ESG 纳入金融机构支持绿色创新，包括绿色低碳创新转型项目作为一个筛选的

依据，为机构投资者开发更多的绿色可持续投资产品的选项，加强对市场参与者的引导。从企业角度来看，依然是要增强企业的绿色治理意识，包括加强 ESG 的实践，改善 ESG 的表现。可能以量化可比的环境信息披露，及时提供自身的转型项目。建议结合环境信息披露制度，企业采取线上化、智慧化的工具来收集监控 ESG 数据，并通过历史数据和同行对标等形式提高企业的环境管理水平。通过 ESG 信息披露，加强对各主体的监管创新，包括披露方、被披露方，都需要进行监管创新。进一步提升企业的多维度、可持续经营风险管理的能力，把企业的环境绩效与环保部门对企业的执法监督、排污许可、环境保护税等制度关联起来，我们通过制度手段来促进企业的可持续发展。

参考文献

［1］ALMEIDA M V, SOARES A L. Knowledge Sharing in Project-based Organizations: Overcoming the Informational Limbo ［J］. International Journal of Information Management, 2014, 34 （6）: 770-779.

［2］ANDREA CAGGESE. Entrepreneurial Risk, Investment, and Innovation ［J］. Journal of Financial Economics, 2012, 106 （2）: 287-307.

［3］BRONWYN H. HALL, NATHAN ROSENBERG. Handbook of the Economics of Innovation ［J］. Handbooks in economics, 2010, 61 （4）: 393.

［4］DIRK CZARNITZKI, HANNA HOTTENROTT. Inter-organizational Collaboration and Financing Constraints for R&D ［J］. Economics Letters, 2017, 161 （12）: 15-18.

［5］F MUNOZ-BULLON, SANCHEZ-BUENO M J. The Impact of Family Involvement on the R&D Intensity of Publicly Traded Firms ［J］. Family Business Review, 2011, 24 （1）: 62-70.

［6］GIBBERT M, HOEGL M, VALIKANGAS L. Introduction to the Special Issue: Financial Resource Constraints and Innovation ［J］. Journal of Product Innovation Management, 2014, 31 （2）: 197-201.

［7］HADLOCK C J, PIERCE J R. New Evidence on Measuring Financial Constraints: Moving Beyond the KZ Index ［J］. Review of Financial Studies, 2010, 23 （5）: 1909-1940.

［8］HALL, B. The Financing of Research and Development ［J］. Oxford Review Economic Policy, 2002, 18: 35-51.

［9］HARHOFF DIETMAR. Are There Financing Constraints for R&D and Investment in German Manufacturing Firms? ［J］. Annales d" Économie et de Statistique, 1998 （49）: 421-456.

［10］JAMES KIRKLEY, CATHERINE J. Morrison Paul, Dale Squires. Capacity and Capacity Utilization in Common-pool Resource Industries [J]. Environmental and Resource Economics, 2002, 22 (1): 71-97.

[11] JAMES R BROWN, BRUCE C PETERSEN. Cash Holdings and R&D Smoothing [J]. Journal of Corporate Finance, 2011, 17 (3): 694-709.

[12] JANET KOSCIANSKI, STEPHEN MATHIS. Barriers to Entry in the U. S. and Japanese Titanium Industries [J]. International Advances in Economic Research, 1996, 2 (3): 244-254.

[13] JEAN-JACQUES LAFFONT, JEAN TIROLE. Repeated Auctions of Incentive Contracts, Investment, and Bidding Parity with an Application to Takeovers [J]. The RAND Journal of Economics, 1988, 19 (4): 516-537.

[14] JULAN DU, YIFEI ZHANG. Does One Belt One Road Initiative Promote Chinese Overseas Direct Investment? [J]. China Economic Review, 2018, 47: 189-205.

[15] KAHNEMAN D, TVERSKY A. Prospect theory: An Analysis of Decisions under Risk. Econometrica, 1979, 47: 313-327

[16] KOGUT B, ZANDER U. Knowledge of the Firm, Combinative Capabilities, and the Replication of Technology [J]. Organization Science, 1992, 3 (3): 383-397.

[17] LI CAILING, LIN DONGJIE. Does Overcapacity Prompt Controlling Shareholders to Play a Propping Role for Listed Companies? [J]. China Journal of Accounting Research, 2021, 14 (1): 63-81.

[18] LUEG R, BORISOV B G. Archival or Perceived Measures of Environmental Uncertainty? Conceptualization and New Empirical Evidence [J]. Social Science Electronic Publishing, 2014, 32 (4): 658-671.

[19] MARA FACCIO, RONALD W. MASULIS, JOHN J. McCONNELL. Political Connections and Corporate Bailouts [J]. The Journal of Finance, 2006, 61 (6).

[20] MARKOWITZ H. The Utility of Wealth [J]. Journal of Political Economy, 1952, 60 (2): 151-158.

[21] MICHAEL, FIRTH, et al. Leverage and Investment under a State-owned Bank Lending Environment: Evidence from China [J]. Journal of Corporate Finance, 2008, 14 (5): 642-653.

[22] MIGUEL, PINA, et al. Product Innovation in Resource-Poor Environments: Three Research Streams [J]. Journal of Product Innovation Management, 2014, 31 (2): 202-210.

［23］ MORTON I KAMIEN, NANCY L. Schwartz. Uncertain Entry and Excess Capacity ［J］. The American Economic Review, 1972, 62 （5）: 918-927.

［24］ MUSTEEN M, XIN L, III V L B. Personality, Perceptions and Retrenchment Decisions of Managers in Response to Decline: Evidence from a Decision-making Study ［J］. Leadership Quarterly, 2011, 22 （5）: 926-941.

［25］ MYERS S C, MAJLUF N S. Corporate Financing and Investment Decisions When Firms Have InformationThat Investors Do Not Have ［J］. Social Electronic Publishing, 2001, 13 （2）: 187-221.

［26］ PARIDA V, WINCENT J, OGHAZI P. Transaction Costs Theory and Coordinated Safeguards Investment in R&D Offshoring ［J］. Journal of Business Research, 2016, 69 （5）: 1823-1828.

［27］ RAMEY B G. Capacity, Entry and Forward Induction ［J］. Social Science Electronic Publishing, 1996, 27 （4）: 660-680.

［28］ RICHARD SCHMALENSEE. Output and Welfare Implications of Monopolistic Third-Degree Price Discrimination ［J］. The American Economic Review, 1981, 71 （1）: 242-247.

［29］ SAEBI T, LIEN L, FOSS N J. What Drives Business Model Adaptation? The Impact of Opportunities, Threats and Strategic Orientation ［J］. Long Range Planning, 2016, 50 （5）: 567-581.

［30］ SHAIKH I A, PETERS L. The Value of Board Monitoring in Promoting R&D: a Test of Agency-theory in the US Context ［J］. Journal of Management and Governance, 2018, 22 （2）: 339-363.

［31］ SPENCE A. MICHAEL. Entry, Capacity, Investment and Oligopolistic Pricing ［J］. The Bell Journal of Economics, 1977, 10 （2）: 1-19.

［32］ TIAN X, WANG T Y. Tolerance for Failure and Corporate Innovation ［J］. Review of Financial Studies, 2014, 27 （1）: 211-255.

［33］ WILLEM P BURGERS, CHARLES W. L. Hill and W. Chan Kim. A Theory of Global Strategic Alliances: The Case of the Global Auto Industry ［J］. Strategic Management Journal, 1993, 14 （6）: 419-432.

［34］ WISEMAN R M, BROMILEY P. Toward a Model of Risk in Declining Organizations: An Empirical Examination of Risk, Performance and Decline ［J］. Organization Science, 1996, 7 （5）: 524-543.

［35］ 安志. 面向企业的政府创新激励政策效应研究 ［D］. 南京: 南京大

学, 2019.

[36] 包群, 邵敏. 研发扩散、工资外溢与我国科技人员配置 [J]. 科研管理, 2011, 32 (12): 33-40.

[37] 包群, 唐诗, 刘碧. 地方竞争、主导产业雷同与国内产能过剩 [J]. 世界经济, 2017, 040 (10): 144-169.

[38] 毕茜, 陶瑶. 绿色并购与企业绿色创新 [J]. 财会月刊, 2021 (16): 38-45.

[39] 曹建海. 重在完善产能过剩的防范机制 [J]. 求是, 2015 (8): 35-37.

[40] 陈海强, 韩乾, 吴锴. 融资约束抑制技术效率提升吗?: 基于制造业微观数据的实证研究 [J]. 金融研究, 2015 (10): 148-162.

[41] 陈金勇, 舒维佳, 牛欢欢. 区域金融发展、融资约束与企业技术创新投入 [J]. 哈尔滨商业大学学报 (社会科学版), 2020 (5): 38-54.

[42] 陈永丽, 李秋坛, 陈欢. 产能过剩、实质性创新与企业全要素生产率: 基于制造业上市公司的实证分析 [J]. 重庆工商大学学报 (社会科学版), 2021 (5): 1-17.

[43] 陈宇科, 刘蓝天, 董景荣. 环境规制工具、区域差异与企业绿色技术创新: 基于系统 GMM 和动态门槛的中国省级数据分析 [J]. 科研管理, 2022, 43 (4): 111-118.

[44] 程博, 熊婷, 殷俊明. 他山之石或可攻玉: 税制绿色化对企业创新的溢出效应 [J]. 会计研究, 2021 (6): 176-188.

[45] 程俊杰, 刘志彪. 产能过剩、要素扭曲与经济波动: 来自制造业的经验证据 [J]. 经济学家, 2015 (11): 59-69.

[46] 程俊杰. 中国转型时期产业政策与产能过剩: 基于制造业面板数据的实证研究 [J]. 财经研究, 2015, 41 (8): 131-144.

[47] 丁昕, 何宜庆. 环境规制、融资约束与技术创新: 抑制还是促进?: 基于调节效应的异质性研究 [A] //中国管理现代化研究会, 复旦管理学奖励基金会. 第十四届 (2019) 中国管理学年会论文集. 中国管理现代化研究会, 2019: 17.

[48] 丁一兵, 傅缨捷, 曹野. 融资约束、技术创新与跨越 "中等收入陷阱": 基于产业结构升级视角的分析 [J]. 产业经济研究, 2014 (3): 101-110.

[49] 董景荣, 张文卿, 陈宇科. 环境规制工具、政府支持对绿色技术创新的影响研究 [J]. 产业经济研究, 2021 (3): 1-16.

[50] 董敬怡. 我国工业产能过剩及化解对策研究 [J]. 财政科学, 2018

（10）：25-36.

［51］董屺宇，郭泽光. 风险资本退出、董事会治理与企业创新投资：基于 PSM-DID 方法的检验 ［J］. 产业经济研究，2020（6）：99-112.

［52］杜世勋，曹利军. 循环经济技术范式和企业持续技术创新研究 ［J］. 管理评论，2005（2）：37-40，64.

［53］杜勇，谢瑾，陈建英. CEO 金融背景与实体企业金融化 ［J］. 中国工业经济，2019，000（5）：136-154.

［54］范晓男、张雪、鲍晓娜. 市场竞争，技术创新与企业全要素生产率：基于 A 股制造业上市公司的实证分析 ［J］. 价格理论与实践，2020，433（7）：164-167，182.

［55］付保宗，周劲. 当前化解产能过剩的困境与对策：以河北省唐山市为例 ［J］. 宏观经济管理，2016（3）：26-29.

［56］付东. 产能过剩：微观动因与经济后果研究 ［D］. 北京：对外经济贸易大学，2017.

［57］高晓娜，兰宜生. 产能过剩对出口产品质量的影响：来自微观企业数据的证据 ［J］. 国际贸易问题，2016（10）：50-61.

［58］高晓娜. 我国产能过剩的典型事实、成因以及治理研究 ［J］. 当代经济管理，2017，39（6）：7-12.

［59］耿强，江飞涛，傅坦. 政策性补贴、产能过剩与中国的经济波动：引入产能利用率 RBC 模型的实证检验 ［J］. 中国工业经济，2011（5）：27-36.

［60］谷军健，赵玉林. 中国海外研发投资与制造业绿色高质量发展研究 ［J］. 数量经济技术经济研究，2020，37（1）：41-61.

［61］郭联邦，王勇. 金融发展、融资约束与企业创新 ［J］. 金融发展研究，2020（4）：17-25.

［62］韩国高，高铁梅，王立国，中国制造业产能过剩的测度、波动及成因研究 ［J］. 经济研究，2011（12）：18-31.

［63］韩国高，邵忠林. 环境规制，地方政府竞争策略对产能过剩的影响 ［J］. 财经问题研究，2020，436（3）：31-40.

［64］何玉润，林慧婷，王茂林. 产品市场竞争、高管激励与企业创新：基于中国上市公司的经验证据 ［J］. 财贸经济，2015（2）：125-135.

［65］胡川，郭林英. 产能过剩、闲置成本与企业创新的关系研究 ［J］. 科研管理，2020，41（5）：40-46.

［66］胡珺，黄楠，沈洪涛. 市场激励型环境规制可以推动企业技术创新吗？：

基于中国碳排放权交易机制的自然实验 [J]. 金融研究, 2020 (1): 171-189.

[67] 胡令, 王靖宇. 产品市场竞争与企业创新效率: 基于准自然实验的研究 [J]. 现代经济探讨, 2020 (9): 98-106.

[68] 黄昌富, 徐锐, 张雄林. 政府补贴、产能过剩与企业转型升级: 基于制造业上市公司的实证研究 [J]. 企业经济, 2018, 37 (3): 160-168.

[69] 黄德春, 刘志彪. 环境规制与企业自主创新: 基于波特假设的企业竞争优势构建 [J]. 中国工业经济, 2006 (3): 100-106.

[70] 黄新祥, 陈衍泰. 循环经济下企业破坏性创新的商业模式的研究 [J]. 科学学研究, 2005 (S1): 270-274.

[71] 黄信灶, 赵波. 产能过剩倒逼我国产业结构升级了吗? [J]. 经济社会体制比较, 2019 (2): 18-29.

[72] 江飞涛, 耿强, 吕大国, 等. 地区竞争、体制扭曲与产能过剩的形成机理 [J]. 中国工业经济, 2012 (6): 44-56.

[73] 蒋为. 环境规制是否影响了中国制造业企业研发创新?: 基于微观数据的实证研究 [J]. 财经研究, 2015, 41 (2): 76-87.

[74] 颉茂华, 王瑾, 刘冬梅. 环境规制、技术创新与企业经营绩效 [J]. 南开管理评论, 2014, 17 (6): 106-113.

[75] 鞠蕾, 高越青, 王立国. 供给侧视角下的产能过剩治理: 要素市场扭曲与产能过剩 [J]. 宏观经济研究, 2016 (5): 3-15, 127.

[76] 鞠晓生, 卢获, 虞义华. 融资约束、营运资本管理与企业创新可持续性 [J]. 经济研究, 2013, 48 (1): 4-16.

[77] 黎文靖, 李耀淘. 产业政策激励了公司投资吗 [J]. 中国工业经济, 2014 (5): 122-134.

[78] 李后建, 张剑. 企业创新对产能过剩的影响机制研究 [J]. 产业经济研究, 2017 (2): 114-126.

[79] 李青原, 肖泽华. 异质性环境规制工具与企业绿色创新激励: 来自上市企业绿色专利的证据 [J]. 经济研究, 2020, 55 (9): 192-208.

[80] 李寿喜, 洪文姣. 环境不确定性、透明度与企业创新 [J]. 工业技术经济, 2020 (8): 44-52.

[81] 林毅夫, 李志赟. 政策性负担、道德风险与预算软约束 [J]. 经济研究, 2004 (2): 17-27.

[82] 林毅夫, 巫和懋, 邢亦青. "潮涌现象" 与产能过剩的形成机制 [J]. 经济研究, 2010, 45 (10): 4-19.

[83] 林毅夫. 潮涌现象与发展中国家宏观经济理论的重新构建 [J]. 经济研究, 2007 (1): 126-131.

[84] 刘金科, 肖翊阳. 中国环境保护税与绿色创新: 杠杆效应还是挤出效应? [J]. 经济研究, 2022, 57 (1): 72-88.

[85] 刘军. 产能过剩与企业出口自我选择: 基于 "产能—出口" 假说的研究 [J]. 产业经济研究, 2016 (5): 13-25.

[86] 刘强, 王伟楠, 陈恒宇. 《绿色信贷指引》 实施对重污染企业创新绩效的影响研究 [J]. 科研管理, 2020, 41 (11): 100-112.

[87] 刘祎, 杨旭, 黄茂兴. 环境规制与绿色全要素生产率: 基于不同技术进步路径的中介效应分析 [J]. 当代经济管理, 2020, 42 (6): 16-27.

[88] 龙静, 李嘉, 祝凤灵. 裁员幸存者的威胁感与资源获取对创新的影响 [J]. 科研管理, 2013, V (4): 144-150.

[89] 龙小宁, 万威. 环境规制、企业利润率与合规成本规模异质性 [J]. 中国工业经济, 2017 (6): 155-174.

[90] 娄昌龙, 冉茂盛. 融资约束下环境规制对企业技术创新的影响 [J]. 系统工程, 2016, 34 (12): 62-69.

[91] 卢盛峰, 陈思霞. 政府偏袒缓解了企业融资约束吗?: 来自中国的准自然实验 [J]. 管理世界, 2017, 000 (5): 51-65.

[92] 罗斌, 凌鸿程, 苏婷. 环境分权与企业创新: 促进抑或阻碍: 基于环境信息披露质量的中介效应分析 [J]. 当代财经, 2020 (4): 113-124.

[93] 罗能生, 刘文彬, 王玉泽. 杠杆率、企业规模与企业创新 [J]. 财经理论与实践, 2018, 39 (6): 112-118.

[94] 吕鹏, 黄送钦. 环境规制压力会促进企业转型升级吗 [J]. 南开管理评论, 2021, 24 (4): 116-129.

[95] 吕知新, 包权, 任龙梅, 李银换. 数字金融能够促进工业经济绿色转型发展吗?: 基于规模以上工业企业数据经验分析 [J]. 科技管理研究, 2021, 41 (24): 184-194.

[96] 马轶群. 技术进步、政府干预与制造业产能过剩 [J]. 中国科技论坛, 2017 (1): 60-68.

[97] 孟庆玺, 尹兴强, 白俊. 产业政策扶持激励了企业创新吗?: 基于 "五年规划" 变更的自然实验 [J]. 南方经济, 2016 (12): 1-25.

[98] 苗苗, 苏远东, 朱曦, 蒋玉石, 张红宇. 环境规制对企业技术创新的影响: 基于融资约束的中介效应检验 [J]. 软科学, 2019, 33 (12): 100-107.

[99] 欧阳春花. 循环经济视角下的企业自主创新能力评价指标研究 [J]. 科学管理研究, 2008 (4): 21-24.

[100] 潘越, 潘健平, 戴亦一. 公司诉讼风险、司法地方保护主义与企业创新 [J]. 经济研究, 2015 (3): 133-147.

[101] 千慧雄, 安同良. 银行业市场竞争对企业技术创新的影响机制研究 [J]. 社会科学战线, 2021 (3): 83-92.

[102] 钱爱民, 付东. 供给侧改革、金融关联与企业产能过剩 [J]. 吉林大学社会科学学报, 2017, 57 (3): 17-30, 204.

[103] 钱爱民, 付东. 金融生态环境、金融资源配置与产能过剩 [J]. 经济与管理研究, 2017, 38 (5): 54-65.

[104] 钱爱民, 付东. 信贷资源配置与企业产能过剩: 基于供给侧视角的成因分析 [J]. 经济理论与经济管理, 2017 (4): 30-41.

[105] 钱爱民, 付东. 政治关联与企业产能过剩: 基于政府治理环境视角的实证检验 [J]. 北京工商大学学报 (社会科学版), 2017, 32 (1): 19-30.

[106] 邵伟, 刘建华. 客户集中度对企业技术创新效率影响的门槛效应研究: 基于企业规模和企业市场地位的门槛视角 [J]. 软科学, 2021 (4): 1-10.

[107] 盛朝迅. 化解产能过剩的国际经验与策略催生 [J]. 改革, 2013 (8): 94-99.

[108] 史小坤, 董雪慧, 李振飞. 我国创业板企业 R&D 投入的融资约束和融资结构: 基于 SA 融资约束指数的研究 [J]. 浙江金融, 2017 (10): 42-50.

[109] 宋华, 陈思洁. 供应链整合、创新能力与科技型中小企业融资绩效的关系研究 [J]. 管理学报, 2019, 16 (3): 379-388.

[110] 孙博, 刘善仕, 姜军辉, 等. 企业融资约束与创新绩效: 人力资本社会网络的视角 [J]. 中国管理科学, 2019, 27 (4): 179-189.

[111] 孙焱林, 温湖炜. 我国制造业产能过剩问题研究 [J]. 统计研究, 2017, 34 (3): 76-83.

[112] 唐清泉, 卢珊珊, 李懿东. 企业成为创新主体与 R&D 补贴的政府角色定位 [J]. 中国软科学, 2008 (6): 88-98.

[113] 唐清泉, 巫岑. 银行业结构与企业创新活动的融资约束 [J]. 金融研究, 2015 (7): 116-134.

[114] 陶锋, 赵锦瑜, 周浩. 环境规制实现了绿色技术创新的"增量提质"吗: 来自环保目标责任制的证据 [J]. 中国工业经济, 2021 (2): 136-154.

[115] 王锋正, 姜涛, 郭晓川. 政府质量、环境规制与企业绿色技术创新

[J]. 科研管理, 2018, 39 (1): 26-33.

[116] 王桂军. "抑制型"产业政策促进企业创新了吗?: 基于中国去产能视角的经验研究 [J]. 南方经济, 2019 (11): 1-15.

[117] 王国印, 王动. 波特假说、环境规制与企业技术创新: 对中东部地区的比较分析 [J]. 中国软科学, 2011 (1): 100-112.

[118] 王红建, 李青原, 刘放. 政府补贴: 救急还是救穷: 来自亏损类公司样本的经验证据 [J]. 南开管理评论, 2015, 18 (5): 42-53.

[119] 王立国, 鞠蕾. 地方政府干预、企业过度投资与产能过剩: 26 个行业样本 [J]. 改革, 2012 (12): 52-62.

[120] 王闯, 杨萍. 政府补助与产能过剩企业费用粘性: 强化还是弱化? [J]. 北京社会科学, 2021 (2): 102-113.

[121] 王珮, 杨淑程, 黄珊. 环境保护税对企业环境、社会和治理表现的影响研究: 基于绿色技术创新的中介效应 [J]. 税务研究, 2021 (11): 50-56.

[122] 王普查, 李斌. 循环经济下企业价值流成本控制创新研究 [J]. 华东经济管理, 2013, 27 (11): 137-140.

[123] 王文娜, 胡贝贝, 刘戒骄. 外部审计能促进企业技术创新吗?: 来自中国企业的经验证据 [J]. 审计与经济研究, 2020 (3): 34-44.

[124] 王小鲁, 樊纲, 余静文. 中国分省份市场化指数报告 (2016) [M]. 北京: 社会科学文献出版社, 2017: 214-215.

[125] 王旭, 秦书生, 王宽. 企业绿色技术创新驱动绿色发展探析 [J]. 技术经济与管理研究, 2014 (8): 26-29.

[126] 王旭, 杨有德, 王兰. 信息披露视角下政府补贴对绿色创新的影响: 从"无的放矢"到"对症下药" [J]. 科技进步与对策, 2020, 37 (15): 135-143.

[127] 王玉林, 周亚虹. 绿色金融发展与企业创新 [J]. 财经研究, 2023, 49 (1): 1-15.

[128] 王岳平. 我国产能过剩行业的特征分析及对策 [J]. 宏观经济管理, 2006 (6): 15-18.

[129] 王珍愚, 曹瑜, 林善浪. 环境规制对企业绿色技术创新的影响特征与异质性: 基于中国上市公司绿色专利数据 [J]. 科学学研究, 2021, 39 (5): 909-919, 929.

[130] 巫岑, 黎文飞, 唐清泉. 产业政策与企业资本结构调整速度 [J]. 金融研究, 2019, 466 (4): 96-114.

[131] 席鹏辉，梁若冰，谢贞发，苏国灿. 财政压力、产能过剩与供给侧改革 [J]. 经济研究，2017，52（9）：86-102.

[132] 谢乔昕. 环境规制、绿色金融发展与企业技术创新 [J]. 科研管理，2021，42（6）：65-72.

[133] 修宗峰，黄健柏. 市场化改革、过度投资与企业产能过剩：基于我国制造业上市公司的经验证据 [J]. 经济管理，2013（7）：1-12.

[134] 徐朝阳，周念利. 市场结构内生变迁与产能过剩治理 [J]. 经济研究，2015，50（2）：75-87.

[135] 徐浩，张美莎，李英东. 银行信贷行为与产能过剩：基于羊群效应的视角 [J]. 山西财经大学学报，2019（7）：47-61.

[136] 徐辉，周孝华. 外部治理环境、产融结合与企业创新能力 [J]. 科研管理，2020，41（1）：98-107.

[137] 徐敏燕，左和平. 集聚效应下环境规制与产业竞争力关系研究：基于"波特假说"的再检验 [J]. 中国工业经济，2013（3）：72-84.

[138] 徐彦坤，祁毓. 环境规制对企业生产率影响再评估及机制检验 [J]. 财贸经济，2017，38（6）：147-161.

[139] 许景婷，张兵. 促进企业绿色技术创新的财税政策研究：基于循环经济的视角 [J]. 科技管理研究，2011，31（9）：6-9.

[140] 许士春，何正霞，龙如银. 环境规制对企业绿色技术创新的影响 [J]. 科研管理，2012，33（6）：67-74.

[141] 亚琨，罗福凯，王京. 技术创新与企业环境成本："环境导向"抑或"效率至上"？[J]. 科研管理，2022，43（2）：27-35.

[142] 严炜. 中小企业发展循环经济的技术创新战略研究：以武汉市为例 [J]. 科技进步与对策，2013，30（8）：106-111.

[143] 颜恩点，李上智，孙安其. 产能过剩、信息成本与分析师盈余预测：来自 A 股上市公司的经验证据 [J]. 中国软科学，2019（10）：145-157.

[144] 颜恩点，李上智. 产能过剩与企业创新：来自 A 股上市公司的经验证据 [J]. 上海管理科学，2020，42（3）：14-25.

[145] 颜晓畅，黄桂田. 政府财政补贴，企业经济及创新绩效与产能过剩：基于战略性新兴产业的实证研究 [J]. 南开经济研究，2020，000（1）：176-198.

[146] 杨发庭. 绿色技术创新的制度研究 [D]. 北京：中共中央党校，2014.

[147] 杨帆，王满仓. 融资结构，制度环境与创新能力：微观视阈下的数

理分析与实证检验 [J]. 经济与管理研究, 2020, 335 (10): 60-86.

[148] 杨岚, 周亚虹. 环境规制与城市制造业转型升级: 基于产业结构绿色转型和企业技术升级双视角分析 [J]. 系统工程理论与实践, 2022, 42 (6): 1616-1631.

[149] 杨兴全, 张丽平, 吴昊旻. 市场化进程、管理层权力与公司现金持有 [J]. 南开管理评论, 2014, 17 (2): 34-45.

[150] 尹建华, 弓丽栋, 王森. 陷入"惩戒牢笼": 失信惩戒是否抑制了企业创新?: 来自废水国控重点监测企业的证据 [J]. 北京理工大学学报 (社会科学版), 2018, 20 (6): 9-17.

[151] 尹美群, 盛磊, 李文博. 高管激励、创新投入与公司绩效: 基于内生性视角的分行业实证研究 [J]. 南开管理评论, 2018, 021 (1): 109-117.

[152] 于立, 张杰. 中国产能过剩的根本成因与出路: 非市场因素及其三步走战略 [J]. 改革, 2014 (2): 40-51.

[153] 余明桂, 钟慧洁, 范蕊. 民营化、融资约束与企业创新: 来自中国工业企业的证据 [J]. 金融研究, 2019 (4): 75-91.

[154] 余伟, 陈强, 陈华. 环境规制、技术创新与经营绩效: 基于 37 个工业行业的实证分析 [J]. 科研管理, 2017, 38 (2): 18-25.

[155] 余泳泽, 孙鹏博, 宣烨. 地方政府环境目标约束是否影响了产业转型升级? [J]. 经济研究, 2020, 55 (8): 57-72.

[156] 虞义华, 赵奇锋, 鞠晓生. 发明家高管与企业创新 [J]. 中国工业经济, 2018, 000 (3): 136-154.

[157] 袁建国, 程晨, 后青松. 环境不确定性与企业技术创新: 基于中国上市公司的实证研究 [J]. 管理评论, 2015 (10): 60-69.

[158] 袁梦琛. 产能过剩对企业转型的影响研究: 基于技术创新投入和调节作用 [D]. 武汉: 中南财经政法大学, 2017.

[159] 袁茜, 吴利华, 张平. 绿色增长下我国大型制造企业创新效率提升路径研究 [J]. 科技进步与对策, 2017, 34 (22): 85-92.

[160] 张铂晨, 赵树宽. 政府补贴对企业绿色创新的影响研究: 政治关联和环境规制的调节作用 [J]. 科研管理, 2022 (11): 1-12.

[161] 张冬洋, 张羽瑶, 金岳. 税收负担、环境分权与企业绿色创新 [J]. 财政研究, 2021 (9): 102-112.

[162] 张宏, 聂嘉仪. 绿色发展视域下政府环境规制对企业绿色创新的影响: 企业环境责任的中介作用 [J]. 科技与经济, 2021, 34 (2): 36-40.

[163] 张杰, 郑文平, 翟福昕. 竞争如何影响创新: 中国情景的新检验 [J]. 中国工业经济, 2014, 000 (11): 56-68.

[164] 张丽伟. 中国经济高质量发展方略与制度建设 [D]. 北京: 中共中央党校, 2019.

[165] 张新民. 产能过剩与资本市场 [J]. 北京工商大学学报 (社会科学版), 2017, 32 (1): 1-7.

[166] 张璇, 李子健, 李春涛. 银行业竞争、融资约束与企业创新: 中国工业企业的经验证据 [J]. 金融研究, 2019 (10): 98-116.

[167] 张雪, 韦鸿. 企业社会责任、环境治理与创新 [J]. 统计与决策, 2021, 37 (18): 171-175.

[168] 赵昌文, 许召元, 袁东, 等. 当前我国产能过剩的特征、风险及对策研究: 基于实地调研及微观数据的分析 [J]. 管理世界, 2015 (4): 1-10.

[169] 赵磊. 减税降费对绿色全要素生产率的影响研究 [D]. 南昌: 江西财经大学, 2021.

[170] 郑季良, 曾荣. 循环经济下科技型小微企业协同创新模式及对策研究 [J]. 科技进步与对策, 2014, 31 (2): 104-107.

[171] 郑季良, 周菲, 董洁. 制造产业链循环经济发展中的协同创新问题研究 [J]. 科技进步与对策, 2012, 29 (22): 90-94.

[172] 郑曼妮. 实质性创新还是策略性创新?: 宏观产业政策对微观企业创新的影响 [J]. 经济研究, 2016, 51 (4): 60-73.

[173] 郑绪涛, 柳剑平. R&D 活动的溢出效应、吸收能力与补贴政策 [J]. 中国软科学, 2011 (11): 52-63.

[174] 周开国, 卢允之, 杨海生. 融资约束、创新能力与企业协同创新 [J]. 经济研究, 2017, 52 (7): 94-108.

[175] 周密, 刘秉镰. 供给侧结构性改革为什么是必由之路?: 中国式产能过剩的经济学解释 [J]. 经济研究, 2017, 52 (2): 67-81.